VORBEMERKUNG

Ein Impulsvortrag, der am 15. Juni 2011 in Bonn-Bad Godesberg vor den „Freiheitsfreunden vor Ort" [Bonn, (freiheitswerk.net)] gehalten wurde, regte zu dieser Broschüre an.

Hubert Milz – Eschweiler, im Mai 2021

Herstellung und Verlag:
BoD – Books on Demand, Norderstedt
ISBN: 9783754303795

SOZIALE MARKTWIRTSCHAFT –

DAS GESCHEITERTE DEUTSCHE NEOLIBERALE PROJEKT?

„Ich bejahe die Freiheit und verneine die Herrschaft,
ich bejahe die Menschlichkeit und verneine die Barbarei,
ich bejahe den Frieden und verneine die Gewalt."

– ALEXANDER RÜSTOW

3

I. Wie sich die Zeiten gleichen

> *„Es reicht aus, dass man einen Unsinn systematisiert,*
> *damit er zur Meinung von vielen wird."*
>
> – NICOLÁS GÓMEZ DÁVILA

Spätestens seit Beginn der so genannten Weltfinanzkrise war und ist seit Jahren überall zu lesen und zu hören, dass derartige Krisen;

✗   der Marktwirtschaft inhärent sind,

✗   ein ungezügelter Kapitalismus verursache,

✗   durch die Gier der Manager – insbesondere des Finanzsektors – bedingt sind,

✗   das Ende der Marktwirtschaft, des Kapitalismus einläuten,

✗   und so weiter und so fort.

In der veröffentlichten Meinung wird oftmals kein gutes Haar an Marktwirtschaft gelassen; ‚Kulturmarxisten' aller politischen Farben bevorzugen den Ausdruck Kapitalismus und gebrauchen diesen oft synonym mit Liberalismus[1].

---

[1] Dass das ständig wiedergekäute Narrativ der Meinungsmacher fernab der Realität ist, erläuterten bspw. Bessard und Kessler; siehe Bessard, Pierre / Kessler, Olivier: Ist der freie Markt schuld an wiederkehrenden Finanz- und Wirtschaftskrisen?; in: Bessard, Pierre / Kessler, Olivier (Hg.): Explosive Geldpolitik. Zürich 2019; S. 7-17, siehe auch Polleit, Thorsten: Die monetäre Konjunkturtheorie der Österreichischen Schule; in: Bessard, Pierre / Kessler, Olivier (Hg.): Explosive Geldpolitik. Zürich 2019; S. 57-80.

Siehe auch Plumpe, der die Widersprüche der „Kapitalismuskritik" der so genannten Eliten aufzeigt und solche Art der „Kapitalismuskritik" als die Realität leugnende Träume zeichnet, Plumpe, Werner: Das kalte Herz. Kapitalismus, die Geschichte einer andauernden Revolution. Berlin 2019.

Auch die Äußerungen vieler Personen, welche Direktiven an den maßgeblichen Schaltstellen der Politik und Gesellschaft innehaben, bezüglich „Ordoliberalismus" und „sozialer Marktwirtschaft" als Gegenentwurf zum „Turbokapitalismus" sind oft dermaßen inkompetent und ignorant, dass sich die Haare sträuben – ebenfalls die Äußerungen zur „sozialen Marktwirtschaft" als dritten Weg zwischen Kapitalismus und zentraler Planwirtschaft.

Täglich grüßt das Murmeltier mit sprühender Ignoranz und schlägt auf die (Neo-)Liberalen ein – aus dieser Ecke, der Spezies der Sozialisten und Neosozialisten aller Parteien und Interessengruppen, ist Neoliberalismus ein beleidigendes Schimpfwort, und die Vertreter des Neoliberalismus sind die ‚Sündenböcke' für ‚Alles und Jedes'.

Der französische Kulturwissenschaftler René Girard (1923-2015) hatte im Rahmen dessen, wie er das Instrumentarium der mimetischen Theorie einsetzte, eine „Theorie des Sündenbocks" erarbeitet. In diesem Umfeld legte er dar, wie es in Konfliktsituationen zu – von der breiten Masse getragenen – Gewaltausbrüchen innerhalb eines Gemeinwesens kommt und wie diese Gewalt durch interessierte Gruppen kanalisiert wird: Ein „Sündenbock" wird auserkoren, an diesem toben sich dann die Gewaltexzesse der Massen aus. Die Gewaltorgie wirkt wie ein reinigendes Gewitter und stellt die Massen bis zur nächsten Konfliktsituation ruhig[2].

---

[2] Da das Werk Girards recht vielschichtig und außerdem nicht dem eigentlichen Thema zugeordnet ist, erfolgt hier nur ein allgemeiner Verweis auf zwei seiner Bücher; Girard, Rene: Ausstoßung und Verfolgung: Eine historische Theorie des Sündenbocks. Frankfurt/M. 1992 und ders.: Der Sündenbock. Zürich 1988.
Bei der Benennung der heutigen „Sündenböcke und Prügelknaben" – Marktwirtschaft und Kapitalismus – wirkt die Medienlandschaft meist tatkräftig mit; z. B. Bruns, Tissy: Die Welt ist aus den Fugen; https://www.tagesspiegel.de/meinung/politischer-essay-die-welt-ist-aus-den-fugen/4522422.html.

Offensichtlich benötigt jene Spezies, das komplette Spektrum der Sozialisten und Neosozialisten von ‚Links' über die ‚Mitte' bis ‚Rechts', dringend irgendwelche „Sündenböcke", denen diese Spezies die Schuld für alles, was dieser Spezies missfällt, aufladen können.

Geht man nun etwas weiter in die Vergangenheit zurück, zur Weltwirtschaftskrise[3], die 1929 einsetzte, dann wird man fast die gleichen Stellungnahmen und Vorwürfe wie heutzutage zu aktuellen Krisen lesen. Vor allem auch, dass die Ökonomen versagt haben sollen, da keiner von ihnen die Krisen habe kommen sehen.

Aber sehr wohl haben die Vertreter der „Wiener Schule der Volkswirtschaftslehre" in den Jahren vor 1929 gewarnt. So hatte Ludwig von Mises vor einer solchen Krise in den 1920er Jahren gewarnt[4]. Felix Somary prognostizierte ab der Mitte der 1920er Jahre, dass die FED-Politik des leichten Geldes eine Blase produziere, die zwangsläufig zum Platzen

---

[3] Für die geschichtlich interessierten Leser folgen hier ein paar Hinweise zu wirtschaftshistorischen Untersuchungen über die Weltwirtschaftskrise:
Für den Fokus auf Deutschland in der Weltwirtschaftskrise siehe Blaich, Fritz: Der schwarze Freitag. Inflation und Weltwirtschaftskrise. München 1985.
Mit Blickfeld auf die USA analysierten mit gänzlich unterschiedlichen Ergebnissen einerseits Milton Friedman und Anna Jacobson Schwartz und andererseits Murray Newton Rothbard die Weltwirtschaftskrise; siehe Friedman, Milton/Schwartz, Anna Jacobson: A Monetary History of the United States. Princeton 1963 und Rothbard, Murray Newton: America's Great Depression. Auburn 2000, 5. Auflage.
In einen internationalen Rahmen stellte der Wirtschaftshistoriker Charles P. Kindleberger die Weltwirtschaftskrise. Kindleberger bewertete die monetaristische Auslotung von Friedman/Schwartz skeptisch und lehnte die Deutung des Keynesianers Paul Anthony Samuelson ab; siehe Kindleberger, Charles P.: Die Weltwirtschaftskrise. 1929-1939. München 1973.
[4] Leisch, Daniel: Ursachen der Großen Depression im Hinblick auf die "Österreichische Geldtheorie". München 2016.

verdammt sei und damit eine größere Krise erzeuge[5]. Selbst Verschwörungstheoretiker – wie bspw. Wolfgang Waldner[6] – räumen ein, dass die Vertreter der „Wiener Schule der Volkswirtschaftslehre" – so bspw. Hayek im Februar 1929 – den Ausbruch der Weltwirtschaftskrise prognostizierten. Doch für Verschwörungstheoretiker waren dies keine Prognosen, sondern ein Eingebundensein in die ‚Verschwörung zur Weltwirtschaftskrise'.

Derartigen Verschwörungstheoretikern missfällt vieles am Zustand dieser Welt, dafür geben sie grundsätzlich den Liberalen die Schuld. Bei derart kruden Vorstellungen reichen sich Verschwörungstheoretiker und das gesamte Spektrum der Sozialisten und Neosozialisten aller Parteifarben – von ‚Links' bis ‚Rechts' – brüderlich die Hand.

Ein wahres Paradebeispiel für ‚Links' ist der schweizerische Soziologe Jean Ziegler[7], der Marktwirtschaft/Kapitalismus als „kannibalistische Weltordnung" betrachtet; für ‚Rechts' kann z. B. auf den österreichischen Psychologen Wolfgang Caspart[8] verwiesen werden und der struktur-konservativ-etatistische polnische Philosophieprofessor Ryszard Legutko[9] bspw. arbeitete methodisch unsauber und unlauter, so jonglierte er im

---

[5]   Siehe   o.   V.:   Felix   Somary,   der   Kassandrarufer; https://www.wienerzeitung.at/nachrichten/wirtschaft/international/2034249-Felix-Somary -der-Kassandrarufer.html.

[6] Siehe Waldner, Wolfgang: Der Neoliberalismus und die angloamerikanischen Netzwerke; https:// www.wolfgang-waldner.com/neoliberalismus/.

[7] Siehe bspw. Ziegler, Jean: Was ist so schlimm am Kapitalismus?: Antworten auf die Fragen meiner Enkelin. München 2019.

[8] Siehe bspw. Caspart, Wolfgang: Das Gift des globalen Neoliberalismus. Mit Turbokapitalismus in die Krise. Wien 2008.

[9] Siehe Legutko, Ryszard: Der Dämon der Demokratie. Totalitäre Strömungen in liberalen Gesellschaften. Wien 2017 und meine Rezension seines Buches auf Amazon.

Zusammenhang mit Namen bedeutender Freiheitsdenker mit nicht zu belegenden, da nicht zu beweisenden, Unterstellungen.

Bei solcher Art der verzerrenden Darstellung bleibt regelmäßig nur der Versuch der Richtigstellung und der Klärung. Und richtig ist es vielmehr, dass bspw. Friedrich von Hayek, Ludwig von Mises und Felix Somary – mit der von ihnen begründeten Methodik der „Wiener Schule der Volkswirtschaftslehre"[10] – in der Lage waren qualitativ exakt das Kommen der Weltwirtschaftskrise von 1929 zu prognostizieren. Nur, ihre Warnungen wurden von den Regierungen jedoch aus politischen Gründen professionell ignoriert. Ebenso wie vor 1929 warnten die Ökonomen der „Wiener Schule der Volkswirtschaftslehre" schon Jahre vor 2007/08 vor der so genannten Weltfinanzkrise – ernste Warnungen waren dies. Stets haben in den letzten 120 Jahren Ökonomen der „Wiener Schule der Volkswirtschaftslehre" weit im Vorfeld der vielen Kalamitäten, die Wirtschaft und Gesellschaft heimsuchten, gewarnt[11].

Auch von Personen, die sich selbst als Liberale bezeichnen, hört und liest man die oben erwähnten marktfeindlichen Vorwürfe – ob 1929 oder heute. Vielfach einig sind sich große Teile der Meinungsverkünder darin, dass der Markt durch einen starken Staat gebändigt werden muss, dies war 1929 so und ist heutzutage nicht anders.

Etliche Ökonomen, die im Staatsdienst tätig sind oder als Gutachter/Berater durch Regierungen entlohnt werden, sprachen und sprechen zwar mitunter von Fehlern in der Regierungspolitik, aber den

---

[10] Die „Wiener Schule der Volkswirtschaftslehre" wird auch „Österreichische Schule der Nationalökonomie" genannt und ist ebenfalls als „Austrian Economics" bekannt.

[11] Siehe Grözinger, Robert: Let's have a Tea Party in the USA: Bürgerbewegung rechtsherum; in: eigentümlich frei, Heft 104, S. 26-29.

direkten oder auch nur indirekten Vorwurf des ‚Staatsversagens' hörte und hört man aus jenen Gruppen eher selten – „Wes Brot ich ess', des Lied ich sing!" Doch der Vorwurf, dass die Märkte überdrehten und versagten, der war und ist aus jenen Kreisen immer wieder zu hören. Die Unterschiede zwischen derartigen „Berufsökonomen" und den „Ökonomen aus Berufung", die Joseph T. Salerno[12] herausarbeitete, sind demzufolge schlüssig. Offenbar hat sich nichts geändert: Marktwirtschaft und Kapitalismus sind für den einen großen Teil der Menschen die Feindbilder an und für sich. Negiert wird ganz einfach, dass es stets deftige Warnungen im Vorfeld der Krisen gab, jedoch sprachen und sprechen diese warnenden Stimmen von Staatsversagen – und nicht von einem Marktversagen[13].

---

[12] Siehe Salerno, Joseph T.: Der Ökonom: Nur Beruf oder Berufung?; https://www. misesde.org/2019/08/der-oekonom-nur-beruf-oder-berufung-teil-1/;

https://www.misesde.org/2019/08/der-oekonom-nur-beruf-oder-berufung-teil-2/.

[13] Michael Zöller stellte zu recht die Frage, ob wir überhaupt im Kapitalismus gelebt haben; siehe Zöller, Michael: Haben wir denn im Kapitalismus gelebt?; https://www.faz.net/aktuell/feuilleton/debatten/kapitalismus/zukunft-des-kapitalismus-15-haben-wir-denn-im-kapitalismus-gelebt-1824932.html.

II. Neoliberalismus – wie der Begriff entstanden ist

„Die Welt hat nie eine gute Definition
für das Wort Freiheit gefunden."
– ABRAHAM LINCOLN

1) Ablehnung von Marktwirtschaft und Liberalismus

„Mittelmäßige Menschen verurteilen meist alles, was über ihren Horizont geht."

– LA ROCHEFOUCAULD

In einem weiten Umfeld von Politik, Medien und so fort wird Neoliberalismus[14] – dem Zeitgeist entsprechend – wie ein beleidigendes Schimpfwort benutzt. Oftmals wird das Bild der „sozialen Marktwirtschaft" beschworen. Zu dieser Konzeption solle Deutschland zurückkehren und sich dazu bekennen: „Soziale Marktwirtschaft" stehe doch für „soziale Gerechtigkeit", für einen „gebändigten Kapitalismus", „für ein soziales Klima" und ähnliche Schlagworte mehr.

In Diskussionen, Talk-Shows und Medien wird ganz besonders der Ausdruck „soziale Gerechtigkeit" inflationär gebraucht. Doch, was denn bitteschön eigentlich „soziale Gerechtigkeit" sein soll, wird nicht erläutert. „Soziale Gerechtigkeit" ist nur ein Schlagwort, eine Floskel, jedermann versteht, wenn überhaupt, anscheinend etwas anderes darunter. Letztlich kam auch Thomas Ebert, der den Begriff „soziale Gerechtigkeit" durchkämmte, im Fazit seiner umfangreichen Untersuchung zu dem Schluss, dass „soziale Gerechtigkeit" zwar allgegenwärtig ist, jedoch die Meinungen darüber, was „soziale Gerechtigkeit" ist, weit auseinanderliegen – oder mit den Worten von Reinhold Zippelius, man

---

[14] Ebenso auch klassischer Liberalismus, Kapitalismus, freie Marktwirtschaft und so weiter und so fort.
Zur vorsätzlich missbräuchlich betriebenen Verwirrung mit den Begriffen Liberalismus, Kapitalismus und Marktwirtschaft siehe Jasay, Anthony de: Liberalismus neu gefaßt. Für eine entpolitisierte Gesellschaft. Berlin 1995.

wandert durch einen „Irrgarten der Gerechtigkeit". Hart und unmissverständlich merkte Pater Heinrich Basilius Streithofen an[15]:

„Soziale Gerechtigkeit ist ein Gummibegriff und eine politische Worthure. Und die politischen Freier tänzeln ständig um sie herum."

Wenn sich dann irgendein tatsächlicher Liberaler erkühnt korrekt anzumerken, dass die „soziale Marktwirtschaft" das wirtschaftspolitische Nachkriegsprojekt der deutschen Neoliberalen[16], die seit den 1950er Jahren wegen ihres Jahrbuches „Ordo"[17] als Ordoliberale bezeichnet werden[18], war und ist, dann erntet jener Freiheitliche entsetzte Blicke und reflexartige Abwehrreaktionen: Dies kann und darf nicht sein, die „soziale Marktwirtschaft" ist doch etwas „Soziales" und kann schon deshalb kein Projekt der Neoliberalen sein – es kann doch nicht sein, was nicht sein darf! Derartige Gespräche – besonders in den Talk-Shows – wirken

---

[15] Siehe Ebert, Thomas: Soziale Gerechtigkeit. Ideen, Geschichte, Kontroversen. Bonn 2010, Zippelius, Reinhold: Im Irrgarten der Gerechtigkeit. Stuttgart 1994 und Stern-Redaktion: Was macht eigentlich Basilius Streithofen?; https://www.stern.de/lifestyle/leute/was-macht-eigentlich-------basilius-streithofen--3292048.html.

[16] Kurz und knapp zu den deutschen Neoliberalen siehe Ortner, Christian: Neoliberalismus; https://www.ortneronline.at/blindtext/.

[17] Zum Ganzheitlichen des „mittelalterlichen Ordo" siehe bspw. Gässler, Gregor Fidelis: Der Ordo-Gedanke unter besonderer Berücksichtigung von Augustinus und Thomas von Aquino. Sankt Augustin 1994.

[18] Im folgenden Text wird deswegen meist von „ordoliberal", „Ordoliberalismus" oder „Ordoliberalen" gesprochen, auch wenn dies nicht sauber ist. So hat bspw. Wilhelm Röpke – und nicht nur er – den Ausdruck für sich nicht übernommen, den Begriff „Neoliberalismus" seines Freundes Alexander Rüstow akzeptierte Röpke auch nur mit Unbehagen, siehe Röpkes diesbezügliche Bemerkungen in seiner Einführung zu Lippmann, Walter: Die Gesellschaft freier Menschen. Bern 1945. Allgemein von „Ordoliberalen" zu sprechen, ist folglich unsauber, trotzdem wird der Einfachheit wegen in diesem Text allgemein regelmäßig „ordoliberal" verwandt, auch wenn ab und an dann konstitutionelle und klassische Liberale nicht korrekt den Ordoliberalen zugeordnet sind.

oftmals reichlich unfruchtbar, vor allem dann, wenn eine solche Diskussionsrunde dominiert wird von einer gewissen Sorte Intellektueller, die von speziellen Teilen der Geisteswissenschaften her geprägt ist. Dies sind regelmäßig jene Intellektuellen, deren aus Vorverurteilungen gespeiste Blockadehaltung den Versuch die Funktionsweise einer Marktwirtschaft zu erläutern, von vornherein verunmöglicht[19]. Schon ein Erklärungsversuch, der auch nur im Entferntesten ein Düftchen von „Laissez faire et laissez passer" auszuströmen scheint, wird regelmäßig in einer solchen Umgebung hasserfüllt erstickt. Eigentlich scheint es so, als ob in derartigen Talkrunden bei dem Thema der Funktionsweise der Marktwirtschaft die Menschen der praktischen Tätigkeiten, die Technik- und Naturwissenschaftler wenigstens zuhören, diese sind mitunter sogar aufgeschlossen oder blocken zumindest nicht direkt ab.

Die Blockadehaltung der so genannten Intellektuellen verwundert nicht, da die ‚kulturwissenschaftliche' Ablehnung von „Laissez faire et laissez passer" in Deutschland Tradition hat. In einem zweiteiligen Artikel „Mythos Manchestertum" griff Detmar Doering diesen Traditionsstrang auf. Doering zeigte, wie wirkmächtig dieses – falsche und noch dazu

---

[19] Den Blick auf diese Art Intellektueller gerichtet, zitierte Roland Baader treffend George Orwell: *„Einige Ideen sind so abstrus, daß nur Intellektuelle an sie glauben konnten."* Das Agieren dieser Spezies der Intellektuellen wurde von Baader, Benda und Schelsky eingehend untersucht und außerdem ungemein bildhaft geschildert. Deswegen sei für an diesem Thema Interessierte auf jene Arbeiten verwiesen. Auch wenn Baaders Analyse vor fast zwanzig Jahren erschien, Bendas Essay aus den 1920er Jahren stammt und Schelskys Untersuchung über vier Jahrzehnte alt ist, die Arbeiten wirken ungemein aktuell und relevant.

Baader, Roland: Totgedacht – Warum Intellektuelle unsere Welt zerstören. Gräfelfing 2002; Benda, Julien: Der Verrat der Intellektuellen. München 1978 und Schelsky, Helmut: Die Arbeit tun die anderen: Klassenkampf und Priesterherrschaft der Intellektuellen. Opladen 1975.

anachronistische – Schlagwort, das in Deutschland synonym für „Turbokapitalismus" und „Laissez faire et laissez passer" steht, auch heutzutage in Deutschland ist[20].

[20]   Siehe   Doering,   Detmar: Mythos   Manchestertum;
http://www.d-perspektive.de/zeitreport-online/kultur-und-geschichte/Mythos-
Manchestertum-Teil-1/;   http://www.d-perspektive.de/zeitreport-online/kultur-und-
geschichte/Mythos- Manchestertum-Teil-2/.
Zur vertiefenden Ergänzung siehe Habermann, Gerd: Der Wohlfahrtsstaat: Ende einer
Illusion. München 2013.
Natürlich beschränkt sich diese Art von Kapitalismuskritik nicht auf Deutschland alleine,
auch in anderen Ländern hat dies Tradition, auch unter liberalen Politikern, ein Beispiel
unter vielen ist der seinerzeit populäre Schriftsteller und Parlamentsabgeordnete der
britischen Liberal Party Hilaire Belloc. Siehe Bellocs Buch: Der Sklavenstaat. Bad
Schmiedeberg 2019, in dem er den Kapitalismus nicht viel anders als die Sozialisten
geißelt, erschien erstmals 1912.

2) „Gestern" und „Heute"

„Wann immer Sie sich auf der Seite der Mehrheit befinden,

ist es Zeit, innezuhalten und nachzudenken."

– MARK TWAIN

Selbst liberal denkende Ökonomen waren während der 1930er Jahre der Ansicht, dass der „Laissez faire et laissez passer"-Liberalismus komplett versagt habe und wesentliche Schuld an Krisen, wie der Weltwirtschaftskrise, trage. So bspw. eine Gruppe von Staatswissenschaftlern, zu dieser zählten z. B. die Juristen Franz Böhm und Hans Großmann-Doerth, außerdem bspw. die Ökonomen Goetz Briefs, Constantin von Dietze, Walter Eucken, Hans Gestrich, Adolf Lampe, Leonhard Miksch, Wilhelm Röpke, Alexander Rüstow und Otto Veit[21]. Derartige Ökonomen sahen die Lösung in einem neuen Liberalismus. So entwarf Alexander Rüstows Vortrag „Freie Wirtschaft – starker Staat"[22] im September 1932 vor dem ‚Verein für Socialpolitik' in

---

[21] Zu Rüstows harscher Kritik am „Laissez faire et laissez passer" siehe bspw. Rüstow, Alexander: Das Versagen des Wirtschaftsliberalismus. Das neoliberale Projekt. Marburg 2001 (kommentierter Nachdruck der 2. Auflage von 1950) und Rüstow, Alexander: Die Religion der Marktwirtschaft. Münster 2001.

Zu den geistesgeschichtlichen Wurzeln als ein verbindendes Band jener Gruppe siehe Wulff, Manfred: Die geistigen Grundlagen und Quellen des Ordoliberalismus in den 30er und 40er Jahren in: Gauger, Jörn-Dieter/Weigelt, Klaus (Hg.): Soziales Denken in Deutschland zwischen Tradition und Innovation. Bonn 1990, S. 156-170.

Und zum Niedergang des Liberalismus in den Jahren nach Ende des 1. Weltkriegs siehe Hacke, Jens: Existenzkrise der Demokratie: Zur politischen Theorie des Liberalismus in der Zwischenkriegszeit. Berlin 2018.

[22] Der Dresdener Vortrag wurde ursprünglich in den Schriften des ‚Vereins für Socialpolitik' publiziert und 1963 neu veröffentlicht; siehe Rüstow, Alexander: Rede und Antwort. 21 Reden und viele Diskussionsbeiträge aus den Jahren 1932 bis 1962.

Dresden den grundsätzlichen Ansatz, den er und seine Mitstreiter zukünftig verfolgen würden:

- Durch ein Aufbrechen der Konzentration der Vermachtung und damit der Unterdrückung der Schwachen entgegenzuwirken.

- Den Staat nicht zur Beute von Partikularinteressen, die letztlich freiheitsfeindlich sind, verkommen zu lassen. Der Staat solle kein schwacher Staat sein: Schwach, da er sich total in Kleinigkeiten verzettele, weil er alles und jedes Detail regeln wolle und dadurch zum ‚Beutestaat' für starke Interessengruppen werde.

- Die Freiheit vor dem marktwirtschaftlichen Deismus zu schützen. Die Freiheit werde schon durch den Glauben an eine prästabilierte, göttliche Harmonie der Freiheit gefährdet. Deshalb benötige die Aufrechterhaltung der Freiheit ein ganzheitliches, soziologisch eingebettetes Regelsystem. Nur dann wäre der Satz von Adam Smith *„durch Recht und Staat blühen all die verschiedenen Tätigkeiten"* zu realisieren.

- Durch die mangelhafte Wehrhaftigkeit des praktizierten alten Liberalismus sei dies ab dem späten 19. Jahrhundert nicht mehr gewährleistet worden und der Staat zur Beute von Partikularinteressen verludert. Rüstow sagte 1932 in Dresden:

  „Der neue Liberalismus, der heute vertretbar ist und den ich mit meinen Freunden vertrete, fordert einen starken Staat, einen Staat oberhalb der Wirtschaft, oberhalb der Interessen, da, wo er hingehört."

Ludwigsburg 1963.

Die Aktualität und die Parallelen zum Heute stechen durch folgendes Zitat Alexander Rüstows aus dem Jahre 1932 mehr als nur deutlich hervor:

„Wenn Kapitalverluste drohen oder eintreten, springt man mit Staatsgarantien ein oder füllt aus öffentlichen Mitteln auf. Da die Strukturveränderungen, denen man auf diese Weise entgegenwirken will, gewöhnlich nicht stehenbleiben, sondern sich fortsetzen, muss man immer von Neuem und immer schärfer in der gleichen Gegenrichtung eingreifen, um die beabsichtigte Wirkung zu erzielen. Außerdem gewöhnen sich die Interessenten rasch an diese Nachhilfe. Der Appetit kommt beim Essen, und so ergibt sich jene Schraube mit dem schlimmen Ende, an dem wir jetzt angelangt sind."

Folglich wundert es nicht, dass der Vortrag auch heutzutage noch – da er mehr ist als nur Ökonomie – häufig herangezogen, kommentiert und diskutiert wird[23]. So diskutierte Ebinger bspw. in ihrer Dissertation auch die durch Rüstow betonten pädagogischen Aspekte[24].

Parallel zu den deutschen ‚neuen Liberalen' versuchten in Österreich die Vertreter der „Wiener Schule der Volkswirtschaftslehre" die Revitalisierung liberalen Gedankengutes[25]. Sie mischten sich in den Jahren 1931-1934 journalistisch in die Tagespolitik ein, um einem breiten

---

[23] So auch in einem Artikel der „Wirtschaftswoche"; siehe o. V.: Alexander Rüstow: Starker Staat in schwierigen Zeiten; https://www.wiwo.de/politik/konjunktur/oekonomen-der-krise-alexander-ruestow-star ker-staat-in-schwierigen-zeiten/5141090.html.

[24] Siehe Ebinger, Susanne: Alexander Rüstow und die Soziale Marktwirtschaft. Würzburg 1988.

[25] Siehe dazu Klausinger, Hansjörg (Hg.): Machlup, Morgenstern, Haberler, Hayek und andere. Wirtschaftspublizistische Beiträge in kritischer Zeit (1931-1934). Marburg 2005.

Lesepublikum die interventionistische Chaospolitik der Staatsregierungen als Hauptursache der Weltwirtschaftskrise nahezubringen und gleichzeitig den ,Ideen der Freiheit' wieder Gehör zu schaffen. Ökonomisch anspruchsvolle Themen wurden in einem für Nicht-Ökonomen verständlichen Stil – nichtsdestotrotz auf hohem Niveau – verfasst und sind auch heutzutage als Lektüre zu empfehlen. Marktversagen als Ursache der Weltwirtschaftskrise war und ist für die ,Wiener' nicht gegeben, sondern vielmehr ursächlich ein eklatantes Staatsversagen – kein Versagen des „Laissez faire et laissez passer".

Die ,Wiener' hatten und haben hier eine starke Position, da sie in der Lage waren, mittels der durch Ludwig von Mises begründeten monetären Konjunkturtheorie schon lange im Vorfeld des „schwarzen Donnerstags" vor der Weltwirtschaftskrise zu warnen[26]. Vor den vielen absehbaren ökonomischen und sozialen Kalamitäten haben in den letzten rund 120 Jahren stets die Ökonomen der „österreichischen Schule" gewarnt: Die ,Wiener' sind – so Robert Grözinger[27] – die modernen Kassandras. Anhand des so genannten „Hayek'schen Dreiecks"[28] kann die „monetäre österreichische Konjunkturtheorie" auch empirisch illustriert werden.

---

[26] Siehe oben Gliederungspunkt I.; der „schwarze Donnerstag", der 24.10.1929 wird in Europa wegen der Zeitverschiebung oft „schwarzer Freitag" genannt. Der eigentliche Paniktag an der New Yorker Börse war der 29.10.1929, deswegen spricht man in den USA sprichwörtlich vom „schwarzen Dienstag" als eigentlichen Auslöser der Baisse.

[27] Siehe Grözinger, Robert: Let's have a Tea Party in the USA: Bürgerbewegung rechtsherum; in: eigentümlich frei, Heft 104, S. 26-29.

[28] Siehe Hochreiter, Gregor: Krankes Geld – Kranke Welt. Analyse und Therapie der globalen Depression. Gräfelfing 2010.

Das „Hayek'sche Dreieck" wurde von Hayek 1930 in einer Vortragsreihe an der ,London School of Economics' (LSE) dargestellt; siehe Hayek, Friedrich August von: Preise und Produktion. Springer Verlag 1976 (Nachdruck der 1. Auflage von 1931).

Ebenfalls in anderen Staaten – Frankreich, Großbritannien, Italien, den Staaten Nord- und Lateinamerikas und so weiter – versuchten die wenigen verbliebenen Liberalen, das freiheitliche Gedankengut am Leben zu halten.

Also, vieles klang damals so ähnlich wie heute, doch heute sind die Freiheitlichen etwas besser organisiert als in den 1930er Jahren[29]. Damals in den 1930er Jahren erfolgten die ersten zaghaften Schritte, um die versprengten Reste der Freiheitlichen zu sammeln. Im Jahre 1937 erschien Walter Lippmanns Buch *„The Good Society"*[30]. Die auffällige Resonanz des Buches unter dem weltweit verstreuten Häuflein der letzten Freiheitlichen war der Anlass, dass der französische Philosoph Louis Rougier dieses verbliebene Fähnlein der Liberalen nach Paris zu einer Konferenz einlud. Dieses Treffen vom 26. bis 30. August 1938 ging als das *„Colloque Walter Lippmann"* in die Annalen ein und gilt vielen als die Geburtsstunde des

---

[29] So gibt es heute, international untereinander vernetzt, unter anderem die Mont Pèlerin Society (MPS), das European Center of Austrian Economics Foundation (ECAEF), die Friedrich-August-von-Hayek-Institutionen, die Ludwig-von-Mises-Institute (bspw. USA, Belgien, Brasilien, Deutschland, Polen) und etliche weitere Think-Tanks.

[30] Lippmann, Walter: Die Gesellschaft freier Menschen. Bern 1945.

Das englische Original („The Good Society") wird seit Jahrzehnten immer wieder neu aufgelegt, die deutsche Ausgabe jedoch nicht. Doch da im Jahre 2018 Lippmanns Bestseller „Public Opinion" nach vielen Jahren auch in Deutsch neu aufgelegt wurde (Lippmann, Walter: Die öffentliche Meinung: Wie sie entsteht und manipuliert wird. Frankfurt/M. 2018), wird vielleicht in Bälde auch eine Neuausgabe von „Lippmann, Walter: Die Gesellschaft freier Menschen" erscheinen.

Neoliberalismus[31]. Zu den Teilnehmern des „Colloques" zählten unter anderem:

> *Raymond Aron, Roger Auboin, Louis Baudin, Marcel Bourgeois, Jose Castillejo, John Bell Condliffe, Auguste Detoeuf, Friedrich August von Hayek, Michael Heilperin, Bruce Hopper, Bernard Lavergne, Walter Lippmann, Étienne Mantoux, Robert Marjolin, Louis Marlio, Ernest Mercier, Ludwig von Mises, André Piatier, Michael Polanyi, Stefan Thomas Possony, Wilhelm Röpke, Louis Rougier, Jacques Rueff, Alexander Rüstow, Alfred Schütz* und *Marcel van Zeeland.*

Dies waren zumeist Männer, die nach Ende des 2. Weltkriegs dafür fochten, die Nachkriegsordnung diesseits des „Eisernen Vorhangs" freiheitlich zu gestalten. Männer, die in den 1920er Jahren in die Sozialismus-Debatten eingebunden waren und sich gegen die roten und braunen Fluten der totalitären Ideologien stemmten.

Das ‚Protokoll'[32] des ‚Colloques' liest sich streckenweise wie eine aktuelle politökonomische Diskussion. Die Diskussionsfelder des ‚Colloques' waren die Themen und Thesen des Buches „The Good Society" – sind jene Themen wieder oder noch immer aktuell?

Auf jenem ‚Colloque' schlug der deutsche Emigrant Rüstow vor, dass sich die wenigen noch vorhandenen Freiheitlichen – trotz aller untereinander bestehenden (teilweise erheblichen) Differenzen – unter dem

---

[31] Siehe bspw. Reinhoudt, Jurgen / Audier, Serge: Neoliberalismus. Wie alles anfing: Das Walter Lippmann Kolloquium. Hamburg 2019.
Für die damalige Wirkung Lippmanns auf die deutschen Ordoliberalen siehe Hacke, Jens: Existenzkrise der Demokratie: Zur politischen Theorie des Liberalismus in der Zwischenkriegszeit. Berlin 2018.
[32] Siehe Reinhoudt, Jurgen / Audier, Serge: Neoliberalismus. Wie alles anfing: Das Walter Lippmann Kolloquium. Hamburg 2019.

Markennamen „Neoliberalismus" sammeln sollten, um den ‚Ideen der Freiheit' wieder Gehör zu verschaffen. Im Rückblick vermerkte Rüstow 1959, dass das neoliberale Programm, das damals ab Ende der 1920er von ihm und seinen Freunden peu à peu konzipiert wurde, im Umfeld des damaligen Zeitgeistes eine reine Utopie war und eine Verwirklichung in jenen Tagen als chancenlos galt[33].

Auf den ‚Markennamen' „Neoliberalismus" einigten sich die Teilnehmer schließlich, trotz mitunter gravierenden Differenzen bei den Vorstellungen und Konzepten der Tagungsteilnehmer[34]. Das „Colloque Walter Lippmann" war sozusagen die Urzelle, die Keimzelle der 1947 auf Initiative Friedrich August von Hayeks gegründeten „Mont Pèlerin Society". Dies stellte Hayek selbst in einer Rede vor der „Mont Pèlerin Society" heraus. Er verwies darauf, dass fünfzehn Teilnehmer des ‚Colloques' auch zu den Teilnehmern der Gründungsversammlung der „Mont Pèlerin Society" zählten[35].

---

[33] Siehe Rüstow, Alexander: Glückwunschadresse zu Wilhelm Röpkes sechzigstem Geburtstag; in Hunold, Albert (Hg.): Gegen die Brandung. Erlenbach-Zürich 1959, S. 33-38.

[34] Siehe Reinhoudt, Jurgen / Audier, Serge: Neoliberalismus. Wie alles anfing: Das Walter Lippmann Kolloquium. Hamburg 2019.

[35] Siehe Hayek, Friedrich August von: Rede vor der Mont Pèlerin Society am 09.03.1984; ehemals unter: http://www.freitum.de/2015/07/friedrich-augustvon-hayek-rede-vor-der.html; als PDF-Manuskript gesichert.

III. Soziale Marktwirtschaft – das Konzept

„Prinzip der Marktwirtschaft:
Tu mir was Gutes – tu ich dir was Gutes."
– WALTER WILLIAMS

1) „Wann" und „Wie"

> *„Nimm das Recht weg – was ist dann ein Staat*
> *noch anderes als eine große Räuberbande."*
> – AUGUSTINUS VON HIPPO

a) Die zeitgeschichtlichen Wurzeln des Konzepts

„Gedanken sind zollfrei, aber man hat doch Scherereien."

– KARL KRAUS

Die „soziale Marktwirtschaft"[36] war die wirtschaftspolitische Konzeption der deutschen Neoliberalen, die sich nach Ende des 2. Weltkriegs in den drei Westzonen gegen planwirtschaftliche Vorstellungen und Praktiken wandten und stattdessen für ein freiheitliches Gemeinwesen eintraten[37].

Nachkriegsordnungen wurden in oppositionellen Zirkeln im Umfeld von Universitäten – so bspw. in Freiburg im Breisgau – während der Herrschaft und mörderischen Barbarei der ‚braunen Sozialisten'[38] entworfen, diese wurden dann in den ersten Nachkriegsjahren

---

[36] Den Ausdruck schöpfte Alfred Müller-Armack und wurde erstmals verwandt in seinem Aufsatz „Wirtschaftslenkung und Marktwirtschaft"(Hamburg 1946), wieder abgedruckt in Müller-Armack, Alfred: Ausgewählte Werke, Bern 1976 – Band: Wirtschaftsordnung und Wirtschaftspolitik.

[37] Siehe Lee, Byong-Chol: Wirtschaftspolitische Konzeption der Christlichen Demokraten in Südbaden 1945-1952. Freiburg 2000. PDF-Manuskript.

[38] Eingangs wird in der Vorbemerkung auf einen Vortrag aus 2011 verwiesen, der den Anstoß zu diesem Text gab. Einige Personen, die 2011 den Vortrag, nebst den dazugehörenden Notizen lasen, mokierten sich über den Ausdruck ‚braune Sozialisten', die NSDAP habe nichts mit Sozialismus gemein.
Dass dem nicht so ist, darüber könnte man ein ganzes Buch verfassen. Doch es genügt der Hinweis, dass die politische Praxis der SED deutlich machte, dass eine Unterscheidung zwischen „nationalem" und „internationalem" Sozialismus unnötig ist, weil mit Beschluss vom 15.06.1946 die SED ehemaligen NSDAP-Mitgliedern den Weg in die SED öffnete, nationale Sozialisten konnten von da an umstandslos in den volksdemokratischen Sozialismus eintauchen; siehe Aly, Götz: Einleitung. Fretwurst der Deutsche; in: Volk ohne Mitte: Die Deutschen zwischen Freiheitsangst und Kollektivismus. Frankfurt/M. 2015, S. 7-29.

fortentwickelt[39]. Prägend für die Entwürfe einer Wirtschaftsordnung der Nachkriegszeit war dabei innerhalb der „Freiburger Kreise" der Zirkel um den Ökonomen Walter Eucken und den Juristen Franz Böhm. Die Motivation zur Teilhabe und Organisation solch oppositioneller Zirkel lag größtenteils in der christlichen Weltanschauung und dem Bejahen des christlichen Menschenbildes begründet. Bezüglich des Juristen Franz Böhm hat Traugott Roser dies anschaulich dokumentiert[40].

Folgt man den Darlegungen Goldschmidts, dann wurde die Saat des Widerstands gegen die braunen Barbaren schon Anfang 1933 gelegt, so dass die Gemeinschaftsseminare der Juristen und Ökonomen zur Keimzelle der „Freiburger Kreise" wurden. Goldschmidts Schaubild zu den „Freiburger Kreisen" illustriert, dass die Schnittmengen zwischen der

---

[39] Beispiele für derartige Zirkel sind hier in diesem Kontext die „Freiburger Kreise". Siehe bspw. AEU: 70 Jahre Denkschrift des Freiburger Bonhoeffer-Kreises; https://www.aeu-online.de/fileadmin/user_upload/pdf/publikationen/2015AEU_FD70_web.pdf, für eine kurze Beschreibung der Freiburger Kreise siehe o. V.: Freiburger Bonhoeffer-Kreis; https://wiki.de.dariah.eu/display/F1P/Freiburger+Bonhoeffer-Kreis.

Leugers schilderte, dass katholischer Widerstand (bspw. Pater Alfred Delp) durch den „Ausschuss für Ordensangelegenheiten", dem nach der Spaltung der Fuldaer Bischofskonferenz die Bischöfe von Preysing und Diez nach Außen durch das gekonnte juristische Agieren Georg Angermaiers Schutz boten, die Kontakte zum Kreisauer Kreis und den Freiburger Kreisen organisierte, so dass katholischer und evangelischer Widerstand zusammenkamen; siehe Leugers, Antonia: Gegen eine Mauer bischöflichen Schweigens: Die Fuldaer Plenarkonferenzen 1933-1940 und die kirchenpolitische Konzeption des Ausschusses für Ordensangelegenheiten 1941-1945. Frankfurt/M. 1996.

Für einen Überblick der Vorstellungen der Widerstandskreise zur Staats- und Gesellschaftsordnung, bspw. des Bonhoeffer-Kreises, siehe Schulz, Günther: Die Gesellschaftsordnung in den Staatsentwürfen des deutschen Widerstands; in: Gauger, Jörn-Dieter/Weigelt, Klaus (Hg.): Soziales Denken in Deutschland zwischen Tradition und Innovation. Bonn 1990, S. 129-155.

[40] Siehe bspw. Roser, Traugott: Protestantismus und Soziale Marktwirtschaft. Eine Studie am Beispiel Franz Böhms. Münster 1998.

‚Arbeitsgemeinschaft Erwin von Beckerath', dem ‚Bonhoeffer-Kreis' und dem ‚Freiburger Konzil' derart sind, dass die Historiker, Juristen, Ökonomen und Theologen als Mitglieder der drei ‚Kreise' interdisziplinär Hand in Hand gemeinsam wirkten. Neben den schon genannten Eucken und Böhm werden unter anderem der Jurist Erik Wolf, die Historiker Clemens Bauer und Gerhard Ritter, die Ökonomen Constantin von Dietze, Adolf Lampe und Leonhard Miksch und die Theologen Otto Dibelius und Helmut Thielicke als Mitglieder genannt. Dass die „Freiburger Kreise" wiederum nur einen Ausschnitt des Freiburger Widerstands ausmachten, notierte Nils Goldschmidt ebenfalls[41].

Der Marburger Soziologe Haselbach hingegen bestritt, dass die „Freiburger Kreise" dem Widerstand zuzuordnen sind, die ‚Arbeitsgemeinschaft Erwin von Beckerath' verortete Haselbach sogar als „systemtreu"[42].

Da im Archiv der Konrad-Adenauer-Stiftung – wie Walter Oswalt anmerkte – noch etliches Material zu den „Freiburger Kreisen" der Auswertung harrt[43], könnte es nützlich sein, jenes Material auszuwerten. Eventuell trügen die Ergebnisse dazu bei die Thesen Goldschmidts oder die Thesen Haselbachs zu erhärten. Zu den nicht bestreitbaren Tatsachen

---

[41] Siehe Goldschmidt, Nils: Die Entstehung der Freiburger Kreise; https://www.kas.de/c/document_library/get_file?uuid=10c01462-70b1-360b-aceb-ae2c950e3ad8&groupId=25203 8.

Einen weiteren Überblick zum Widerstand in Südbaden gibt Lee im 1. Kapitel seiner Freiburger Dissertation, siehe Lee, Byong-Chol: Wirtschaftspolitische Konzeption der Christlichen Demokraten in Südbaden 1945-1952. Freiburg 2000. PDF-Manuskript.

[42] Siehe Haselbach, Dieter: Autoritärer Liberalismus und Soziale Marktwirtschaft – Gesellschaft und Politik im Ordoliberalismus. Baden-Baden 1991.

[43] Siehe Walter Oswalts editorische Bemerkung in Eucken, Walter: Ordnungspolitik. Münster 1999.

zählen jedoch die Denkschriften der „Freiburger Kreise"; insbesondere die Denkschrift des Bonhoeffer-Kreises *„Politische Gemeinschaftsordnung, ein Versuch zur Selbstbesinnung des christlichen Gewissens in den politischen Nöten unserer Zeit"*. Der Kernsatz jener Denkschrift lautete[44]:

> *„Es gibt keinen Dämon, der dringender der Zähmung und Fesselung bedürfte, als den Dämon der Macht".*

Ein Satz von zeitloser Gültigkeit!

Fakt jedenfalls ist es auch, dass nach dem Attentat vom 20. Juli 1944 ein großer Teil der Mitglieder der „Freiburger Kreise" in die Fänge der Gestapo geriet, Mitglieder dadurch ums Leben kamen und andere derart misshandelt wurden, dass sie gesundheitlich schwer angeschlagen waren, so dass bspw. Adolf Lampe doch noch ein paar Jahre später den Folgen der Misshandlungen erlag.

---

[44] Zitiert nach Brakelmann, Günter: Aus der Zeit der Diktatur: Die Freiburger Denkschriften; in: Brakelmann, Günter / Friedrich, Norbert / Jähnichen, Traugott (Hg.): Auf dem Weg zum Grundgesetz. Beiträge zum Verfassungsverständnis des neuzeitlichen Protestantismus. Münster 1999. S 171-182.

b) Autoritärer Liberalismus oder starker Minimalstaat?

„Die Freiheit des Einzelnen braucht Grenzen,
damit die Freiheit Aller erhalten bleibt."

– TOM BORG

Dass die damaligen Konzepte in Teilen unvollständig und wie ein Fragment wirken, ist hinlänglich verständlich, weil es während der braunen Unrechtsjahre in den Zirkeln der „Freiburger Kreise" (die ‚Arbeitsgemeinschaft Erwin von Beckerath', der ‚Bonhoeffer-Kreis', das ‚Freiburger Konzil') nicht nur um Wirtschaftsfragen ging – und in den ersten Nachkriegsjahren zunächst – auch und besonders im eigenem sozialen Umfeld – handfestes Zupacken gefordert war, um Not und Elend erfolgreich zu begegnen.

Außerdem ist zu bedenken, dass Hans Gestrich bereits 1943 verstarb, Hans Großmann-Doerth 1944 den Kriegsverletzungen erlag, Adolf Lampe – wie schon erwähnt – doch noch 1948 an den Folgen der Misshandlungen der Gestapo-Haft verschied, Walter Eucken unerwartet 1950 auf einer Vortragsreise in London starb und ebenfalls 1950 Leonhard Miksch, der Nachfolger Euckens als Direktor des volkswirtschaftlichen Seminars, schon kurz nach Eucken verstarb, so dass wir folglich auch nicht wirklich etwas über die weiteren Ambitionen dieser Gruppe wissen können[45].

---

[45] Walter Oswalt, Euckens Enkels, spekulierte in seinem Nachwort zu Eucken, Walter: Wirtschaftsmacht und Wirtschaftsordnung. Münster 2001, darüber, wie Walter Eucken – hätte er länger gelebt – wohl weiter vorgegangen wäre.
Doch die Form der posthumen Herausgabe (1952) der „Grundsätze der Wirtschaftspolitik" Euckens deutet an, dass die Herausgeber – Euckens Frau und Karl Paul Hensel – Eucken nicht so ambivalent zu Markt und Freiheit wie Oswalt sahen.

Aus den oben zitierten Äußerungen Alexander Rüstows ist jedenfalls eindeutig ersichtlich, dass die deutschen Neoliberalen so etwas wie einen ,starken Minimalstaat' anstrebten, der über den Einzelinteressen steht. Dieser Punkt war sozusagen Konsens, wie bspw. die Arbeiten von Heinemann und Holzwarth zur Freiburger Schule in Gänze[46], Fischer zu Eucken[47] und Zieschang zu Böhm[48] zeigen. Dabei ist ein Dreh- und Angelpunkt des Konzeptes der Wettbewerb. Unter den Ordoliberalen herrschte weitgehende Einmütigkeit, dass es Aufgabe und Pflicht der Regierung ist, für eine funktionierende Wettbewerbsordnung zu sorgen, um Vermachtungen und Verkrustungen im Wirtschaftsalltag zu unterbinden[49].

Zur effektiven Erreichung ihrer wirtschaftspolitischen Ziele setzten die Ordoliberalen auf die Zweiteilung der Wirtschaftspolitik: Auf eine langfristig anzulegende Ordnungspolitik und die tagespolitische Prozesspolitik. Der Wettbewerb als wichtige und notwendige staatliche Veranstaltung rückt sowohl langfristig als auch kurzfristig in den Vordergrund.

Franz Böhm fasste dies mit den Worten zusammen, dass der Wettbewerb

   "das genialste Entmachtungsinstrument der Geschichte"

---

[46] Siehe bspw. Heinemann, Andreas: Die Freiburger Schule und ihre geistigen Wurzeln. München 1989 und Holzwarth, Fritz: Ordnung der Wirtschaft durch Wettbewerb. Entwicklung der Ideen der Freiburger Schule. Freiburg 1985.

[47] Siehe bspw. Fischer, Thomas: Staat, Recht und Verfassung im Denken von Walter Eucken. Bern 1993.

[48] Siehe bspw. Zieschang, Tamara: Das Staatsbild Franz Böhms. Kornwestheim 2003.

[49] Siehe Eucken, Walter: Wirtschaftsmacht und Wirtschaftsordnung. Münster 2001 und Goldschmidt, Nils/Wohlgemuth, Michael (Hg.): Grundtexte zur Freiburger Tradition der Ordnungsökonomik. Tübingen 2008.

ist[50].

Franz Böhm gilt als der Vater des bundesdeutschen Wettbewerbsrechts[51]. Seine Erfahrungen aus der Zeit der Weimarer Republik als Referent in der Kartellabteilung des Reichswirtschaftsministeriums hatten Böhm geprägt. Damals waren Kartelle aufgrund eines Urteils des Reichsgerichts von 1897 legal. Die Folge jenes Urteils war, dass danach die deutsche Wirtschaft und Gesellschaft durch und durch kartellisiert wurde. Für das Jahr 1930 wurden – ohne die Kartelle der Landwirtschaft, der freien Berufe und des Bank-, Börsen-, Verkehrs- und Versicherungswesens – rund 2.100 Kartelle gezählt[52]. Die Vermachtungen, Verkrustungen und Stillstände in Wirtschaft und Gesellschaft, die aus Kartellierungen erspriegen, kannte Böhm folglich aus erster Hand, so dass er sich 1933 mit einer Arbeit zu diesen Problemfeldern habilitierte[53]. In der Bundesrepublik setzte Böhm dann im Zusammenspiel mit Ludwig Erhard, der die Kartelle kurz und bündig

„Feinde der Verbraucher"

nannte[54], ein Wettbewerbsrecht durch, das dem Staat die Aufgabe zuweist, fairen Wettbewerb zu gewährleisten und dabei Kartelle und Vermachtungen zu verhindern.

---

[50] Siehe Böhm, Franz: Entmachtung durch Wettbewerb. Münster 2007.
[51] Siehe o. V.: Franz Böhm gilt als Vater des deutschen Kartellrechts; https://www.wiwo.de/politik/deutschland/der-oekonom-franz-boehm-gilt-als-vater-des-deutschen-kartellrechts/5440462.html.
[52] Siehe Hahn, Roland: Marktwirtschaft und Sozialromantik. Egelsbach 1993.
[53] Böhm, Franz: Wettbewerb und Monopolkampf. Baden-Baden 2010 (Erstveröffentlichung 1933).
[54] Siehe Erhard, Ludwig: Wohlstand für Alle. Düsseldorf 1964, 8. Auflage.

Das Staatsbild der Ordoliberalen wurde verschiedentlich als „autoritärer Liberalismus" betitelt. In dieser Form bspw. von Dieter Haselbach schon im Titel seiner Habilitationsschrift. Haselbach ist der Meinung, dass die Ordnungsvorstellungen der deutschen Neoliberalen der Nachkriegszeit – also der Ordoliberalen – nur mit einem autoritären Staat durchzusetzen sind. Dabei zeichnete er besonders Müller-Armack als jemanden, der seine Vorstellungen auch unter dem Nationalsozialismus hätte vorbringen können – Müller-Armack hätte in der NS-Ideologie einen Platz finden können. Also, für Haselbach sind die Ordoliberalen latent autoritär, wegen ihres Konzeptes, das nur autoritär ‚durch den Staat und für den Staat' durchzusetzen sei.[55]

Auch von liberaler Seite wird manches an der ‚Staatskonzeption' der Ordoliberalen skeptisch betrachtet. Als „autoritäre Staatskonzeption" betitelte der 2017 verstorbene Ökonom Gebhard Kirchgässner die ordoliberalen Vorstellungen. Innerhalb solcher Systeme würde den Wissenschaftlern – so Kirchgässner – die gleiche nicht zu bewältigende Aufgabe zugeteilt, die durch Platon den Philosophen-Königen zugewiesen wurde[56]. Kirchgässner verwies darauf, dass diese Art von Kritik schon bei Karl Popper zu finden ist[57]. Und Michael von Prollius vermerkte unter Bezugnahme auf Beiträge aus den 1950er Jahren von Hans Hellwig und Volkmar Muthesius[58],

---

[55] Siehe Haselbach, Dieter: Autoritärer Liberalismus und Soziale Marktwirtschaft – Gesellschaft und Politik im Ordoliberalismus. Baden-Baden 1991.

[56] Siehe Kirchgässner, Gebhard: Wirtschaftspolitik und Politiksystem; in: Cassel, Dieter / Ramb, Bernd-Thomas / Thieme, Hans Jörg (Hrsg.): Ordnungspolitik. München 1988, S. 53-75.

[57] Popper, Karl Raimund: Die offene Gesellschaft und ihre Feinde, Band 1: Der Zauber Platons. Bern 1980, 6. Auflage (englische 1. Auflage 1946/50).

„Die Ideen Böhms, Euckens und Miksch' über Kartellpolitik und Leistungswettbewerb hätten unangefochten in der von Reichsminister Dr. Hans Frank herausgegebenen Schriftenreihe der Akademie für Deutsches Recht veröffentlicht werden können. … Alles vom Staat und durch den Staat, das ist die große Illusion, die einige Ordoliberale nähren"[59].

Somit erbringt das Konzept des „Wettbewerbs als staatliche Veranstaltung" letztlich nur eine staatliche Inszenierung, die ohne Umstände mit interventionistisch-sozialistischen Slogans und Vorstellungen rechter und linker Sozialisten in Einklang zu bringen ist. Es birgt – so Muthesius – die Gefahr in sich, dass die Übertreibung oder eine Verirrung der Wettbewerbspolitik zu einem

„Abschweifen von dem Pfad der Freiheit"

führen kann[60].

---

[58] Und zwar auf die Ausgabe Nr. 1 der Zeitschrift „Monatsblätter für freiheitliche Wirtschaftspolitik" aus Mai 1955, Verweis siehe Prollius, Michael von: Mises hatte recht: kritische Sicht auf Ordo-Liberale; https://forum-freie-gesellschaft.de/mises-hatte-recht-kritische-sicht-auf-ordo-liberale/.

Der 1913 geborene Volkswirt Hans Hellwig und der 1900 geborene Jurist Volkmar Muthesius sind dem klassisch-liberalen Lager zuzurechnen.

[59] Siehe Prollius, Michael von: Mises hatte recht: kritische Sicht auf Ordo-Liberale; https://forum-freie-gesellschaft.de/mises-hatte-recht-kritische-sicht-auf-ordo-liberale/.

[60] Siehe Prollius, Michael von: Mises hatte recht: kritische Sicht auf Ordo-Liberale; https://forum-freie-gesellschaft.de/mises-hatte-recht-kritische-sicht-auf-ordo-liberale/,

Für das Zitat siehe Muthesius, Volkmar: Augenzeuge von drei Inflationen. Frankfurt/M. 1973, 2. Auflage.

So waren sich Muthesius und Hellwig[61] beim Punkt Wettbewerb mit Hayek[62] darin einig, dass für eine spezielle Kartell- und Wettbewerbsgesetzgebung kein Bedarf besteht. Um Wettbewerb zu sichern und Kartelle als illegal zu kennzeichnen, genüge ein Satz oder ein Zusatzparagraph, der im BGB ins vertragsrechtliche Regelwerk aufzunehmen ist[63]:

„Alle Verträge, die gegen den Wettbewerb verstoßen, sind nichtig!"

---

[61] Siehe Prollius, Michael von: Mises hatte recht: kritische Sicht auf Ordo-Liberale; https://forum-freie-gesellschaft.de/mises-hatte-recht-kritische-sicht-auf-ordo-liberale/.

[62] Siehe Starbatty, Joachim: Soziale Marktwirtschaft als Forschungsgegenstand: Ein Literaturbericht. Tübinger Diskussionsbeitrag Nr. 79, Tübingen 1996, PDF-Manuskript.

[63] Siehe Siehe Starbatty, Joachim: Soziale Marktwirtschaft als Forschungsgegenstand: Ein Literaturbericht. Tübinger Diskussionsbeitrag Nr. 79, Tübingen 1996, PDF-Manuskript.

2) Ordnungspolitische Grundsätze und Eckpunkte

„Die Geschichte lehrt, daß Freiheit und Würde des Menschen
weithin vom Ordnungssystem der Wirtschaft abhängen."

– JOSEPH HÖFFNER

Die Ordnungspolitik hat den Rahmen für Wirtschaft und Gesellschaft zu setzen. Mittels der Ordnungspolitik sind die allgemeinen Regeln zu bestimmen, innerhalb derer die Menschen frei, selbständig und selbstbestimmt ihren eigenen Interessen nachgehen können.

Deswegen forderte Ludwig Erhard[64]:

„Die stärkste Stütze einer freiheitlichen Wirtschafts- und
Gesellschaftsordnung ist der Wille der Individuen, sich die Freiheit ihrer
Lebensführung zu bewahren und sich nicht in allen Lebensäußerungen
schablonisieren, uniformieren und kollektivieren zu lassen."

Es folgt nun, speziell angelehnt an Walter Eucken, der die ordnungspolitischen Eckpfeiler als die *konstituierenden Prinzipien* der

---

[64] Siehe Erhard, Ludwig: Dreißig Jahre Konjunkturpolitik 1929-1959. Via Aperta Nr. 12, Dezember 1959/Januar 1960; in: ders.: Gedanken aus fünf Jahrzehnten. Reden und Schriften. Düsseldorf 1988, S. 596-602.

Wirtschaftsverfassung herausarbeitete[65], eine kurze, kommentierte Auflistung jener Eckpunkte der Ordoliberalen:

➤ *Aktive Wirtschaftspolitik des Staates*

Die Regeln durch die Wirtschaftspolitik sind so zu setzen, dass ein funktionsfähiges Preissystem gewährleistet ist. Ein Preissystem, das seiner Aufgabe als Signalwirkung für die Wirtschaftsrechnung nachkommen kann und somit unverfälschte Informationen für die Wirtschaftspläne der einzelnen Wirtschaftssubjekte liefern wird.

Ein funktionierendes Preissystem gilt als „A und O" einer funktionstüchtigen Wettbewerbsordnung. Die Ausführungen Erhards, Euckens und anderer Ordoliberaler in diesem Rahmen zeigen, dass eindeutig das neoklassische Modell der „vollständigen Konkurrenz" die Grundlage ihrer Überlegungen bezüglich Preisbildung und Wettbewerb bildete. So hat bspw. Rhonheimer herausgearbeitet, dass das Modell der vollständigen Konkurrenz der Freiburger Schule als idealtypisches Denkmuster diente, um theoretisch die von den Freiburgern präferierte Wirtschaftspolitik zu begründen[66].

---

[65] Zur Ordnungspolitik siehe bspw.: Eucken, Walter: Grundsätze der Wirtschaftspolitik. Tübingen 1952; Eucken, Walter: Ordnungspolitik. Münster 1999; Hensel, Karl Paul: Grundformen der Wirtschaftsordnung. München 1978.

Hinweis: Griffige Zusammenfassungen dazu gibt es reichlich, bspw. wurden hier herangezogen John, Klaus-Dieter: Die Soziale Marktwirtschaft im Kontext der Europäischen Integration; in: Hauff, Michael von (Hg.): Die Zukunftsfähigkeit der Sozialen Marktwirtschaft. Marburg 2007, S. 143-191 und Zinn, Karl Georg: Soziale Marktwirtschaft. Idee, Entwicklung und Politik der bundesdeutschen Wirtschaftsordnung. Mannheim 1992.

[66] Siehe Rhonheimer, Martin: Ludwig Erhards Konzept der sozialen Marktwirtschaft und seine wettbewerbstheoretischen Grundlagen; in: Journal for Markets and Ethics/Zeitschrift für Marktwirtschaft und Ethik, 5(2), Berlin 2017, S. 83-106.

Außerdem hatte der Neoklassiker Stackelberg, der zeitweise in die ,Arbeitsgemeinschaft Erwin von Beckerath' eingebunden war, wirtschaftstheoretisch nicht zu unterschätzenden Einfluss auf die Protagonisten der Freiburger Schule ausgeübt. Es verwundert demnach nicht, dass etliche der wirtschaftstheoretischen Ansätze der Freiburger Schule stark an Stackelbergs Marktformenlehre angelehnt sind[67]:

Marktformenschema nach Stackelberg

		Anbieter		
		Einer	Wenige	Viele
Nachfrager	Einer	Bilaterales Monopol	Eingeschränktes Monopson (eingeschränktes Nachfragemonopol)	Monopson / Nachfragemonopol
	Wenige	Eingeschränktes Monopol	Bilaterales Oligopol	Oligopson (Nachfrageoligopol)
	Viele	Monopol	Oligopol	Polypol

➤ *Das Prinzip der offenen Märkte*

Der Marktzugang auf nationalen und internationalen Märkten soll nicht beschränkt sein, sondern jedermann frei zugänglich sein, der in irgendeiner Form unternehmerisch tätig werden will.

Insbesondere die Politik hat – damit die wohlfahrtssteigernden Effekte der nationalen und internationalen Arbeitsteilung zum Tragen kommen und besonders den ärmeren Bevölkerungsteile zum Vorteil dienen – den freien

---

[67] Siehe dazu Zinn, Karl Georg: Soziale Marktwirtschaft. Idee, Entwicklung und Politik der bundesdeutschen Wirtschaftsordnung. Mannheim 1992.
Für das einfache Schaubild der Marktformen nach Stackelberg siehe o. V.: Marktformenschema nach Stackelberg; https://www.preissetzung.de/Preissetzung/wordpress/wp-content/uploads/2014/05/ Marktformenschema-nach-Stackelberg.pdf.

Handel nicht einzuschränken. Den verschiedenen Interessengruppen sind keine Privilegien einzuräumen, die Märkte sind nicht abzuschotten, und so weiter und so fort.

Auch solle die Politik nicht versuchen, selbst den Unternehmer zu spielen, sondern dieses Feld privaten Unternehmern überlassen. Nur, wenn private Unternehmen nicht tätig werden wollen oder den nachgefragten Bedarf nicht decken können, sollte von dieser Regel abgewichen werden. In derartigen Fällen sollen ‚öffentliche' Unternehmen und Betriebe auftreten und die Güter bereitstellen (Theorie der öffentlichen Güter[68]).

➢ *Das Primat der Währungspolitik*

Die Währungs- und Geldpolitik sind als „natürliches Monopol" in die Hände des Staates zu legen. Der staatlichen Zentralbank ist die Sorge für stabiles Geld zu übertragen. Die Zentralbank hat unabhängig zu sein, damit sie durch ihre Politik „gutes Geld für alle" gewährleisten kann[69].

Gutes Geld bedeutet(e) für die Ordoliberalen, dass Deflation und Inflation gleichermaßen ungerecht sind und beides zu vermeiden ist[70]. Die

---

[68] Üblich ist es in der Literatur bei der Definition des öffentlichen Gutes den Abgrenzungen von Musgrave zu folgen; Musgrave, Richard A.: Finanztheorie. Tübingen, 2. Auflage 1982.

[69] „Natürliches Monopol" des Staates, so bspw. Dilger, Alexander: Zentralbanken sind natürliche Monopole; https://alexanderdilger.wordpress.com/2014/04/13/zentralbanken-sind-naturliche-monopole/ und ähnlich die Sachverständigengruppe „Weltwirtschaft und Sozialethik": Gutes Geld für alle. Bonn 1991.
Diese Auffassung wird bestritten, siehe dazu in diesem Text weiter unten den Gliederungspunkt IV. 3) g) plus m).

[70] Unter Inflation wird heutzutage generell – ebenfalls von den Ordnungstheoretikern und -politikern – die Preissteigerungsrate der Lebenshaltungskosten verstanden. Diese wird gemessen am prozentualen Anstieg des Verbraucherpreisindexes – mutatis mutandis gilt das gleiche für Deflation.

Hoffnung der Ordoliberalen, dass die Zentralbank (Bundesbank) durch eine Politik der Geldwertstabilität monetär bedingte Irritationen verhindern würde, erfüllte sich nicht. Auch die Bundesbank konnte die permanente Geldentwertung nicht stoppen. Nicht von ungefähr warnte Hayek schon 1931, dass sich unter dem Banner der Stabilität alle bewussten und unbewussten Anhänger des Inflationismus versammeln würden[71].

➢ *Das Recht auf Privateigentum*

Walter Eucken plädierte für die Bildung von Privateigentum und das garantierte Recht auf Eigentum. Im Rahmen von Euckens Überlegungen Euckens ist das Privateigentum eine unabdingbare Voraussetzung für eine Wettbewerbsordnung, jedoch kein Garant für Wettbewerb. Im Eigentum spiegelt sich bei Eucken auch eine Art von dienendem Charakter. Eigentum habe dem Wohle der Gemeinschaft zu dienen. Ein Verzehren des Eigentums solle möglichst vermieden werden[72].

Daraus ergibt sich sogleich die wichtige Frage: Wer legt fest, was das Wohl der Gemeinschaft ist? Und daraus ergibt sich logisch auch die

---

Die Erklärungen der alten Ökonomen und der Vertreter der „Wiener Schule der Volkswirtschaftslehre" sind bezüglich „Inflation" und „Deflation" sauberer:

Inflation ist zunächst einmal eine Aufblähung der Geldmenge (Geldmengeninflation), mit der Folge, dass zeitversetzt die Preise steigen werden (Preisinflation) – und diese Preissteigerungen können sich im Verbraucherpreisindex niederschlagen, müssen dies jedoch nicht. Die Geldmengeninflation kann sich auch nur oder doch hauptsächlich im Bereich der Vermögenswerte auswirken, um dort bspw. Blasen zu bilden. Mutatis mutandis gilt hier auch das gleiche für eine Deflation.

[71] Siehe Hayek, Friedrich August von: Preise und Produktion. Wien 1976, (Reprint der 1. Auflage von 1931).

[72] So die Folgerungen, die aus Deppenheuers Interpretationen abgeleitet sind, siehe Deppenheuer, Otto: Eigentumsverfassung und Finanzkrise. Berlin 2009.

Anschlussfrage: Öffnete Eucken vielleicht ungewollt den ‚Jüngern des Wohlfahrtsstaats' Tür und Tor?

Eucken sah Eigentum und Eigentumsbildung als Motivation an, um unternehmerisch tätig zu sein, bzw. um den Respekt vor dem Eigentum anderer Menschen zu stärken, weil sich Gemeineigentum in der Regel negativ auf das menschliche Verhalten auswirke.

Bei Wilhelm Röpke und Alexander Rüstow ist die Eigentumsbildung auf breiter Grundlage eine der Grundvoraussetzungen der Freiheit. Deshalb ist es reichlich unverständlich, dass Rüstow trotz dessen im Rahmen der so genannten Chancengleichheit auch ein Verfechter konfiszierender Erbschaftssteuern war. Ein derartiges Steueraufkommen würde letztendlich zur Konzentration von kaum begrenzter politökonomischer Macht in der Hand der Regierenden führen[73].

Menschen, die ihr Eigentum pflegen, vermehren und hegen sind – so Röpke und Rüstow – unabdingbar notwendig, weil solche Bürger auch fähig sind, der Obrigkeit in selbstbewusster Unabhängigkeit und Freiheit gegenüberzustehen, um den Behörden sozusagen auf Augenhöhe zu begegnen.

➤   *Das Recht der Vertragsfreiheit*
Vertragsfreiheit ist unabdingbar notwendig, da Wettbewerb nur funktionieren kann, wenn die Entscheidungen freiwillig und dezentral getroffen werden.

---

[73] Mehr dazu bspw. bei Hegner, Jan: Alexander Rüstow. Ordnungspolitische Konzeption und Einfluss auf das wirtschaftspolitische Leitbild der Nachkriegszeit in der Bundesrepublik Deutschland. Kornwestheim 2000.

Vertragsfreiheit ist das selbstgeschaffene Recht der Wirtschaft, wie Hans Großmann-Doerth dies nannte[74]. Unternehmen handeln untereinander die Geschäfte einmütig und einvernehmlich aus und gießen diese Vereinbarungen in Verträge. Der Staat habe sich in die Vertragsgestaltungen nicht einzumischen, er dürfe nur den allgemeinen rechtlichen Rahmen setzen und den neutralen Schiedsrichter bei Vertragsstreitigkeiten spielen.

Eine wichtige Einschränkung von diesem Grundsatz besteht darin, dass Verträge nicht geschlossen werden dürfen, um die Vertragsfreiheit einzuschränken oder gar abzuschaffen: Verträge, die den Wettbewerb schädigen, sind zu unterbinden.

Aufgrund ihrer miserablen Erfahrungen mit den Kartellen der Vorkriegszeit plädierten Böhm und Eucken für ein Wettbewerbsrecht, das den Staat darauf verpflichtet, Schädigungen des Wettbewerbs zu verhindern.

In der Vorkriegszeit waren durch das schon genannte Urteil des Reichsgerichts aus 1897 vertragliche Festlegungen zu Beschränkungen bis hin zur völligen Aushebelung des Wettbewerbs vollkommen legal gewesen. Außerdem standen die Kartelle im Gefolge jenes Urteils nicht nur unter dem Schutz der Judikativen, sie wurden sogar von den Staatsgewalten gefördert[75].

---

[74] Siehe Blaurock, Uwe (Hg.) / Goldschmidt, Nils (Hg.) / Hollerbach, Alexander (Hg.): Das selbstgeschaffene Recht der Wirtschaft: Zum Gedenken an Hans Großmann-Doerth (1894-1944). Tübingen 2005.

[75] Siehe Gliederungspunkt III. 1) und siehe auch Hahn, Roland: Marktwirtschaft und Sozialromantik. Die programmatische Erneuerung des Liberalismus in Deutschland unter dem Einfluß der Ideen Wilhelm Röpkes und Alexander Rüstows. Egelsbach 1993.

Übrigens, schon Adam Smith stellte 1776 die Unternehmer unter den Generalverdacht, dass sie durch Verträge und Absprachen den Wettbewerb und auch die Vertragsfreiheit bei jeder sich bietenden Gelegenheit einschränken würden. Adam Smith sprach davon, dass schon ein gemeinsames Frühstück von Kaufleuten eine Verschwörung gegen die Gesellschaft sei[76].

> *Das Prinzip der Haftung*

Jeder Mensch ist für sein Handeln selbst verantwortlich, folglich hat jedes Wirtschaftssubjekt die ökonomischen Folgen (egal, ob Erfolg oder Misserfolg) zu verantworten und zu tragen[77]. Daraus folgt, wer unternehmerisch tätig ist, der trägt auch das Risiko. Beim Scheitern haftet der Unternehmer als Eigentums-Unternehmer mit seinem kompletten Kapital. Keinesfalls sollten beim Scheitern staatliche Hilfen gewährt werden, ‚bail outs' darf es nicht geben. Grundsätzlich gilt das Prinzip der Hilfe zur Selbsthilfe entlang den Leitlinien des Subsidiaritätsprinzips.

Der bevorzugte Blick auf den typischen Eigentums-Unternehmer[78] ist wohl der wesentliche Grund, warum die alten Ordoliberalen den

---

[76] Siehe Smith, Adam: Der Wohlstand der Nationen. München 1978.

[77] Haftung und Verantwortung, ob dies einer der Hauptgründe ist, warum und weshalb das Unternehmerische (der Eigentums-Unternehmer) stetig auf dem Rückzug ist und dass Aktiengesellschaft und GmbH (société anonyme) als Rechtsformen bevorzugt werden? Siehe zum Themenfeld Freiheit und Verantwortung Nef, Robert: Keine Freiheit ohne Verantwortung – keine Verantwortung ohne Freiheit; in Baader, Roland: Die Enkel des Perikles. Gräfelfing 1995, S. 127-141 und Weede, Erich: Freiheit und Verantwortung, Aufstieg und Niedergang. Tübingen 2012.
Siehe auch Fromm, Erich: Die Furcht vor der Freiheit. Stuttgart 1983. Eine wichtige These dort heißt: Freiheit heißt Verantwortung und Verantwortung wollen die meisten Menschen nicht übernehmen.

[78] Mehr dazu siehe Symanski, Tobias: Die Mittelstandsorientierung in der Konzeption der Sozialen Marktwirtschaft. Marburg 1999.

Rechtsformen der Aktiengesellschaft oder GmbH eher skeptisch begegnen[79]. Hier sind vor allem Röpke und Rüstow zu nennen, die eine Ordnungspolitik zur Stärkung von Handwerk, Klein-/Mittelgewerbe und Landwirtschaft, die im ursprünglichen Bauerntum verhaftet ist, forderten. Die Sympathien für das Kleinteilige springen in Röpkes Werk förmlich in die Augen[80]. Doch auch Euckens Gutachten, im Dienste für die französischen Besatzungsbehörden erstellt, verdeutlichen eine weitreichende Abneigung gegen die anonymen Gesellschaften[81].

➤ *Konstanz der Wirtschaftspolitik*

Die Wirtschaftspolitik soll Konstanz aufweisen, dadurch berechenbar sein und im Dienste der vorgenannten Eckpfeiler der Ordnungspolitik stehen.

Eine konstante Wirtschaftspolitik ist für das Handeln der Wirtschaftssubjekte – egal, ob Privathaushalt oder Privatunternehmung – von entscheidender Bedeutung. Konstanz mindert zumindest Unsicherheiten in der Planung der Wirtschaftssubjekte, so dass bspw. Unternehmer ihre Investitionen langfristig planen und tätigen können.

Auch in dieser Forderung Euckens spiegeln sich die negativen Erfahrungen der Weimarer Zeit, damals war durchaus eine

---

[79] Walter Oswalt betont dies besonders in seiner editorischen Bemerkung zu Eucken, Walter: Ordnungspolitik. Münster 1999.

[80] Siehe bspw. Röpke, Wilhelm: Die Gesellschaftskrisis der Gegenwart. Bern 1979, 6. Auflage, ders.: Jenseits von Angebot und Nachfrage. Bern 1979, 5. Auflage und ders.: Torheiten der Zeit. Nürnberg 1966.
Für Rüstow siehe bspw. Rüstow, Alexander: Vitalpolitik gegen Vermassung. Erlenbach-Zürich 1957.

[81] Siehe Eucken, Walter: Ordnungspolitik. Münster 1999. Die französische Bezeichnung „société anonyme" beschreibt die Unpersönlichkeit der Organisationsform einer Aktiengesellschaft oder GmbH ziemlich genau.

Wirtschaftspolitik üblich, die sich insbesondere durch sprunghafte ad hoc Maßnahmen auszeichnete; alles und jedes sollte geregelt werden, so dass sich die Politik verzettelte, der Staat zum schwachen Staat wurde und die Maßnahmen sich auch oftmals konterkarierten[82].

---

[82] Wie Rüstow dies in seinem Dresdener Vortrag aufzeigte, siehe dazu oben den Gliederungspunkt II.

3) Die Aufgaben der Prozesspolitik

„Nicht jeder, der ab und zu eine Wirtschaft besucht,

versteht auch etwas von Wirtschaftspolitik."

– TYLL NECKER

Während die Ordnungspolitik – gemäß Böhm und Eucken – einen verlässlichen Rahmen der Wirtschafts-, Sozial- und Rechtsordnung zu setzen hat, sollen die regulierenden Prinzipien der Prozesspolitik[83] für die Ordnungspolitik den Flankenschutz im tagespolitischen Geschäft übernehmen. Die Prozesspolitik hat das Geschehen am Markt zu begleiten, zu unterstützen und gegebenenfalls auch nachzuhelfen, damit die Marktergebnisse nachgebessert werden, bzw. der Markt auch die gewünschten Ergebnisse liefert.

Prozesspolitik bedeutet demzufolge, dass der profane wirtschaftliche Alltag nötigenfalls marktkonform zu lenken ist und die Wirtschaftssubjekte in die richtige Richtung zu drängen sind.

Der prozesspolitische Alltag soll zielgerichtet organisiert sein[84]:

---

[83] Siehe zur Prozesspolitik: Eucken, Walter: Grundsätze der Wirtschaftspolitik. Tübingen 1952.

Siehe gleichfalls die präzisen Erläuterungen von Grossekettler, Heinz: Die Wirtschaftsordnung als Gestaltungsaufgabe. Entstehungsgeschichte und Entwicklungsperspektiven des Ordoliberalismus nach 50 Jahren Sozialer Marktwirtschaft. Münster 1997.

[84] Siehe bspw. die Zusammenfassungen von John, Klaus-Dieter: Die Soziale Marktwirtschaft im Kontext der Europäischen Integration; in: Hauff, Michael von (Hg.): Die Zukunftsfähigkeit der Sozialen Marktwirtschaft. Marburg 2007, S. 143-191 oder Zinn, Karl Georg: Soziale Marktwirtschaft. Idee, Entwicklung und Politik der bundesdeutschen Wirtschaftsordnung. Mannheim 1992.

✓ *Korrektur von Marktmacht*

Eine prozessorientierte Wettbewerbspolitik hat den durch die aktive Wirtschaftspolitik gesetzten Rahmen tagespolitisch zu unterstützen. Mittels einer entsprechend ausgerichteten und ausgestalteten Wettbewerbspolitik sollen Konzentrationen und Marktmacht innerhalb der Wirtschaft und ihrer Teilmärkte verhindert und unterbunden werden[85].

Es soll dabei in erster Linie um gezielte Maßnahmen gegen Monopole, Syndikate und Kartelle gehen. Machtpositionen dieser Art sind gemäß Eucken und Böhm zu vermeiden, da diese der Wohlstandsmehrung schaden – oder angelehnt an Erhards Vokabular: Monopole und Kartelle sind *„Feinde der Verbraucher"*[86].

Wettbewerbspolitik im Sinne Böhms und Euckens bedingt eine einheitliche Wirtschafts-, Gesellschafts- und Rechtspolitik. Um den Sinn für eine einheitliche Wirtschafts-, Gesellschafts- und Rechtspolitik zu wecken, zu pflegen und zu schärfen, kooperierten Böhm und Eucken an der Universität Freiburg, die beiden führten an der ‚Staatswissenschaftlichen Fakultät' gemeinsame Veranstaltungen für Juristen und Ökonomen durch[87]. Mit Blick auf die heutigen juristischen und ökonomischen Studiengänge an den deutschen Hochschulen sei die

---

[85] Siehe Beyenburg-Weidenfeld, Ursula: Wettbewerbstheorie, Wirtschaftspolitik und Mittelstandsförderung 1948-1963. Stuttgart 1992.

[86] Siehe Erhard, Ludwig: Wohlstand für Alle. Düsseldorf 1964, 8. Auflage.

[87] So bspw. die weiter oben im Gliederungspunkt III. 1) genannten Gemeinschaftsseminare. Zur einheitlichen Wirtschafts-, Gesellschafts- und Rechtspolitik siehe auch Grossekettler, Heinz: Die Wirtschaftsordnung als Gestaltungsaufgabe. Entstehungsgeschichte und Entwicklungsperspektiven des Ordoliberalismus nach 50 Jahren Sozialer Marktwirtschaft. Münster 1997 und Prollius, Michael von: Auf der Suche nach einer anderen Ordnung. Fürstenberg 2014.

Frage gestattet, ob diese Studiengänge das von Böhm und Eucken gewünschte und geforderte interdisziplinäre Denken vermitteln, fördern oder doch vielleicht – aufgrund „spezialistischer Gescheitheit"[88], die heutzutage präferiert wird – eher hemmen?

✓ *Korrektur der Einkommensverteilung*

Nachrangig zur prozessorientierten Wettbewerbspolitik sah auch Eucken Möglichkeiten zur behutsamen Umverteilung von Einkommen durch geeignete Maßnahmen der staatlichen Politik.

Korrekturen am Einkommen, das durch die Marktprozesse erzielt wird, wurden als Aufgabe einer staatlichen Verteilungspolitik verortet, welche die Hebung der verfügbaren Geldmittel für ärmere Volksschichten zum Ziel staatlicher Politik erklärt.

In diesem Sinne wurden verteilungspolitische Maßnahmen von einigen deutschen Neoliberalen – zumindest in zurückhaltender Art und Weise – als zulässig angesehen[89]. Röpke war in diesem Rahmen noch zurückhaltender, er deutete zwar die Möglichkeit an[90], dass, wenn die gewöhnlichen Steuereinnahmen – also ohne nur zu diesem Zweck erhobene Extrasteuern – dies zuließen, das Geldeinkommen der ärmeren Schichten aus dem Steueraufkommen angehoben werden könne; jedoch die Pläne für eine progressive Einkommenssteuer zur Finanzierung des Sozial- und/oder Wohlfahrtsstaats lehnte Röphe entschieden ab[91].

---

[88] Siehe Röpke, Wilhelm: Torheiten der Zeit. Nürnberg 1966.

[89] Während Rüstow, im Sinne von gleichen Startbedingungen für alle, sogar konfiszierende Steuern – siehe Gliederungspunkt III. 2) – in Betracht zog.

[90] Siehe Röpke, Wilhelm: Die Lehre von der Wirtschaft. Bern 1979, 12. Auflage.

[91] Siehe Röpke, Wilhelm: Jenseits von Angebot und Nachfrage. Bern 1979, 5. Auflage.

✓ *Korrekturen externer Effekte*

Die Wirtschaftspolitik soll dafür die Sorge tragen, dass einzelwirtschaftliche Entscheidungen, welche die Kosten oder den Nutzen von unbeteiligten Dritten tangieren, in der Wirtschaftsrechnung des verursachenden Akteurs berücksichtigt werden. Wirtschaftstheoretisch, bzw. modelltheoretisch gesprochen heißt dies, dass die praktische Politik dermaßen zu gestalten ist, dass die externen Effekte, welche die wirtschaftliche Tätigkeiten verursachen, zu internalisieren sind. Oder anders ausgedrückt: Wenn bspw. bei Dritten Kosten durch industrielle Produktion entstehen, so liegt aus politischer Sicht ,Marktversagen' vor, das eventuell durch politische Maßnahmen zu bereinigen ist[92].

Ein einfaches Beispiel dazu. Falls durch die Ansiedlung eines abwasserintensiven Industriebetriebes die Wasserqualität der umliegenden Gewässer – bspw. bei Betreibern von Fischteichen – in einer Form leidet, dass den Betreibern der Fischteiche die Grundlage ihres Gewerbes entzogen wird, dann haben die Betreiber der Fischteiche gegenüber dem Betreiber des Industriebetriebes den Rechtsanspruch der Entschädigung, so kann der Industriebetrieb z. B. den Betreibern der Fischteiche die ,Wasserrechte' abkaufen.

✓ *Korrekturen des Arbeitsmarktes*

Grundsätzlich gingen die Ordoliberalen davon aus, dass Freizügigkeit und Mobilität bei der Arbeits- und Berufswahl herrschen soll. Jeder Arbeitsuchende solle so beweglich sein, dass er, wenn er im angestrebten Berufsfeld keine Arbeit finde, in andere Tätigkeitsfelder auszuweichen hat, die ausreichend Arbeit und Brot ermöglichen. Sollten solche

---

[92] Siehe bspw. Sohmen, Egon: Allokationstheorie und Wirtschaftspolitik. Tübingen 1976.

Möglichkeiten jedoch nicht bestehen, tatsächlich real unmöglich sein, dann habe die Politik zu handeln, so auch bspw. mit Mindestlöhnen in lokalen Teilmärkten[93].

Abschließend zu der Aufzählung der Prinzipien Euckens, die sich hier auf konstituierende und regulierende Prinzipien beschränkte, ist anzumerken, dass Eucken in den Grundätzen der Wirtschaftspolitik noch weitere Prinzipien nennt. Ergänzende Prinzipien, die man jedoch ohne große Umstände konstituierenden und regulierenden Prinzipien beiordnen kann. So ist das Prinzip ‚Hilfe zur Selbsthilfe' implizit im Haftungsprinzip der konstituierenden Prinzipien enthalten, teilweise auch das ‚Subsidiaritätsprinzips'; dieses tangiert sowieso ebenfalls noch andere der konstituierenden und regulierenden Prinzipien. Auch die von Eucken genannten Prinzipien der Vermeidung einer punktualistischen Politik und der Eindämmung der Macht von Interessengruppen sind in den konstituierenden und regulierenden Prinzipien implizit ebenfalls schon eingebunden[94].

---

[93] Eucken sprach sich bei steigendem Arbeitsangebot in Verbindung mit sinkenden Löhnen für die Festsetzung von Mindestlöhnen aus; siehe dazu John, Klaus-Dieter: Die Soziale Marktwirtschaft im Kontext der Europäischen Integration; in: Hauff, Michael von (Hg.): Die Zukunftsfähigkeit der Sozialen Marktwirtschaft. Marburg 2007, S. 143-191.
Mindestlöhne sind nichts anderes als Mindestpreise! Dass staatliche Preiskontrollen nicht funktionieren können, wurde durch Ludwig von Mises schon in den 1920er Jahren klar analysiert, siehe Mises, Ludwig von: Kritik des Interventionismus. Darmstadt 1976, (Reprint der 1. Auflage von 1929). Auch der amerikanische Mises-Schüler Reisman, George: Staat contra Wirtschaft. München 1982, zeigte mittels feiner Argumentationsmuster, dass staatliche Preiskontrollen nicht funktionieren werden. Eine Mindestpreispolitik (Höchstpreispolitik) funktioniert nicht, dies illustrieren historisch-empirisch viele gescheiterte Versuche.

[94] Siehe hierzu Grossekettler, Heinz: Die Wirtschaftsordnung als Gestaltungsaufgabe. Entstehungsgeschichte und Entwicklungsperspektiven des Ordoliberalismus nach 50 Jahren Sozialer Marktwirtschaft. Münster 1997.

IV. Ist das deutsche neoliberale Projekt gescheitert?

„An allem Unfug, der passiert, sind nicht etwa nur die schuld,
die ihn tun, sondern auch die, die ihn nicht verhindern."

– Erich Kästner

1) Erhard versus Müller-Armack

„Aller Anfang ist schwer,
am schwersten der Anfang der Wirtschaft."
– JOHANN WOLFGANG VON GOETHE

a) Der selbständige Mensch – Erhard

„Keiner wird je mit Hilfe des Staates zu etwas kommen.
Jeder muss es aus eigener Kraft und eigenem Verstand
und nach eigenem Gesetz machen."

– CHARLES BUKOWSKI

Für den Bundeswirtschaftsminister Erhard war es einsichtig, dass ein paar wenige Gesetze genügen, um den Rahmen eines Regelwerks für eine Marktwirtschaft so zu setzen, dass diese es den handelnden und tätigen Menschen ermöglichen, frei und ohne Zwang ihren jeweiligen ökonomischen Interessen zum eigenen und aller Nutzen und Vorteil zu verfolgen.

Dies demonstrierte Erhard im Juli 1948 – zur „Geburtsstunde der Marktwirtschaft" – selbst. Nur wenige Gesetze genügten, um die wohlfahrtssteigernden Kräfte des Marktes freizusetzen. Innerhalb kurzer Zeit war die planwirtschaftliche Verwaltung des Mangels von gestern, der Wiederaufbau und das so genannte „Wirtschaftswunder" nahmen Fahrt auf[95].

Für Erhard galt,

---

[95] Siehe Erhard, Ludwig: Wohlstand für Alle. Düsseldorf 1964, 8. Auflage. Erhard stimmte Carlo Mötteli zu, dass das „Wirtschaftswunder" nur die „Wirtschaft ohne Wunder" illustriert, wenn die Politik den Markt nur einfach gewähren lässt.
Das System der Zwangsbewirtschaftung des Mangels wurde von Willgerodt prägnant und treffend beschrieben, siehe Willgerodt, Hans: Alfred Müller-Armack – der Schöpfer des Begriffs „Soziale Marktwirtschaft"; Zeitschrift für Wirtschaftspolitik, Heft 3, 2001, S. 253-277.

✗   dass die Marktwirtschaft sozial an sich ist, je freier die Wirtschaft, desto sozialer ist sie;

✗   ein vernünftiges, allgemein gestaltetes rechtliches Regelwerk genüge vollauf;

✗   innerhalb eines solchen Handlungsrahmens können Menschen frei und selbständig zum Wohle aller ihren Interessen nachgehen[96];

✗   das Heranwachsen, das Heranbilden, das Züchten eines „sozialen Untertans"[97] wollte Erhard verhindern, derartige Vorstellungen waren für Erhard ein Gräuel[98].

---

[96] Siehe Mierzejewski, Alfred C.: Ludwig Erhard. Der Wegbereiter der Sozialen Marktwirtschaft. Berlin 2005. Mierzejewski zitierte aus einem Brief Erhards an Hayek.

[97] Roland Baader bebildert den „sozialen Untertan" treffend als „Sozialmenschen", siehe Baader, Roland: Fauler Zauber. Schein und Wirklichkeit des Sozialstaats. Gräfelfing 1998, 2. Auflage.

[98] Siehe Erhard, Ludwig: Wohlstand für Alle. Düsseldorf 1964, 8. Auflage.

b) Der betreute Mensch – Müller-Armack

„Die glücklichen Sklaven sind die erbittertsten Feinde der Freiheit."

– MARIE VON EBNER-ESCHENBACH

Müller-Armack, damals Staatssekretär im Bundeswirtschaftsministerium, war in diesem wichtigen und entscheidenden Punkt anderer Ansicht als Erhard. Müller-Armack meinte, dass die Marktwirtschaft ‚sozial gerecht' feingesteuert werden müsse, man könne diese sich nicht selbst überlassen[99]. Feinsteuern bedingte für Müller-Armack, dass, falls der Markt das politisch Gewünschte nicht liefert, die Politik bei der Preisbildung, den Betriebsstrukturen, dem Wohnungsbau, der Infrastruktur, dem Außenhandel, der Kreditpolitik und beim Wettbewerb die Ergebnisse des Marktes zu korrigieren habe[100].

Müller-Armacks angedachte Liste der Interventionen öffnete die Tür für ‚gut dosierte Interventionen' keineswegs nur einen kleinen Spalt, wie Horn fälschlich anmerkte[101]. Vielmehr standen dadurch Tor und Tür für Interventionen jedweder Wunschvorstellung weit offen. Müller-Armacks interventionistischer Katalog bedingte sich für Zinn aufgrund Müller-Armacks sozial- und moralphilosophischen Ansichten, so dass der Katalog ziemlich deckungsgleich mit den Forderungen und Positionen der

---

[99] Siehe Horn, Karen Ilse: Soziale Marktwirtschaft. Frankfurt/M. 2010.
Die Artikel Müller-Armacks, auf welche Horn sich offensichtlich bezieht, werden in der Literatur auch anders interpretiert. Müller-Armack, Alfred: Ausgewählte Werke, Bern 1976 – Band: Wirtschaftsordnung und Wirtschaftspolitik.
[100] Siehe Zinn, Karl Georg: Soziale Marktwirtschaft. Idee, Entwicklung und Politik der bundesdeutschen Wirtschaftsordnung. Mannheim 1992.
[101] Siehe Horn, Karen Ilse: Soziale Marktwirtschaft. Frankfurt/M. 2010.

damals tonangebenden kirchlichen Sozialethiker war[102]. Insbesondere war dies die einflussreiche Gruppe um Oswald von Nell-Breuning, welche die Konzepte zur „sozialen Marktwirtschaft" ablehnte, egal, ob das Konzept das Adjektiv mit kleinem „s" oder großem „S" umfasste[103].

Die Bedeutung der gerade angesprochenen Frage der Schreibweise – „soziale Marktwirtschaft" oder „Soziale Marktwirtschaft" – ist nicht zu unterschätzen.

● Das Adjektiv mit kleinem „s" deutet meist an, dass das Schwergewicht der Sichtweise auf der ökonomischen Komponente zu verorten ist.

● Während das Adjektiv mit großem „S" allgemein für die gesellschaftspolitische Richtung steht.

Folglich konnten unter Müller-Armacks an und für sich genialem Slogan, der den Kompromiss schon durch die Wortschöpfung vermittelt, die unterschiedlichen politischen Flügel (Arbeiter und Unternehmer, Konservative und Liberale) seiner Partei – der CDU – gesammelt werden[104]. Trotz dessen, auch wenn die Meinungen in der Literatur

---

[102] Siehe Zinn, Karl Georg: Soziale Marktwirtschaft. Idee, Entwicklung und Politik der bundesdeutschen Wirtschaftsordnung. Mannheim 1992.

[103] Siehe Nawroth, Egon Edgar: Die Sozial- und Wirtschaftsphilosophie des Neoliberalismus. Heidelberg 1963, 2. Auflage.

[104] Siehe Zinn, Karl Georg: Soziale Marktwirtschaft. Idee, Entwicklung und Politik der bundesdeutschen Wirtschaftsordnung. Mannheim 1992. Kurt Rothschild äußerte sich ähnlich wie Zinn, siehe Starbatty, Joachim: Soziale Marktwirtschaft als Forschungsgegenstand: Ein Literaturbericht. Tübinger Diskussionsbeitrag Nr. 79, Tübingen 1996, PDF-Manuskript. Starbatty verweist darauf, dass Rothschild sich bei seiner Bewertung auf ein falsches Zitat des ‚Handwörterbuchs der Wirtschaftswissenschaft' stützte.

Für eine gute Zusammenfassung und feine Differenzierung zu Müller-Armacks Konzepten und Motiven siehe Willgerodt, Hans: Alfred Müller-Armack – der Schöpfer

ausgesprochen heterogen sind, lässt sich als Fazit festhalten, dass Müller-Armack letztlich doch hin zum Bild der ‚sozial-moralisch zu betreuenden Menschen' tendierte – und dadurch interessierten Gruppenspielern das Tor öffnete, um unter dem Label „soziale Marktwirtschaft" die Menschen ‚von der Wiege bis zur Bahre' rundherum einer bürokratischen Betreuung zu unterwerfen[105].

Während Erhard, wie das schon weiter oben angeführte Zitat[106]:

> *„Die stärkste Stütze einer freiheitlichen Wirtschafts- und Gesellschaftsordnung ist der Wille der Individuen, sich die Freiheit ihrer Lebensführung zu bewahren und sich nicht in allen Lebensäußerungen schablonisieren, uniformieren und kollektivieren zu lassen."*

---

des Begriffs „Soziale Marktwirtschaft"; Zeitschrift für Wirtschaftspolitik, Heft 3, 2001 , S. 253-277 und Gutmann, Gernot: Soziale Marktwirtschaft als Gesellschaftsidee. Zur anthropologischen und ethischen Grundlegung einer ordnungspolitischen Konzeption; in: Gauger, Jörn-Dieter/Weigelt, Klaus (Hg.): Soziales Denken in Deutschland zwischen Tradition und Innovation. Bonn 1990, S. 171-191.

[105] Dies bezieht sich zwar hier an dieser Stelle auf Müller-Armack, aber nicht nur auf ihn. Derartiges können die interessierten Gruppenspieler ebenfalls aus den Werken Wilhelm Röpkes und Alexander Rüstows ableiten. Man lese dazu bspw. die Interpretationen von Gutmann, Hotze oder Schumann und achte beim Lesen auf die Feinheiten und Nuancen, siehe Gutmann, Gernot: Soziale Marktwirtschaft als Gesellschaftsidee. Zur anthropologischen und ethischen Grundlegung einer ordnungspolitischen Konzeption; in: Gauger, Jörn-Dieter/Weigelt, Klaus (Hg.): Soziales Denken in Deutschland zwischen Tradition und Innovation. Bonn 1990, S. 171-191; Hotze, Andrea: Menschenbild und Ordnung der Sozialen Marktwirtschaft. A. Rüstow, W. Röpke, A. Müller-Armack und ihre Konzeption einer Wirtschafts- und Gesellschaftsordnung nach dem „Maße des Menschen". Hamburg 2008 und Schumann, Rosemarie: Wertgrundlagen der Sozialen Marktwirtschaft: Eine genealogische Analyse. Marburg 2007.

[106] Siehe Erhard, Ludwig: Dreißig Jahre Konjunkturpolitik 1929-1959. Via Aperta Nr. 12, Dezember 1959/Januar 1960; in: ders.: Gedanken aus fünf Jahrzehnten. Reden und Schriften. Düsseldorf 1988, S. 596-602.

eindeutig klar macht, den ‚selbständigen Menschen' präferierte und auf diesen seine Hoffnungen setzte[107].

---

[107] Zum Bild des „betreuten und selbständigen Menschen" sei verwiesen auf Schelskys politisch-soziologische Kommentare, die – trotz ihres Alters – nach wie vor heranzuziehen sind; siehe Schelsky, Helmut: Der selbstständige und der betreute Mensch. Politische Schriften und Kommentare. Berlin 1978.

2) Rückblick: Der Markt und die Industrialisierung

„Einer der wichtigsten Gründe, Geschichte zu studieren, ist,
dass praktisch jede dumme Idee, die heute en vogue ist,
schon einmal ausprobiert wurde
und sich als katastrophal erwiesen hat,
immer und immer wieder."

– THOMAS SOWELL

Wer hatte recht, Erhard oder Müller-Armack? Hinweise zur Beantwortung der Frage bieten kleine Ausflüge in die Sozial- und Wirtschaftsgeschichte, insbesondere mit Blick auf das Mutterland der Industrialisierung, auf England[108].

Nimmt man England als Leitfaden und betrachtet die Zeit nach der „Glorious Revolution"[109], welche den britischen Inseln Stabilität und Ruhe brachte, dann erhält man bemerkenswerte Bilder. Die Briten beteiligten

---

[108] Siehe zu den folgenden Ausführungen Baader, Roland: Kreide für den Wolf. Die tödliche Illusion vom besiegten Sozialismus. Böblingen 1991 (Die fünf Legenden der Industriellen Revolution).

Siehe hierzu auch die 800 Seiten starke Arbeit, in welcher der Wirtschaftshistoriker Plumpe, als „linker" Student einst Mitglied der DKP, eloquent diese „Legenden" zerpflückt, Plumpe, Werner: Das kalte Herz. Kapitalismus, die Geschichte einer andauernden Revolution. Berlin 2019.

[109] Zum Hintergrund und Verständnis, ein kurzer historischer Ausflug:

1688/89 entschied sich in der Glorreichen Revolution der Machtkampf zwischen dem Königshaus der Stuarts und dem englischen Parlament zu Gunsten des Parlaments. Seit der Revolution liegt die Souveränität beim britischen Parlament. Für den monarchistischen Absolutismus des europäischen Festlandes findet sich auf den britischen Inseln keine Parallele. Vielmehr herrschte der Monarch nicht nach göttlichem Recht, sondern stand letztlich auch unter dem weltlichen Recht; Stichwort sind in diesem Zusammenhang die „Bill of Rights" von 1689.

sich zwar so gut wie an allen europäischen Kriegen – sei es auf dem europäischen Festland oder in den europäischen Kolonien in Übersee –, doch durch die Insellage wurde Großbritannien selbst nicht zum Schauplatz von Kriegen und blieb demnach von Verwüstungen, die kriegerische Konflikte zeitigen, verschont[110].

Somit erscheint es – wegen der Stabilität und Kontinuität ab der Wende vom 17. zum 18. Jahrhundert – mehr als nur statthaft, wenn die britische Entwicklung beispielhaft zur Illustration herangezogen wird.

Also, in Folge dessen, dass Großbritannien selbst kein Kriegsschauplatz war und die verheerenden Seuchen zurückgingen, wuchs die heimische britische Bevölkerung stetig an. Durch Auswanderung in die Kolonien – vorzugsweise nach Amerika – wurde das Bevölkerungswachstum zwar abgemildert, doch der Anstieg war dennoch stark, so dass sich bei einem mehr oder weniger statischen Wirtschaftssystem – mit nur geringem bis keinem Wachstum – der Arbeitslohn vom Basisjahr 1450 (Index = 100)

Die „Bill of Rights" stärkte die Rechte des Parlaments und auch die Bürgerrechte. Die Bürgerrechte galten jedoch nicht für jedermann, sondern stärkten insbesondere die Positionen der Freisassen und anderer Hochwohlgeborener. Etwas spitz ausgedrückt, bestimmte Gruppen wurden dadurch zu Bürgern zweiter und/oder dritter Klasse degradiert. Die religiöse Toleranzpolitik der Stuarts (Karl II., Jakob II.) wurde rückgängig gemacht, so dass Katholiken, Juden und Anti-Trinitaristen von sämtlichen zivilen und militärischen Staatsämtern ausgeschlossen wurden und auch nicht Mitglied des Parlaments werden konnten. Noch Lord Acton (1834-1902) durfte als Katholik in der Mitte des 19. Jahrhunderts nicht in Cambridge studieren, stattdessen war er in München Privatschüler des Kirchenhistorikers Ignaz von Döllinger. Trotzdem ist die Dynamik durch die „Bill of Rights" hin zu einem Mehr an individuellen Freiheitsgraden nicht zu unterschätzen.
Siehe aus der umfangreichen historischen Literatur bspw. Hill, Roland: Lord Acton. Ein Vorkämpfer für religiöse Freiheit im 19. Jahrhundert. Freiburg 2002.
[110] Vereinfachend kann man dies so sagen; obwohl es bis 1746 wiederholt Aufstände der Stuart-Anhänger (Jakobiten) gegeben hat.

durch die Verdoppelung der Bevölkerung bis zum Jahr 1800 (Index = 50) halbierte. Dies war zu viel zum Sterben, jedoch auch zu wenig zum Leben.

Nach 1800, insbesondere nach Ende der napoleonischen Kriege, setzte in England die Industrialisierung ein. Dies geschah nicht von ungefähr, die Industrialisierung fiel nicht so einfach vom Himmel, sondern war auch wesentlich durch die Änderungen in den institutionellen Rahmenbedingungen der englischen Wirtschaftsverfassung begründet. Dem merkantilistischen Wirtschaftssystem[111] kehrten die Briten den Rücken zu. Die Privilegien der Zünfte, der Gilden und so fort wurden geschliffen; die durch Oliver Cromwell initiierten Navigationsakten[112], die

---

[111] Adam Smith prägte den Begriff Merkantilismus, dieses System unterzog er einer harschen Kritik; siehe Smith, Adam: Der Wohlstand der Nationen. München 1978.

Mit Blick auf die ‚EG' (heute ‚EU') merkte Naschold 1994 an, dass die ‚EG' und ihre Mitgliedstaaten mittels eines sich verschärfenden EG-Protektionismus zu einer Art von neo-merkantilistischem Politikmix driften; siehe Naschold, Frieder: Das deutsche Wirtschaftsmodell auf dem Prüfstand; in: Wehling, Hans-Georg (Red.): Standort Deutschland. Stuttgart 1994, S. 85-100.

[112] Die cromwellschen Navigationsakten:

„Um die Zunahme der Seemacht zu fördern und die Schifffahrt dieser Nation zu ermutigen, die unter der guten Fürsorge und im Schutze Gottes ein so großes Mittel der Wohlfahrt und Sicherheit dieses Gemeinwesens ist, wird durch dieses Parlament verfügt, dass vom 1. Dezember 1651 an Güter oder Waren, welcher Art immer, die aus Asien, Afrika oder Amerika stammen, sowohl von den englischen als von anderen Kolonien in die englische Republik eingeführt werden sollen, auf keinem anderen Schiffe, als nur einem wirklich dem Volke dieser Republik zugehörigen und wovon Kapitän und Matrosen zum größten Teil Engländer sind, unter der Strafe des Verlustes aller Güter, die im Widerspruch zu diesem Gesetz eingeführt werden sollen, als auch des Schiffes ... Und es wird weiter verordnet, dass keine Waren, die aus Europa stammen, nach dem 1. Dezember 1651 nach England eingeführt werden auf irgendeinem Schiff, es sei denn wirklich englisch, ausgenommen solche fremden Schiffe, die dem Volke des Landes gehören, aus dem die Güter stammen und das unter der gleichen Strafe ..." [Deutsche Wikipedia (de.wikipedia.org): Artikel – Navigationsakte, (abgerufen und gesichert im Mai 2011)].

den überseeischen Handel fördern sollten, diesen jedoch weit mehr behinderten, einschränkten, teilweise erstickten und in Teilen ad absurdum führten, wurden peu à peu abgemildert, ausgesetzt, um schließlich 1854 endgültig aufgehoben zu werden; die Zolltarife wurden reformiert, über 400 Zolltarife wurden aufgehoben. In der nachnapoleonischen Ära stellte England die Weichen Zug um Zug auf Freihandel – und da England damals die dominierende Volkswirtschaft war, gingen die übrigen europäischen Staaten nach und nach ebenfalls zum Freihandel über.

Dadurch wurden in England – und zeitversetzt auch auf dem europäischen Festland – die rechtlichen Rahmenbedingungen geschaffen, die jedermann die Chance boten, um unternehmerisch tätig zu werden. Jedermann hatte nun die Möglichkeiten, ohne durch irgendwelche Hemmnisse der Zünfte oder Gilden in seinen Entfaltungsspielräumen eingeschränkt oder gar verfolgt zu werden, dasjenige zum Erhalt seines Lebensunterhalts zu tun, was er am besten konnte.

Was ist überhaupt ein Unternehmer? Ein Unternehmer tritt an, um Güter und Leistungen bereitzustellen, die es irgendwelchen anderen Menschen ermöglichen, ihre Bedürfnisse leichter und besser zu befriedigen. Damit will der Unternehmer das Einkommen erwerben, welches er braucht, um seine eigenen Bedürfnisse zu stillen. Und wenn er dies – die Bedürfnisse anderer Leute befriedigen – gut kann, dann hat man den schönen Nebeneffekt, dass auch dauerhaft Arbeitsplätze entstehen – aber nur dann. Natürlich muss man einen potentiellen Unternehmer auch lassen! Gängeleien durch Behörden bspw. wirken hemmend für ein Mehr an

Wohlstand – hemmend für jeden Bürger, nicht nur für den Unternehmer[113]. Selbst ein Machtpolitiker wie Winston Churchill wusste um die Wichtigkeit des Unternehmers[114]:

> *„Manche halten den Unternehmer für einen räudigen Wolf, den man totschlagen müsse; andere meinen, er sei eine Kuh, die man ununterbrochen melken könne; nur wenige sehen in ihm ein Pferd, das den Karren zieht."*

Politiker können keinen einzigen Arbeitsplatz schaffen oder garantieren, sie können wohl Arbeitsplätze vernichten. Politiker verfügen über reichlich Möglichkeiten den Unternehmern viele Schwierigkeiten zu machen. Ein Unternehmer mag, aufgrund seiner sozialen und kulturellen Bindungen, zeitweise viel an Ungemach und Ärger ertragen, schon *Adam Smith* schrieb im Jahre 1776 warnend[115]

---

[113] Siehe zum Unternehmer, insbesondere zu den Eigentumsunternehmern Baader, Roland: Das Kapital am Pranger. Gräfelfing 2005.

Schon 1776 erarbeitete Adam Smith in seinem zweiten Hauptwerk (Der Wohlstand der Nationen. München 1978) wesentliches Verständnis für die Funktionen des Unternehmers, die für die Steigerung der allgemeinen Wohlfahrt relevant sind.

Aktuell, mit Blick auf die „Coronakrise", zeigten Frank Schäffler und Clemens Schneider in kurzen, aber eindeutigen Anmerkungen, dass es die vielen kleinen und mittleren Unternehmen sind, die in der Krise der Situation entsprechend umsichtig handeln – und diese Unternehmer sind die eigentlichen Problemlöser, keineswegs sind dies die Politiker oder die Betriebsverwalter der großen Konzerne. Schäffler und Schneider stellen jedoch auch klar, dass den tatsächlichen Problemlösern der gebührende Dank verweigert wird, vielmehr ist sogar das Gegenteil der Fall; siehe Schäffler, Frank / Schneider, Clemens: Kein lästiges Beiwerk, sondern Problemlöser!; https://www.frankschaeffler.de/kein-laestiges-beiwerk-sondern-problemloeser/.

[114] Siehe Gutzitiert: Winston Churchill; https://www.gutzitiert.de/zitat_autor_sir_winston_churchill_thema_geschaefte_zitat_964 0.html.

[115] Siehe Smith, Adam: Der Wohlstand der Nationen. München 1978.

„ein Kaufmann ist nämlich, ... nicht zwangsläufig Bürger eines bestimmten Landes. Für ihn ist es höchst gleichgültig, von welchem Ort aus er seinen Handel betreibt. Schon kleine Ärgernisse können ihn veranlassen, sein Kapital und damit auch das von ihm finanzierte Gewerbe in ein anderes Land zu verlagern."

Natürlich versuchen Politiker das Entweichen von Handel und Gewerbe in die Staaten, die den Unternehmern freundlicher als der heimische Staat gesinnt sind, durch entsprechende Gesetzesmaßnahmen zu verhindern[116].

Jedenfalls wurden im England der Frühindustrialisierung im Gefolge der geänderten Rahmenbedingungen die kreativen Kräfte zur unternehmerischen Tätigkeit freigesetzt, so dass große Industriezentren entstanden.

Aus der durch romantische Dichter verklärten ländlichen Idylle floh die Landbevölkerung seltsamerweise in Scharen, um in den tristen Fabriken der grauen Industriestädte ausgebeutet zu werden und um dort in schäbigen Slums zu hausen. Es setzte das ein, was allgemein als Landflucht bezeichnet wird. Eine Stadt wie Manchester wuchs in der Frühphase der Industrialisierung durch den Zuzug vom Land um ein Vielfaches.

Warum zog es die Menschen vom Land in die Stadt? Vielleicht doch, weil die Stadt Perspektiven zum Überleben bot, die im ländlichen Idyll schlicht nicht vorhanden waren?

Die oben genannten Indexzahlen deuten jedenfalls an, dass die gewachsene Bevölkerung um das Jahr 1800 in der Landwirtschaft kaum

---

[116] Beispiele finden sich dafür zuhauf. Mehr dazu im Gliederungspunkt IV. 3) k).

noch Möglichkeiten hatte, vernünftig in Arbeit und Brot zu finden, um überhaupt noch überleben zu können. Die Industriestadt bot die Chance zum Überleben und zur Gründung einer Familie, so erbärmlich die damaligen Lebensverhältnisse der Industriestadt auch waren, offensichtlich empfanden die Menschen diese als bessere Alternative zum Land.

So schlimm die damalige Situation der Arbeiter in England gemäß der Schilderungen von Friedrich Engels auch gewesen sein mögen[117], gerade dieses Buch suggeriert Halbwahrheiten und Verdrehungen, die bis heute immer und immer wieder wiederholt werden. Es gibt auch Untersuchungen der Quellen selbst durch der Labour Party nahestehende Historikern, die zu anderen Bewertungen als Friedrich Engels kommen[118]. Andere Untersuchungen zeigten bspw. auch auf, dass die damals im 19. Jahrhundert praktizierte und privat aufgezogene ‚Sozialarbeit' im

---

[117] Siehe Engels, Friedrich: Die Lage der arbeitenden Klasse in England. Berlin 1979, 7. Auflage.

[118] Siehe bspw. Berger, Peter L.: Die kapitalistische Revolution. Fünfzig Leitsätze über Wohlstand, Gleichheit und Freiheit. Wien 1992. Berger diskutierte differenziert und ausgewogen über die „Industrielle Revolution".

Oder die Darstellung Plumpes, der unmissverständlich mit der „antikapitalistischen Legende" aufräumte, dass die „Industrielle Revolution" für Armut, Not und Elend verantwortlich war. Vielmehr machte Plumpe deutlich, dass das Vegetieren in bitterster Armut vor der „Industriellen Revolution" die Normalität für die Landbevölkerung war. Die verklärte ländliche Idylle hat es nicht gegeben, so dass selbst die Slums der frühen Industriezentren des Kapitalismus für die Armen gleichwohl Existenzbedingung und Entfaltungsraum waren. *„Der Kapitalismus ist und war von Anfang an stets eine Ökonomie der armen Menschen und für arme Menschen"*, so Plumpe; Plumpe dann weiter *„Das Bild, der Kapitalismus habe eine ältere, womöglich harmonischere Welt verdrängt oder ersetzt, ist im Kern daher unzutreffend."* Siehe Plumpe, Werner: Das kalte Herz. Kapitalismus, die Geschichte einer andauernden Revolution. Berlin 2019.

Vergleich mit dem heutigen bürokratischen ‚Sozialetatismus' wesentlich effektiver organisiert war[119].

Ein weiteres Beispiel für Halbwahrheiten sind die verzerrenden Geschichten um die damals weitverbreitete Kinderarbeit, die ohne viel zu überlegen einfach der Industrialisierung angelastet wird. Mit Verlaub, gerade die Kinderarbeit war auf dem Land die Regel; und auf dem Land sogar noch nach dem gesetzlichen Verbot jahrzehntelang üblich. In diesem Zusammenhang erinnerte sich der 1995 verstorbene Ökonom Wolfram Engels anekdotenhaft daran, dass noch zur Zeit seiner Kindertage die ‚Landjäger' die Kinder bei der Feldarbeit einsammelten, um diese zur Schule zu bringen[120].

Dass jene Halbwahrheiten und Verdrehungen von Friedrich Engels stetig nachgeplappert werden, ist kein Einzelfall. So haben gleichfalls die Legenden um den Manchester-Liberalismus unablässig Konjunktur. Doch insbesondere die Manchester-Liberalen um Richard Cobden fochten gegen die Armut, bspw. mittels der „Anti-Corn Law League" gegen die Getreidezölle, welche die Brotpreise auf ein künstlich hohes Niveau zum Schaden gerade der Ärmsten im Lande festzurrten[121].

---

[119] Siehe Stoeckert, Hendrick: Sozialpolitische Ideen im klassischen Liberalismus – ein Streifzug von Locke bis Hobson. Hamburg 2008.

[120] Siehe Engels, Wolfram: Der Kapitalismus und seine Krisen. 2. Auflage, Düsseldorf 1997.
Ähnliche Anekdoten finden sich im humorvollen Werk Giovannino Guareschis, siehe Guareschi, Giovannino: Don Camillo und Peppone / Don Camillo und seine Herde, Hamburg 1990.

[121] Siehe Doering, Detmar: Der Manchesterliberale; https://www.faz.net/aktuell/feuilleton/wirtschaft/der-manchesterliberale-1671202.html.

Es darf daher die Frage gestellt werden, ob die Schilderungen von Friedrich Engels und die daraus resultierenden und bis heute wirkmächtigen Vorverurteilungen den eigentlich relevanten Kern der Probleme treffen oder doch eher verfehlen?

Die Industrialisierung brachte das überzählige Landvolk in Arbeit und Brot. Die Lage der Arbeiter verbesserte sich peu à peu in der Folge der erfolgreichen Kapitalakkumulation. So eine Kapitalakkumulation fällt nicht einfach so vom Himmel, sondern erfordert unternehmerisches Geschick. So steht am Anfang der Bildung von Kapitalgütern (Maschinen etc.) die unternehmerische Idee, bzw. die Frage: Wie kann durch den Umweg über das Kapitalgut die allgemeine Versorgung mit den Konsumgütern des täglichen Bedarfs verbessert und gesteigert werden?

Nur erfolgreiche Ideen trugen zur Kapitalakkumulation und zur langfristigen Steigerung der allgemeinen Wohlfahrt bei. Am Anfang der Frühindustrialisierung standen Idee und trotz Armut sogar Konsumverzicht, um die Idee zu realisieren, so dass vielleicht erst die Generation der Enkel tatsächlich die Früchte verschiedener Ideen aus den Zeiten der Frühindustrialisierung ernten konnte[122].

---

[122] Derart analysiert dies die Kapitaltheorie der „Wiener Schule der Volkswirtschaftslehre", genauer, die auf Eugen von Böhm-Bawerk beruhende Kapitaltheorie der „Wiener Schule der Volkswirtschaftslehre", siehe hierzu bspw. Orosel, Gerhard O.: Eugen von Böhm-Bawerk. Eine Analyse seiner Kapitaltheorie; in: Leser, Norbert (Hrsg.): Die Wiener Schule der Nationalökonomie. Wien 1986, S. 107-132.
Ein einfaches, einleuchtendes Beispiel, dass zeigt, wie aus der Armut durch die unternehmerische Idee der gelungenen Kombinationen des Konsumverzichts (Sparen) und der Investitionen (Risiko) die Tretmühle des normalen Alltags verbessert wird, findet sich bei Schiff, Peter D. / Schiff, Andrew J.: Wie eine Volkswirtschaft wächst … … und warum sie abstürzt. Kulmbach 2011.

Die gelungene Kapitalakkumulation schuf eine ungeheure Zahl neuer Arbeitsplätze. Der Faktor Arbeit wurde stärker nachgefragt, die steigende Nachfrage führte zu höherer Entlohnung, so dass im Jahre 1900 der Reallohn um 250% höher war als um 1800 – und dies trotz einer Verdoppelung der Bevölkerung. Bis 1925 wuchs der Reallohn auf 420% des Niveaus des Jahres 1800 an. Und dies leistete die Marktwirtschaft trotz der enormen Bevölkerungszunahme[123]. Der abgrundtiefe Pessimismus, den Thomas Robert Malthus in der Frühzeit der Industrialisierung verbreitete[124], wurde durch die reale Entwicklung glänzend widerlegt.

Folglich darf die Eingangsfrage wiederholt werden! Wer war nun im Recht, Erhard oder Müller-Armack?

---

[123] Siehe Baader, Roland: Kreide für den Wolf. Die tödliche Illusion vom besiegten Sozialismus. Böblingen 1991 (Die fünf Legenden der Industriellen Revolution). Baader bezieht sich beim genannten statistischen Datenmaterial auf die Arbeiten des Wirtschaftshistorikers Wilhelm Abel.

[124] Siehe Malthus, Thomas Robert: Das Bevölkerungsgesetz. München 1977.

3) Signale des Scheiterns

„Wer unserem Volke nichts anderes zu geben vermag

als besser leben und weniger arbeiten,

der wird die Geister und Herzen

auf die Dauer nicht gewinnen können."

– LUDWIG ERHARD

Mit Blick auf die Praxis der „sozialen Marktwirtschaft" ergibt sich, weil schon die Positionen zweier führender Köpfe im Wirtschaftsministerium derart weit auseinanderlagen, ein durchaus ambivalentes Bild und daraus ableitbar ebenfalls das Potential für etliche Zielkonflikte:

➢   Erhard war für eine weitgehend freie Marktwirtschaft, da diese sozial an sich ist.

Lord Dahrendorf meinte, dass Erhard in der öffentlichen Debatte mit Erik Nölting 1948 eigentlich nur drei einmalige „soziale Aufgaben" des Staates verortete: Nämlich wegen der Kriegszerstörungen den Wohnungsbau, die Wiederherstellung der Stromversorgung und die Eingliederung von Millionen Flüchtlingen in den Arbeitsmarkt[125].

Die sozial- und moralphilosophischen Vorbehalte gegenüber dem freien Markt, die Müller-Armack pflegte, teilte Erhard nicht, da Erhard zu recht

---

[125] Siehe Dahrendorf, Ralf (Lord): Wie sozial kann die Soziale Marktwirtschaft noch sein? 3. Ludwig-Erhard-Lecture vom 28.10.2004, Köln 2004. Siehe zum Streitgespräch an sich Erhard, Ludwig: Im Streitgespräch mit Erik Nölting. Kundgebung der SPD im Zirkus Althoff, Frankfurt a. M., 14. November 1948; in: ders.: Gedanken aus fünf Jahrzehnten. Reden und Schriften. Düsseldorf 1988, S. 166-181.

darauf verwies[126], dass schon der Markt an und für sich zum moralisch-sozialen Handeln zwingt, denn ein betrügerischer und lügnerischer Unternehmer kann auf Dauer nicht bestehen, weil der Souverän – dieser wird gestellt durch die Summe der Kunden und Konsumenten – dauernden Betrug durch Kaufenthaltung bestrafen würde.

Der konstitutionelle Rahmen des Marktes ist durchaus kompatibel mit dem ursprünglichen Menschenbild der beiden Amtskirchen. Nach Luthertexten, auf die die evangelischen Anwärter verpflichtet wurden, ist der Mensch grundsätzlich schlecht. Das Tridentinum der katholischen Lehre relativiert diese sehr harte Formulierung Luthers und sagt, dass der Mensch von Natur aus dazu neige, das Schlechte zu tun[127]. Bei diesen Formulierungen, geht es darum, dass ein Zuviel an Selbstsucht oder auch ein übersteigertes Gruppeninteresse dieses schlechte Handeln bedingt, und zwar vorsätzlich auf Kosten und zum Schaden Dritter, also durch illegitime Verletzungen der Eigentums-/Verfügungsrechte anderer Menschen. Eine konstitutionelle Lösung und rationale Abmilderung mit Blick auf solche Verhaltensmuster findet sich bei Erich Weede[128]:

„Der Markt kann selbst Egoisten und Neider zwingen, sich so zu verhalten, als ob sie am Wohlergehen ihrer Mitmenschen interessiert sind. Die Politik kann das nicht."

Und Thomas Dorenburg brachte es auf die knappe Formel[129]:

---

[126] Dazu finden sich reichlich Hinweise in Erhard, Ludwig: Gedanken aus fünf Jahrzehnten. Reden und Schriften. Düsseldorf 1988.

[127] Für mehr zu diesem Umfeld siehe bspw. die Aufsatzsammlungen von Kuehnelt-Leddihn, Erik von: Kirche Kontra Zeitgeist: Aufklärung für „Aufgeklärte". Graz 1998 und Kuehnelt-Leddihn, Erik von: Kirche und Moderne – moderne Kirche? Graz 1993.

[128] Weede, Erich: Unternehmerische Freiheit und Sozialstaat. Jena 2008.

„Kurz: Erfolgreich im Markt kann nur sein, wer anderen dienlich ist."

Deswegen war die damalige Ablehnung der Ideen rund um die „soziale Marktwirtschaft" durch die Sozialethiker der beiden Amtskirchen für die „sozialen Marktwirtschaftler" kaum nachzuempfinden, da sie in der Christlichen Soziallehre und dem ordoliberalen Gesellschaftskonzept natürliche Verbündete der gesellschaftlichen Mitte sahen[130].

➢   Müller-Armack öffnete mit seinem „sozialen" Ansatz (‚soziale Feinsteuerung', ‚soziale Gerechtigkeit') die Tore zum politischen Dirigismus und zum wirtschaftspolitischen Interventionismus. Dazu luden und laden besonders die regulierenden Prinzipien der Prozesspolitik ein.

---

[129] Zitiert nach Prollius, Michael von: Die Pervertierung der Marktwirtschaft. München 2009.

[130] Siehe Ebinger, Susanne: Alexander Rüstow und die Soziale Marktwirtschaft. Würzburg 1988 und Gutmann, Gernot: Soziale Marktwirtschaft als Gesellschaftsidee. Zur anthropologischen und ethischen Grundlegung einer ordnungspolitischen Konzeption; in: Gauger, Jörn-Dieter/Weigelt, Klaus (Hg.): Soziales Denken in Deutschland zwischen Tradition und Innovation. Bonn 1990, S. 171-191.

Ein Artikel des katholischen Sozialethikers Hengsbach legt die Art und Weise des Missverstehens des Konzepts der „sozialen Marktwirtschaft" durch kirchliche Sozialethiker offen. Außerdem zeigt der Artikel, dass die Ansichten derartiger kirchlicher Sozialethiker aus einem fest verankerter ‚Sozialetatismus' sprießen. Aus diesem fließen Ansprüche und Forderungen, die wirtschafts- und gesellschaftspolitische Interventionen nach sich ziehen würden, die im Ergebnis letztlich auf ‚Armut, Elend und Not für alle' zielen – Hauptsache alle sind gleich, nämlich gleich arm; siehe Hengsbach, Friedhelm: Soziale Marktwirtschaft – mehr als ein Zauberwort?; in: Frankfurter Rundschau, 21./22.06.2008; PDF-Manuskript.

a) Prozesspolitik, eine „Anmaßung von Wissen"?

„Was wir wissen, ist ein Tropfen,

was wir nicht wissen, ein Ozean."

– SIR ISAAC NEWTON

Jene regulierenden Prinzipien der Prozesspolitik mögen in den Ohren vieler Leute zwar nett klingen, doch die Frage bleibt, wer hat das nötige Wissen, um zu erkennen, was marktkonformes Nachbessern oder Nachhelfen ist? Im Grunde genommen niemand!

Somit wird klar, dass schon bei manchem der Vordenker der Konzeption „soziale Marktwirtschaft" die Positionen, Gedanken und Überlegungen zur „Prozesspolitik" den Geruch der „Anmaßung von Wissen" ausströmen, wie Hayek dies 1974 treffend in seiner Nobelpreisrede nannte[131].

Die praktische Prozesspolitik war und ist auch regelmäßig „Anmaßung von Wissen". Man kann fast behaupten, dass die damals angedachte Prozesspolitik vielleicht eine der Spielarten dessen ist, was Verhaltensökonomen heutzutage unter „Nudging" verstehen: Nämlich auf sanfte Art die Wirtschaftssubjekte im Sinne der politisch Mächtigen zu manipulieren. Der Jurist Cass R. Sunstein und der Ökonom Richard H.

---

[131] Siehe Hayek, Friedrich August von: Die Anmaßung von Wissen; in: ders.: Die Anmaßung von Wissen. Neue Freiburger Studien. Tübingen 1996, S. 3-15.
Außerdem Hayek, Friedrich August von: Die Verwertung des Wissens in der Gesellschaft; in: ders.: Individualismus und wirtschaftliche Ordnung. Salzburg 1976 (Reprint der 1. Auflage von 1952, Erlenbach-Zürich). Das englische Original erschien 1945 und zählt mit der Nobelpreisrede zu den wichtigsten Publikationen Hayeks zum Thema „Wissen".

Thaler veröffentlichten darüber gemeinsam 2008 ein Buch. Durch das Buch wurden die beiden weltweit bekannt und durch die politisch Mächtigen belohnt. Thaler erhielt deswegen 2017 den Wirtschaftsnobelpreis; Sunstein wurde 2018 der Holberg-Preis[132] verliehen, und er war unter US-Präsident Obama Chef des „Office of Information and Regulatory Affairs"[133].

---

[132] Dies ist sozusagen der ‚Nobelpreis' der Geistes-, Sozial- und Rechtswissenschaften.

[133] Siehe Sunstein, Cass R. / Thaler, Richard H.: Nudge: Wie man kluge Entscheidungen anstößt. Berlin 2010 (Die amerikanische Originalausgabe erschien 2008 unter dem Titel: Nudge: Improving Decisions About Health, Wealth, and Happiness).

b) „Sozial" – ein Labyrinth?

> *„Das Höchstmaß an »sozialer Gerechtigkeit« ist erreicht,*
> *wenn wir alle als Penner durch die Straßen irren."*
>
> – ROLAND BAADER

Müller-Armack war Mitglied der CDU und ermöglichte zwar durch den Slogan „soziale Marktwirtschaft", gepaart mit ‚sozialer Feinsteuerung' und ‚sozialer Gerechtigkeit' die Kompromissfähigkeit der gegensätzlichen Flügel in der CDU, doch er blieb die Auslegung dessen, was „sozial feingesteuert" und „sozial gerecht" sein soll, schuldig[134].

„Sozial" ist eines der Wörter, mit denen in großem Umfang Schindluder betrieben wird. Ein Ausdruck, der im Politischen und durch das Politische total verludert. Ursprünglich einmal umschrieb der Ausdruck „sozial"[135] richtigerweise

> *„im Sinne von der Gesellschaft inhärent oder etwa gesellschaftsspezifisch, wertneutral und präzise alle jene Umstände gesellschaftlicher Evolution, die durch die verschiedenen Formen menschlichen Zusammenwirkens entstehen. Daher sprechen wir von sozialen Kräften oder sozialen Gebilden wie z. B. unseren Sprachen, das Geld oder verschiedene Sitten und Gebräuche, um damit auszudrücken, dass diese Institutionen nicht das Ergebnis geplanter Absichten sind,*

---

[134] Müller-Armacks Stellung zwischen Politik und Wissenschaft und seinen Positionen zwischen Harmonie und Zielkonflikt wurde durch Willgerodt fein austariert, siehe Willgerodt, Hans: Alfred Müller-Armack – der Schöpfer des Begriffs „Soziale Marktwirtschaft"; Zeitschrift für Wirtschaftspolitik, Heft 3, 2001 , S. 253-277.

[135] Siehe ECAEF – Quiz für mündige Bürger; http://ecaef-quiz-muendiger-buerger.li/sozial-richtig/.

sondern sich durch ungeplante, gesellschaftliche Kooperationen
ungezählter Menschen über Generationen hinweg entwickelten."

Diese ursprüngliche Deutung ist entleert worden. Als Beiwort wird „sozial" heutzutage geradezu inflationär verwandt – und soll ‚moralisch', ‚barmherzig', ‚großmütig' oder ‚gut' andeuten[136]. Dieser inflationäre Gebrauch des Wortes „sozial" veranlasste Hayek dazu, den Gebrauch des Beiwortes „sozial" zu analysieren und das Wort „sozial" zum „Wiesel-Wort" zu erklären, welches den Sinn des nachfolgenden Hauptwortes total entleert – nicht nur entleert, sondern meistenteils auch regelmäßig ins Gegenteil verkehrt.

Somit folgt daraus nach Hayek: Eine ‚soziale Gerechtigkeit' ist ‚keine Gerechtigkeit', eine ‚soziale Marktwirtschaft' ist ‚keine Marktwirtschaft', eine ‚soziale Demokratie' ist ‚keine Demokratie' und ein ‚sozialer Rechtsstaat' ist ‚kein Rechtsstaat'[137]. Rhonheimer griff Hayeks Standpunkt auf und zeigte, dass mittels des Ausdrucks „soziale Gerechtigkeit" jede Form von Ungleichheit als ‚ungerecht' gebrandmarkt werden kann. Ein Unrecht, an welchem selbstredend die bösen Kapitalisten die Schuld haben sollen[138].

---

[136] Siehe ECAEF – Quiz für mündige Bürger; http://ecaef-quiz-muendiger-buerger.li/sozial-richtig/.

[137] Siehe Hayek, Friedrich August von: Wissenschaft und Sozialismus; in: ders.: Die Anmaßung von Wissen. Neue Freiburger Studien. Tübingen 1996, S. 267-277. Ähnlich sortierte Hayek die – unter anderem durch das Beiwort „sozial" – vergiftete Sprache, siehe Hayek, Friedrich August von: Die verhängnisvolle Anmaßung: Die Irrtümer des Sozialismus. Tübingen 1996.

[138] Siehe Rhonheimer, Martin: Soziale Gerechtigkeit als Illusion. Kapitalisten ermöglichen mehr soziale Gerechtigkeit als die Politik; https://causa.tagesspiegel.de/politik/was-ist-soziale-gerechtigkeit/kapitalisten-ermoeglichen-mehr-soziale-gerechtigkeit-als-die-politik.html.

Natürlich gibt es auch andere Stimmen zum sozialem Ansatz der sozialen Feinsteuerung und der „sozialen Gerechtigkeit"[139] – bspw. bekundeten Dietzfelbinger, Hotze, Kowitz und Quaas[140] ihre Sympathien mit Müller-Armacks Ansatz. Quaas legte in ihrer Habilitationsschrift geradewegs das Plädoyer der Verteidigung Müller-Armacks vor. Letztlich jedoch bleibt festzuhalten, der Ausdruck ‚soziale Gerechtigkeit' ist allgegenwärtig, doch darüber, was ‚soziale Gerechtigkeit' ist, driften die Meinungen weit

---

In einer anderen Publikation vertiefte Rhonheimer die Problematiken der verschiedenen Gerechtigkeitsvorstellungen. So auch das Schlagwort ‚soziale Gerechtigkeit' in Verbindung mit der Ablehnung der Marktwirtschaft durch breite Bevölkerungsgruppen, für die viele Marktergebnisse ‚gefühlt ungerecht' sind. Ungleichheit, Rechtsgleichheit und soziale Gerechtigkeit werden dort von Rhonheimer auf die Ebene einer Ordnungsgerechtigkeit gehoben und sozusagen, um auf eine Formulierung Röpkes zurückzugreifen, in einem Raum „Jenseits von Angebot und Nachfrage"diskutiert. Mehr dazu siehe Rhonheimer, Martin: Hayeks Kritik der »sozialen Gerechtigkeit« – eine Bestätigung und Relativierung aus moralphilosophischer Sicht; in: Bouillon, Hardy/Gebauer, Carlos A.: Freiheit in Geschichte und Gegenwart. Festschrift für Gerd Habermann. Reinbek 2020, S. 63-102.

[139] Die Literatur dazu ist Legion. Wie Starbatty vermerkte, die Bibliographie der „sozialen Marktwirtschaft" umfasste schon 1986 insgesamt 5.622 Einträge. Er konzentrierte sich daher – unter Hinzuziehung wichtiger Publikationen – auf die zentralen Kernthemen, siehe Starbatty, Joachim: Soziale Marktwirtschaft als Forschungsgegenstand: Ein Literaturbericht. Tübinger Diskussionsbeitrag Nr. 79, Tübingen 1996, PDF-Manuskript.

[140] Dietzfelbinger, Daniel: Soziale Marktwirtschaft als Wirtschaftsstil. Alfred Müller-Armacks Lebenswerk. Gütersloh 1998;

Hotze, Andrea: Menschenbild und Ordnung der Sozialen Marktwirtschaft. A. Rüstow, W. Röpke, A. Müller-Armack und ihre Konzeption einer Wirtschafts- und Gesellschaftsordnung nach dem „Maße des Menschen". Hamburg 2008;

Kowitz, Rolf: Alfred Müller Armack. Wirtschaftspolitik als Berufung. Zur Entstehungsgeschichte der Sozialen Marktwirtschaft und dem politischen Wirken des Hochschullehrers. Köln 1998;

Quaas, Friedrun: Soziale Marktwirtschaft: Wirklichkeit und Verfremdung eines Konzepts. Bern 2000.

auseinander[141]. Wolfram Engels merkte jedoch zu recht an, dass jede beliebige Gerechtigkeitsidee kalkulierbar sein muss, damit man weiß, wer an wen wie viel zahlt. Engels hatte seine starken Zweifel an einer Kalkulierbarkeit bezüglich Deutschlands[142].

Eine mir sympathische Interpretation des Ausdrucks „soziale Gerechtigkeit" ist beim 2017 verstorbenen katholischen Sozialphilosophen Michael Novak zu finden. Novak interpretierte „soziale Gerechtigkeit" als individuelle Handlungsweise, nur der einzelne Mensch könne „sozial gerecht" handeln. „Soziale Gerechtigkeit" wäre folglich die verdichtete Summe der Tugend- und Gerechtigkeitslehren, die Bündelung der Kardinal- und Sekundärtugenden im Handeln der einzelnen Menschen. Wenn die meisten Menschen in diesem Sinne das persönliche Handeln ausrichten würden, dann tendiere das Gemeinwesen in Richtung einer „sozialen Gerechtigkeit". Folglich könne „soziale Gerechtigkeit" nur durch das Handeln der Individuen entstehen – und keineswegs durch Zwangsmaßnahmen irgendwelcher Regierungen[143].

---

[141] Siehe Ebert, Thomas: Soziale Gerechtigkeit. Ideen, Geschichte, Kontroversen. Bonn 2010.

[142] Siehe Engels, Wolfram: Steuerreform; in: Giersch, Herbert (Hg.): Wie es zu schaffen ist. Agenda für die deutsche Wirtschaftspolitik. Stuttgart 1985, 3. Auflage, S. 153-175.

[143] Siehe Novak, Michael: Die katholische Ethik und der Geist des Kapitalismus. Trier 1998, 2. Auflage.

c) Das Politische und die Ordnungspolitik

„Nur auf dem Begriff von Ordnung kann jener der Freiheit ruhen."

‒ KLEMENS WENZEL LOTHAR VON METTERNICH

Die Ordnungspolitik ist das Kernstück der ordoliberalen Konzeption. Dieses Herzstück kam von Beginn an nicht so zum Zuge, wie dies von den Vordenkern des wirtschaftspolitischen Konzepts der „sozialen Marktwirtschaft" angedacht war. So untersuchte Beyenburg-Weidenfeld in ihrer wirtschaftshistorischen Dissertation die bundesdeutsche Wettbewerbspolitik des Zeitraums 1948-1963. Ihre Ergebnisse zusammengefasst zeigen, dass sich zwar zu den ordnungspolitischen Prinzipen bekannt wurde, diese jedoch schon damals bei Bedarf prozesspolitisch ganz pragmatisch unterlaufen wurden ‒ sich ganz profan den (scheinbaren?) Zwängen und Erfordernissen des praktischen Politikalltags zumindest zu beugen war[144].

Ein wesentlicher Grund dafür war und ist, dass eine solche Art von Ordnungspolitik so etwas wie einen „autoritären Führungsstil"[145] benötigt. Es wäre eine Institution zu schaffen gewesen, welche die Regie der Ordnungspolitik autonom handhaben sollte, die Verantwortung für die Ordnungspolitik zu tragen und über die Kompetenzen verfügen sollte, um Ordnungspolitik unter Umständen auch gegen Regierung und gegen

---

[144] Siehe Beyenburg-Weidenfeld, Ursula: Wettbewerbstheorie, Wirtschaftspolitik und Mittelstandsförderung 1948-1963. Stuttgart 1992.

[145] Siehe weiter oben [Gliederungspunkt III. 1)] die Verweise zu Haselbach und Kirchgässner; Haselbach, der dem politisch linken Lager zuzugesellen ist, arbeitete dies heraus; auch Kirchgässner, der dem liberalen Lager zuzuordnen ist, zeigte diesen Umstand klar und deutlich.

Parlament durchzusetzen – „Staatsliberale" sollten ‚Leviathan' durch ‚Behemoth' zähmen[146]. „Staatsliberale" als eine Institution, die über den Neigungen der Regierung und den Wünschen der Interessengruppen der politischen Parteien zu stehen hatten[147].

Derartige und noch dazu erst aufzubauende Institutionen waren im ordoliberalen Konzept nicht vorgesehen. Vielmehr soll der Staat – also die Regierung (!?!) –, so bspw. die Vorstellung Alexander Rüstows, in puncto Ordnungspolitik über den Einzelinteressen stehen, der Staat soll die allgemeinen Spielregeln formulieren, gestalten und durchsetzen[148].

Die privaten Wirtschafts- und Gesellschaftsakteure sollen aufgrund dieser Spielregeln selbständig, eigengesetzlich und unabhängig handeln. Gleichzeitig soll der Staat auch der Schiedsrichter sein, der dafür zu sorgen hat, dass nach jenen Regeln gespielt wird, der die Regelverstöße ahndet – nicht nur ‚gelbe Karten' verteilt, sondern bei Bedarf auch die

---

[146] Siehe die oben [Gliederungspunkt II.] kommentierte Dresdner Rede Rüstows. Dies kann derart aus Rüstows Ausführungen abgeleitet werden oder mit den Worten Starbattys: „Gefordert ist der ‚starke Staat', zu zähmen ist ‚Leviathan'!" Siehe Starbatty, Joachim: Soziale Marktwirtschaft als Forschungsgegenstand: Ein Literaturbericht. Tübinger Diskussionsbeitrag Nr. 79, Tübingen 1996, PDF-Manuskript. „Staatsliberale" werden solche Ordoliberalen treffend bei Michael von Prollius genannt, siehe Prollius, Michael von: Mises hatte recht: kritische Sicht auf Ordo-Liberale; https://forum-freie-gesellschaft.de/mises-hatte-recht-kritische-sicht-auf-ordo-liberale/.

[147] Siehe Prollius, Michael von: Die Pervertierung der Marktwirtschaft. München 2009. Siehe auch ders.: Deutsche Wirtschaftsgeschichte nach 1945. Göttingen 2006, dort führte Prollius korrekt aus, dass der ordoliberalen Ordnungspolitik der Rückhalt in der bundesdeutschen Gesellschaft fehlte und weiterhin fehlt, da die bundesdeutsche Gesellschaft keine freiheitlich-bürgerliche Gesellschaft war und ist. Siehe zu dieser Sicht der Dinge auch den amerikanischen Historiker Raico, Ralph: Die Partei der Freiheit. Studien zur Geschichte des deutschen Liberalismus. Stuttgart 1999.

[148] Dass dies weitgehender Konsens unter den Ordoliberalen war, wurde schon weiter oben vermerkt.

‚rote Karte' zu zeigen bereit ist –, damit die ‚Spieler' den allgemeinen Regeln auch Folge leisten. Wobei zu fragen ist, ob ein ‚Schiedsrichter', der mit mehr als 100.000 Betrieben in ‚Öffentlicher Hand'[149] selbst als exponierter Mit-Spieler auf dem Spielfeld agiert[150], tatsächlich den ‚unparteiischen Schiedsrichter' geben kann, der dann auch seine eigenen Regelverstöße ahndet?

Trotz derartiger Fragen, bezüglich der Wächterfunktion des Staates über die Regeln, bestand weitgehend so etwas wie Einigkeit innerhalb der Gruppe der Ordoliberalen zum Programm „Politische Ökonomie: Gefordert ist der ‚starke Staat', zu zähmen ist ‚Leviathan'!"[151]. Trotz dessen gab es Unterschiede beim Rollenspiel, das die Ordoliberalen dem Staat zuwiesen. So zeigte Kolev, dass das Rollenspiel nicht nur den wachsamen Schiedsrichter vorsah, sondern auch den Statiker und den Gärtner[152]. Eine Art von Konsens bestand also durchaus bei neuralgischen Punkten. In Anlehnung an Koslowski kann man von „Konsensillusionen" sprechen, auch wenn er diesen Ausdruck unter anderen Gesichtspunkten diskutierte[153].

---

[149] Siehe Dorenburg, Thomas: Geheimpapier aus der CDU/CSU-Bundestagsfraktion. Eine sozialdemokratische Partei; in: eigentümlich frei, Heft 79, S. 32-44.

[150] Unternehmer und damit Mitspieler auf den Märkten, dies ist etwas, was der Staat gemäß des „Prinzips der offenen Märkte" – siehe oben – zu unterlassen hat.

[151] Siehe Starbatty, Joachim: Soziale Marktwirtschaft als Forschungsgegenstand: Ein Literaturbericht. Tübinger Diskussionsbeitrag Nr. 79, Tübingen 1996, PDF-Manuskript.

[152] Siehe Kolev, Stefan: Neoliberale Staatsverständnisse im Vergleich. Stuttgart 2013.

[153] Siehe Koslowski, Peter: Konsensillusionen in der Sozialen Marktwirtschaft; in: Hauff, Michael von (Hg.): Die Zukunftsfähigkeit der Sozialen Marktwirtschaft. Marburg 2007, S. 327-347.

ca) Die Versuchung der Macht

> *„Der Wille zur Macht ist nicht schöpferisch."*
>
> *„Es fehlt an Staatsmännern."*
>
> – WALTHER RATHENAU

Die Wirtschaftspolitik – Ordnungs- und Prozesspolitik – soll, so also das ordoliberale Konzept, in der Regie der Regierung gestaltet werden. Also den Politikern vertrauten die Ordoliberalen das Konzept „soziale Marktwirtschaft" an – hatten die Ordoliberalen eine weise Warnung William Ewart Gladstones[154]

> *„Der Politiker denkt an die nächsten Wahlen, der Staatsmann an die nächste Generation."*

einfach vergessen? Oder hatten die Ordoliberalen ein naiv-optimistisches Staatsbild?

Die Antwort ist ein „Nein"; denn bspw. Wilhelm Röpke beurteilte die Politiker durchaus korrekt[155]. Ebenfalls deutete Friedrich August von Hayek schon 1944 an, dass die Allmacht des Parlaments, besonders, wenn bspw. die demokratisch-parlamentarische Entscheidung per se zu einem Fetisch gemacht wird, das Parlament mittels Demokratie zum Feind einer freien und guten Gesellschaft geformt werden kann[156]. Bei einer

---

[154] Siehe Gutzitiert: William Ewart Gladstone; https://www.gutzitiert.de/zitat_autor_william_ewart_gladstone_thema_politik_zitat_16669.html – William Ewart Gladstone.

[155] Siehe Röpke, Wilhelm: Die politische Ökonomie. Was heißt „politisch unmöglich"?; in: ders.: Marktwirtschaft ist nicht genug: Gesammelte Aufsätze. Waltrop 2009, S. 315-325.

[156] Siehe Hayek, Friedrich August von: Der Weg zur Knechtschaft. München 1981, das englische Original erschien 1944 unter dem Titel „The Road to Serfdom".

Andeutung beließ Hayek es nicht, vielmehr setzte er sich in den folgenden Jahren in vielen Publikationen intensiv mit diesem Problemfeld auseinander[157]. Ursprünglich – so Hayek – sollte dem Parlament die Kontrolle der Regierung als Spitze der Exekutiven obliegen, außerdem sollte das Parlament die allgemeinen Regeln (Gesetze) setzen. Doch das Parlament zog auch exekutive Aufgaben an sich, so dass die strenge Trennung in Legislative und Exekutive verwischte, Regierungsgeschäfte und Gesetzgebung befinden sich sozusagen in der Hand der gleichen Institution.

Die klassischen Denker der Gewaltenteilung (Locke, Montesquieu und Kant) verstanden unter Recht und Gesetz allgemeine Regeln, bzw. das, was die alte deutsche Rechtstheorie des 19. Jahrhunderts Gesetze im materiellen Sinne nannte. Das Parlament beschließt per Gesetzeskraft; so hat man sich angewöhnt jeden Beschluss des Parlaments als Gesetz zu sehen. Durch das Vermischen legislativer und exekutiver Tätigkeitsfelder werden heutzutage vom Parlament zum großen Teil Gesetze erlassen, die, da Exekutive, qualitativ nur als Verordnungen, Einzelbefehle oder Verwaltungsanweisungen zu bewerten sind.

---

[157] Nachfolgend wird vorzugsweise auf Hayek, Friedrich August von: Recht, Gesetz und Wirtschaftsfreiheit; in: ders.: Freiburger Studien, Tübingen 1969, S. 47–55 zurückgegriffen.
Doch zu verweisen ist auch auf Hayek, Friedrich August von: Die Anschauungen der Mehrheit und die zeitgenössische Demokratie; in: ders.: Freiburger Studien, Tübingen 1969, S. 56-74; ders.: Die Irrtümer des Konstruktivismus und die Grundlagen legitimer Kritik gesellschaftlicher Gebilde; in: ders.: Die Anmaßung von Wissen. Neue Freiburger Studien. Tübingen 1996, S. 16-36; ders.: Die Sprachverwirrung im politischen Denken; in: ders.: Freiburger Studien, Tübingen 1969, S. 206-231; ders.: Wohin zielt die Demokratie?; in: ders.: Die Anmaßung von Wissen. Neue Freiburger Studien. Tübingen 1996, S. 204-215.

Folglich stehen – im Sinne der drei genannten Denker der Gewaltenteilung – die Legislative und Exekutive, die quasi als einheitliche Institution operieren, nicht unbedingt unter dem Recht, da diese quasi-einheitliche Institution jederzeit die Regeln zum eigenem Vorteil ändern kann.

Dem Ideal des Prinzips *„goverment under the law"* wird dem nicht gerecht, wenn parlamentarische Mehrheiten genügen, um irgendwelche ‚Hindernisse' – insbesondere verfassungsmäßige – aus dem Weg zu räumen. Anthony de Jasay brachte es auf den Punkt[158]:

> *„Die Verfassung ist ein Keuschheitsgürtel, zu dem die Lady selbst den Schlüssel hat."*

Es gibt auch in den westlichen Liberal-Demokratien keine Gesetzesbindung des Staates, da der Staat als Monopolist die Gesetze macht und sich folglich jederzeit selbst von diesen losbinden kann[159].

Zum Schutze und Erhalt von Freiheit und Demokratie entwickelte Hayek ein Modell der Zweiteilung des Parlaments[160]. Eine Kammer sollte

---

[158] Siehe Jasay, Anthony de: Der Staat. Berlin 2018.

[159] Siehe Jasay, Anthony de: Der Staat. Berlin 2018.

[160] Siehe Hayek, Friedrich August von: Recht, Gesetzgebung und Freiheit, Band. 3: Die Verfassung einer Gesellschaft freier Menschen. Landsberg am Lech 1981.
In diesem Zusammenhang ist ganz besonders die brillante Abhandlung von Jasay, Anthony de: Der Staat. Berlin 2018 zu empfehlen.
Mehr zu ‚Staat, Recht, Gesetz, Verfassung' siehe Gebauer, Carlos A.: Gesetzgebungsmacht – Die Versuchung, über das Unverfügbare zu verfügen; https://ecaef.org/haberler-conference/gottfried-von-haberler-conference-2015/; Karpen, Ulrich: Die geschichtliche Entwicklung des liberalen Rechtsstaates. Mainz 1985; Milz, Hubert: Gewaltenteilung als Verfassungsprinzip; Bonner Impulsvortrag vom 18.04.2012; http://www.forum-freie-gesellschaft.de/wp-content/uploads/2016/01/
FFG_Analyse_H.Milz_Gewaltenteilung.pdf; Winterberger, Andreas K.: Von der liberalen Demokratiekritik zur liberalen Verfassungsreform – oder: Kann der Parteienstaat

zuständig sein für das materielle Recht, also die allgemeinen Regeln setzen und diese Gesetze im engeren Sinne gemeinsam mit der Judikativen verteidigen. Die Regierung als Spitze der Exekutiven betreibt dann in diesem Modell gemeinsam mit der anderen Parlamentskammer das tagespolitische Geschäft.

Ein unvoreingenommener Rückblick auf die Geschichte der modernen Liberal-Demokratien bestätigen die durch Hayek skizzierten Gefahren: Die Vermischung von Legislative und Exekutive bedingt das Driften hin zu einem unfreien Gemeinwesen. Ebenso macht der unvoreingenommene Blick deutlich, dass mit guten Gründen zu bezweifeln ist, dass es irgendeine demokratische Regierung, die von Parteien gestellt wird, schaffen kann, auf Dauer über den Partikularinteressen zu stehen. Parteien sind per se ein Sammelsurium von Interessengruppen, von denen jede ein Stück des zu verteilenden Kuchens – je größer, desto besser – für sich beansprucht[161].

Ein kleines Gedankenspiel am Rande. Gesetzt der Fall, den deutschen Neoliberalen wäre es nach 1945 zur Stunde „Null" gelungen ‚unabhängige' Institutionen zu schaffen, die als ‚Stätten der Experten' zuständig und verantwortlich für die aktive Wirtschaftspolitik (Ordnungs- und Prozesspolitik) gewesen wären – was dann, hätten solche Institutionen ihre Unabhängigkeit wahren können?

Dies ist mit guten Gründen zu bezweifeln! Die ‚Sollzustände' einer Verfassung werden schon bezüglich der Gewaltenteilung durch die praktische Organisation des politischen Tagesgeschäft ständig – und zwar

---

gebändigt werden?; in: Baader, Roland: Wider die Wohlfahrtsdiktatur. Gräfelfing 1995.

[161] Siehe Doering, Detmar: Nicht vertrauenswürdig: Der Staat als Garant der Freiheit; in Baader, Roland: Die Enkel des Perikles. Gräfelfing 1995, S. 107-125.

vorsätzlich – unterlaufen, die ‚Sollzustände' werden in der praktischen, politischen Organisation mehr oder weniger ins Gegenteil verkehrt. Dies wird bspw. in den Arbeiten Hochschilds und Arnims illustriert – die Führer der Parteien dominieren und formen als Spitzen der Exekutiven die drei Staatsgewalten im bundesdeutschen Politiksystem[162].

Wenn schon alle drei Staatsgewalten so einfach durch die Exekutive – wie dies Hochschild und Arnim illustrierten – zu handhaben sind, um wie viel leichter würde es dann einer machtbewussten Exekutive fallen einfachen Institutionen den Willen der Exekutive aufzwingen!?

Die westlichen Demokratien sind Parteien-Demokratien. Die Parteienherrschaft in den Liberal-Demokratien wurde z. B. von Albrecht und Arnim untersucht[163]. Beider Schilderungen, die mit vielen Beispielen aus dem politischen Alltag unterfüttert sind, machen deutlich, dass es innerhalb des Parteiensystems – trotz des Auftritts unterschiedlicher Parteien – an politischem Wettbewerb mangelt. Die politischen Parteien haben untereinander die Pfründe aufgeteilt und verwalten diese durch diverse Maßnahmen, um diese zu sichern und ein Gefährden der Macht über diese Pfründe zu vermeiden. Da beide Autoren im Parteiensystem den Wettbewerb – *„das genialste Entmachtungsinstrument der Geschichte"*[164] – vermissen, sind ihre Ergebnisse keine Überraschung.

---

[162] Siehe dazu Arnim, Hans Herbert von: Das System. Die Machenschaften der Macht. München 2004 und Hochschild, Udo: Gewaltenteilung als Verfassungsprinzip. Berlin 2010.

[163] Siehe Albrecht, Friedrich Carl: Was nun, Deutschland? Vom Scheitern eines Parteienstaates. Berlin 2012; Arnim, Hans Herbert von: Die Angst der Richter vor der Macht. Köln 2015 und ders: Die Hebel der Macht. Und wer sie bedient. Parteienherrschaft statt Volkssouveränität. München 2017.

[164] Siehe Böhm, Franz: Entmachtung durch Wettbewerb. Münster 2007.

Die staatliche Wirtschafts- und Sozialpolitik erfolgt in Liberal-Demokratien – auch der bundesdeutschen –, um die Pfründe der Parteien zu sichern, stets mit dem Blick auf die nächste Wahl. Deswegen ist kaum davon auszugehen, dass richtige, jedoch für den Moment schmerzhafte, ordnungspolitische Maßnahmen überhaupt umgesetzt werden. Vielmehr ist es zu erwarten, dass die Prozesspolitik, die in leichten, vorsichtigen Dosierungen die Ordnungspolitik unterstützen soll[165], eben nicht zurückhaltend eingesetzt wird, sondern diese tagespolitisch derart gefahren wird, das Probleme kaschiert und die Problemlösungen einfach hinausgeschoben werden[166] und dass die ‚lupenreine' Prozesspolitik der Regierungen dem Publikum als ordnungspolitische Notwendigkeit verkauft wird. Rahim Taghizadegan notierte zu recht, dass viele Positionen der Ordoliberalen der Freiburger Schule durchaus richtig waren, jedoch von den Politikern regelmäßig ignoriert wurden. Stattdessen benutzten diese den ordnungs- und prozesspolitischen Werkzeugkasten, um im Namen der ‚Ordnungspolitik' und des staatlich

---

[165] Siehe Kolev, Stefan: Neoliberale Staatsverständnisse im Vergleich. Stuttgart 2013. Kolev zeigte, dass die Neoliberalen ursprünglich nur zurückhaltende, marktkonforme prozesspolitische Maßnahmen für notwendig hielten und ins Auge fassten.
Marktkonform? Siehe dazu die logische Kritik durch Jasay, Anthony de: Kann Marktkonformität die Effizienz bewahren?; in: Liberale Vernunft, Soziale Verwirrung. Colombo 2009, S. 58-51.

[166] Siehe zum Rückblick auf gut sechs Jahrzehnte „Prozesspolitik" Karen Ilse Horn, die in der Rückschau den Anspruch, die Schwierigkeiten und die Probleme, die eine Prozesspolitik aufwirft und auch selber erst schafft, meines Erachtens viel zu harmlos schilderte; Horn, Karen Ilse: Soziale Marktwirtschaft. Frankfurt/M. 2010.
Ganz anders wertete Willgerodt beim Rückblick auf fünfzig Jahre soziale Marktwirtschaft das prozesspolitische Geschehen; siehe Willgerodt, Hans: Von der sozialen Marktwirtschaft zum demokratischen Sozialismus – ein Nachwort zu: Wilhelm Röpke, Kernfragen der Wirtschaftsordnung; in: ORDO, Jahrbuch für die Ordnung von Wirtschaft und Gesellschaft, Band 48. Stuttgart 19971997, S. 65-82.

zu ‚veranstaltenden Wettbewerbs' so viel an Machtausdehnung wie nur irgend möglich scheinbar zu legitimieren[167].

---

[167] Siehe Taghizadegan, Rahim: Alles, was Sie über die Österreichische Schule der Nationalökonomie wissen müssen. München 2016 und ders.: Wirtschaft wirklich verstehen. München 2011.

cb) Kompromisse und Interventionen

„Ein Kompromiss ist wie eine Laufmasche im Nylonstrumpf"

– ERZSÉBET GALGÓCZIS

Dieser gerade geäußerten harten Ansicht wird, im Rückblick auf die Geschichte der bundesdeutschen Wirtschafts- und Sozialpolitik, in der Literatur entsprochen und widersprochen.

Ableitbar ist die harte Meinung zum wirtschaftspolitischen Alltag der „sozialen Marktwirtschaft" auf Grundlage wirtschaftshistorischer Untersuchungen, bspw. den Darstellungen der wirtschaftshistorischen Dissertation Beyenburg-Weidenfelds. Wohlgemerkt, Beyenburg-Weidenfelds Untersuchung umfasst mit 1948-1963 noch dazu den Zeitraum, in welchem die Ordoliberalen wirtschaftspolitisch den stärksten Einfluss hatten[168].

Otto Schlecht hingegen, er arbeitete von 1953 bis 1991 – zunächst als Referent und ab 1973 als Staatssekretär – im Bundeswirtschaftsministerium, sortierte das Geschehen etwas anders ein. Schlecht räumte zwar erste Hemmnisse und Beschränkungen für die Ordnungspolitik schon für die ersten zwei Jahrzehnte der Nachkriegszeit ein, doch unter Erhard als Bundeswirtschaftsminister habe das Land im Großen und Ganzen eine Zeit ordnungspolitischer Blüte erlebt. Erst in der Zeit nach Erhard wäre das Label „soziale Marktwirtschaft" als Alibi eines anderen politischen Leitbildes genutzt geworden[169].

---

[168] Siehe Beyenburg-Weidenfeld, Ursula: Wettbewerbstheorie, Wirtschaftspolitik und Mittelstandsförderung 1948-1963. Stuttgart 1992.

Gerard Radnitzky sprach dies ebenfalls deutlich aus: Die ordoliberale Konzeption drehte sich bald und wurde in sozialdemokratische Konzepte überführt, da die Anreize zur allumfassenden Intervention in der Blaupause zur „sozialen Marktwirtschaft" verankert sind. Dadurch konnte die „soziale Marktwirtschaft" ganz im Sinne der Sozialdemokraten zu einer der tragenden Säulen der Wohlfahrtsdiktatur werden[170]. Dies sah auch Müller-Armack selbst so, der folgerichtig 1975 klarstellte, dass der Ordnungsrahmen der „sozialen Marktwirtschaft" durch die sozial-liberale Koalition derart verändert worden war, dass die Weichen auf „demokratischen Sozialismus" gestellt sind[171].

Röpkes „Kernfragen" aus 1953 hingegen machen deutlich, dass bereits Erhard große Schwierigkeiten gemacht wurden und Erhard mit mächtigem Widerstand umzugehen hatte[172]. Folgt man Röpkes Einlassungen, so war damals schwerlich eine Zeit der „ordnungspolitischen Blüte" gegeben, von der Schlecht schwärmte. Die Probleme, die Röpke 1953 in den „Kernfragen" ansprach, sind mehr oder minder bis heute gleich geblieben. So verschärfte nämlich Röpkes Neffe

[169] Siehe Schlecht, Otto: Das Bundeswirtschaftsministerium und die deutsche Ordnungspolitik der Nachkriegszeit; in: ORDO, Jahrbuch für die Ordnung von Wirtschaft und Gesellschaft, Band 48. Stuttgart 1997, S. 99-117.

Am 21.12.2000 wurde Otto Schlecht 75 Jahre alt; Peter Hahne gratulierte damals und würdigte Schlecht als jahrzehntelanges ordnungspolitisches Gewissen des Bundeswirtschaftsministeriums, siehe Hahne, Peter: Das ordnungspolitische Gewissen; in: Die WELT; https://www.welt.de/print-welt/article554488/Das-ordnungspolitische-Gewissen.html.

[170] Siehe Radnitzky, Gerard: Die demokratische Wohlfahrtsdiktatur; in Baader, Roland: Die Enkel des Perikles. Gräfelfing 1995, S. 187-215.

[171] Siehe Müller-Armack, Alfred: Absage an „demokratischen Sozialimus"; in: Die Politische Meinung, 20, 1975, S. 35-43.

[172] Siehe Röpke, Wilhelm: Kernfragen der Wirtschaftsordnung; in: ORDO, Jahrbuch für die Ordnung von Wirtschaft und Gesellschaft, Band 48. Stuttgart 1997, S. 27-64.

Hans Willgerodt mehr als vier Jahrzehnte später die Sicht Röpkes auf die Dinge in einem Kommentar, der Röpkes „Kernfragen" aktualisierte[173].

Jedoch, sogar Ludwig von Mises bestätigte in Ansätzen die Ansichten Schlechts. In einem Brief aus 1961 schrieb Mises an Müller-Armack[174]

„Was Sie und Erhard ... vollbracht haben, wird ... als große Tat des Liberalismus angesehen."

Der Inhalt des Briefes zeigt jedoch klar und eindeutig, dass Mises sich von angeblichen ‚Theorien des Mittelweges', den so genannten „Dritten Wegen", energisch abgrenzte. Er räumte nur ein, dass in der tagtäglichen Praxis des politischen Geschäfts Kompromisse zu machen sind. In seiner Zeit bei der Wiener Handelskammer hatte auch Mises Kompromisse einzugehen. Im Rückblick urteilte er bedauernd, dass er in jener Zeit zu viele Kompromisse akzeptierte[175].

---

[173] Siehe Willgerodt, Hans: Von der sozialen Marktwirtschaft zum demokratischen Sozialismus – ein Nachwort zu: Wilhelm Röpke, Kernfragen der Wirtschaftsordnung; in: ORDO, Jahrbuch für die Ordnung von Wirtschaft und Gesellschaft, Band 48. Stuttgart 19971997, S. 65-82.

[174] Der Brief ist abgedruckt in Mises, Ludwig von: Im Namen des Staates oder die Gefahren des Kollektivismus. Stuttgart 1978.

[175] Siehe Mises, Ludwig von: Erinnerungen. Stuttgart 1978.

cc) Keynesianischer Aktivismus und demokratischer Sozialismus

> *„Aufpassen muss man auf Minister,*
> *die nichts ohne Geld machen können und auf Minister,*
> *die alles nur mit Geld machen wollen."*
>
> – INDIRA GANDHI

Mit Blick auf die Wirtschaftspolitik der Bundesregierungen ab Dezember 1966 – besser formuliert, ab der Tätigkeit der 1. Großen Koalition aus CDU/CSU und SPD – hingegen, kann man Schlecht verstehen. Trotz aller Schwachpunkte können dann die knapp zwei Jahrzehnte, in denen Erhard wesentlichen Einfluss auf die Wirtschaftspolitik nahm, sehr wohl eine große Zeit der Ordnungspolitik genannt werden.

Zum Vorlauf der 1. Großen Koalition einige Zwischenbemerkungen[176]. Das Grundsatzprogramm der SPD war bis Ende der 1950er Jahre das Heidelberger Programm[177] von 1925 gewesen, dass – genau wie das Erfurter Programm[178] von 1891 – grundsätzlich sozialistisch-marxistisch ausgerichtet war. Auch lehnte die SPD der frühen bundesdeutschen Jahre die Politik der Westbindung, die Adenauer maßgeblich vorantrieb, rundum ab. Die Politik Adenauers (Westbindung) und Erhards („Wirtschaftswunder") waren jedoch derart erfolgreich, dass die

---

[176] Die folgenden Ausführungen zum geschichtlichen Vorlauf und zur Wirkung des Godesberger Programms werden nicht explizit mit Literaturverweisen belegt, können jedoch detaillierter und auch umfassender bspw. in der Deutschen Wikipedia (de.wikipedia.org) und anderen Online-Lexika gegengelesen werden.

[177] Heidelberger Programm der SPD;

https://www.marxists.org/deutsch/geschichte/deutsch/spd/1925/heidelberg.htm.

[178] Erfurter Programm der SPD;

https://www.marxists.org/deutsch/geschichte/deutsch/spd/1891/erfurt.htm.

Unionsparteien, die bei der ersten Bundestagswahl 31% der Wählerstimmen erhielten und bei der 2. Bundestagswahl schon 45%, bei der 3. Bundestagswahl mit knapp über 50% sogar die absolute Mehrheit errangen.

Darauf reagierte die SPD mit dem Godesberger Programm[179] von 1959 als dem neuen Grundsatzprogramm, dass sich von marxistischen Positionen löste, Versöhnungsbereitschaft mit bis dahin feindlichen Gesellschaftsgruppen – bspw. den Kirchen – signalisierte und ganz wichtig, so sah es zumindest aus, auch ein Bekenntnis zu Marktwirtschaft und Privateigentum ablegte. Das Godesberger Programm, das bis 1989 galt, war eindeutig eine Reaktion auf die Wahlerfolge der bürgerlichen Parteien und sollte die SPD in den Augen der Wähler regierungstauglich machen. Abgelöst wurde das Godesberger Programm 1989 durch das Berliner Programm[180] und dieses wiederum wurde 2007 ersetzt durch das Hamburger Programm[181], das sich klar zum „demokratischen Sozialismus" bekennt.

---

[179] Godesberger Programm der SPD; https://library.fes.de/pdf-files/bibliothek/retro-scans/fa-57721.pdf.

[180] Berliner Programm der SPD;
https://www.spd.de/fileadmin/Dokumente/Beschluesse/Grundsatzprogramme/berliner_programm.pdf.

[181] Hamburger Programm der SPD;
https://www.spd.de/fileadmin/Dokumente/Beschluesse/Grundsatzprogramme/hamburger_programm.pdf.

Das Godesberger Programm erfüllte seinen Zweck[182], die SPD legte in der Wählergunst zu und holte bei der Bundestagswahl 1965 etwas mehr als 39% der Wählerstimmen. Und im Dezember 1966, die Koalition der Union mit der FDP war gescheitert, wurde die SPD in der Koalition mit der Union Regierungspartei und blieb dies in der Koalition mit der FDP auch von 1969 bis 1982.

Im Dezember 1966 wurde Karl Schiller (SPD) Bundeswirtschaftsminister und bekannte sich formal zum Konzept „soziale Marktwirtschaft", jedoch unter veränderten Vorzeichen. Will heißen, Schiller setzte schwerpunktmäßig auf keynesianische Methoden in der Wirtschaftspolitik und machte die ‚Neue Wirtschaftspolitik' populär als „Symbiose aus Freiburger Imperativ und keynesianischer Botschaft"[183].

Einfach formuliert gilt, dass Keynesianer glauben, dass der Konsum der Motor der Wirtschaft ist. Deswegen versuchen Keynesianer die in ihren Augen zu geringe Nachfrage mittels Staatsaktivitäten zu stimulieren: Reicht die private Nachfrage nicht aus, dann hat der Staat die Nachfragelücke – auch durch schuldenfinanzierte Nachfrage – zu schließen. Oder anders gesagt: Keynesianer sind der Meinung, dass man durch Schulden machen und Konsumieren wohlhabend wird. Das Say'sche Theorem, das populär zusammengefasst sagt: „Das Angebot

---

[182] Müller-Armack kommentierte, dass auch das Godesberger Programm im Kern weiterhin auf den „demokratischen Sozialismus" ausgerichtet war, man solle beim Lesen des Programms auf die Feinheiten, auf die Nuancen achten; siehe Müller-Armack, Alfred: Absage an „demokratischen Sozialismus"; in: Die Politische Meinung, 20, 1975, S. 35-43.

[183] Siehe Hahne, Peter: Das ordnungspolitische Gewissen; in: Die WELT; https://www.welt.de/print-welt/article554488/Das-ordnungspolitische-Gewissen.html.

schafft sich die Nachfrage selbst"[184], wird von Keynesianer regelmäßig abgelehnt.

Das „Gesetz zur Förderung der Stabilität und des Wachstums" aus Juni 1967, durch welches sich politisch angemaßt wird für Preisstabilität, Vollbeschäftigung, Wirtschaftswachstum und außenwirtschaftlichem Gleichgewicht zu sorgen, verfestigte den durch Schiller präferierten, keynesianisch motivierten Dirigismus in der Wirtschaftspolitik. Keynesianische Konjunkturprogramme, die mittels einer expansiven Fiskalpolitik[185] – eine andere Bezeichnung für das Anhäufen von Schulden – zu finanzieren sind, wurden üblich. Das kurzfristige Ad-hoc-Denken verdrängte die bedacht überlegte und grundsätzlich langfristig ausgerichtete Ordnungspolitik[186].

Das ‚Stabilitäts- und Wachstumsgesetz', das auf der ganzen Linie scheiterte[187], von den Jüngern des ‚Alles-Ist-Machbar-Wahns' jedoch noch heutzutage als weltbestes Konjunkturgesetz bezeichnet wird, beflügelte vor allem nach 1972 – Karl Schiller trat damals wegen Bundeskanzler

---

[184] Das Say'sche Theorem ist benannt nach dem französischen Nationalökonomen Jean Baptiste Say. Dieser formulierte 1803 den Grundgedanken des Lehrsatzes, dass durch die Produktion von Gütern gleichzeitig – durch die Auszahlung der Löhne – die kaufkraftfähige Nachfrage entsteht, die notwendig ist, um die Güter zu kaufen; siehe Sellien, Reinhold / Sellien, Helmut (Hg.): Gablers Wirtschaftslexikon. Wiesbaden 1979, 10. Auflage.

[185] Siehe Piper, Nikolaus: Mit Keynes durch dick und dünn; in: Süddeutsche Zeitung, 07.06.2017, https://www.sueddeutsche.de/wirtschaft/wirtschaftspolitik-mit-keynes-durch-dick-und-duenn-1.3537191.

[186] Siehe Prollius, Michael von: Die Pervertierung der Marktwirtschaft. München 2009.

[187] So die Bewertung von Schmölders 1983, siehe Schmölders, Günter: Der Wohlfahrtsstaat am Ende. Adam Riese schlägt zurück. München 1983 und nicht anders heutzutage, siehe Prollius, Michael von: Stabilisierungssklerose: Vom Interventionismus zur Zombiewirtschaft; https://www.misesde.org/2020/06/stabilisierungssklerose-vom-interventionismus-zur-zombiewirtschaft/.

Brandts Schuldenpolitik zur Finanzierung einer Vielzahl von scheinbaren sozialen Wohltaten zurück – die vulgärkeynesianischen Phantasien der Politik[188]. Keynesianisch inspirierter Wirtschaftspolitik sollte es nun möglich sein die Wirtschaft feinzusteuern, so dass noch dazu – wie bei einem Perpetuum mobile – Rezessionen verunmöglicht würden und selbstverständlich dauerhaft Vollbeschäftigung zu garantieren wäre[189].

Diese Sicht manifestierte sich in der inflationistischen Politik der Bundeskanzler Brandt und Schmidt. Die damalige Äußerung von Kanzler Schmidt, dass ihm 5% Inflation lieber sind als 5% Arbeitslosigkeit[190], illustriert alles. Mittels einer derart angepriesenen Inflationspolitik betrieben jene Kanzler keynesianische Vollbeschäftigungspolitik, die schließlich in eine von Inflation begleitete Rezession mündete. ‚Stagflation‘ wurde zum griffigen Schlagwort für eine stagnierende Wirtschaft mit relativ hoher Arbeitslosigkeit bei gleichzeitiger Inflation – nach der damaligen keynesianischer Lesart eine Unmöglichkeit. Hingegen hatten das die Ökonomen der „Wiener Schule der Volkswirtschaftslehre" und die alten Ordnungsökonomen erwartet. Günter Schmölders kommentierte lakonisch, dass Adam Riese zurückschlug[191].

Bundeskanzler Brandts bekannter Slogan „Mehr Demokratie wagen" führte zunächst einmal zu mehr Staat – und folglich, wie Schmölders auflistete, zu mehr Bürokratie in den Kommunen, den Hochschulen, den

[188] Siehe Prollius, Michael von: Die Pervertierung der Marktwirtschaft. München 2009.

[189] Siehe Schmölders, Günter: Der Wohlfahrtsstaat am Ende. Adam Riese schlägt zurück. München 1983.

[190] Siehe Triesch, Günter: Gewerkschaftsstaat oder sozialer Rechtsstaat. Stuttgart 1974.

[191] Siehe Schmölders, Günter: Der Wohlfahrtsstaat am Ende. Adam Riese schlägt zurück. München 1983. Schmölders hatte vor derartigen Resultaten einer keynesianisch inspirierten Vollbeschäftigungspolitik bereits 1950 und 1951 gewarnt und verwies nochmals auf seine Artikel aus jenen Jahren.

Betrieben am Arbeitsplatz, den Schulen, den Krankenhäusern, den Massenmedien und so fort. „Mehr Demokratie wagen" hieß folgerichtig auch immer mehr Staatsausgaben, finanziert durch ständig steigende Staatsschulden – und der Staat beanspruchte einen stetig steigenden Anteil am Sozialprodukt (BIP)[192]. All dies hat mit langfristiger Ordnungspolitik nichts tun und führte 1982 schließlich zum Bruch der sozial-liberalen Koalition, weil die FDP – abgesehen von deren ‚Links-Liberalen' – diese Art der Politik nicht weiter mittragen wollte. Nach Außen hin wurde der Bruch der sozial-liberalen Koalition durch das so genannte Lamsdorff-Papier: „Konzept für eine Politik zur Überwindung der Wachstumsschwäche und zur Bekämpfung der Arbeitslosigkeit"[193] verursacht. In diesem Papier listete Lamsdorff auf, mit welchen wirtschaftspolitischen Maßnahmen die „institutionelle Sklerose"[194], welche die Wachstumsschwäche und andauernde Arbeitslosigkeit originär bedingte, zu bekämpfen ist. Lambsdorffs Positionen zielten auf „Heilige Kühe" der Sozialdemokratie, so dass schließlich FDP und Unionsparteien mittels Misstrauensvotum 1982 Bundeskanzler Schmidt durch Helmut Kohl als Bundeskanzler ersetzten.

---

[192] Siehe Schmölders, Günter: Der Wohlfahrtsstaat am Ende. Adam Riese schlägt zurück. München 1983.

[193] Als Anhang in Schmölders, Günter: Der Wohlfahrtsstaat am Ende. Adam Riese schlägt zurück. München 1983 zu finden. Das Lambsdorff-Papier ist in wesentlichen Teilen deckungsgleich mit dem Memorandum „Grenzen des Sozialstaats", das Thomas Dorenburg schon im April 1981 für Lutz Stavenhagen, der unter Kanzler Kohl Staatsminister wurde, erstellt hatte. Eine Kopie dieser Expertise wurde mir freundlicherweise von Thomas Dorenburg als PDF-Dokument zur Verfügung gestellt.

[194] Siehe Olson, Mancur: Aufstieg und Niedergang von Nationen: Ökonomisches Wachstum, Stagflation und soziale Starrheit. Tübingen 2004, Neuausgabe der 2. Auflage von 1991. Das Lambsdorff-Papier zielt in etlichen Punkten genau auf das, was Olson unter dem Label „institutionelle Sklerose" analysierte.

Im Bundestagswahlkampf von 1980 hatte Kohl als Oppositionsführer der Regierung Schmidt vorgehalten, eine dem Zeitgeist hinterherlaufende, opportunistische Politik zu betreiben, von Nöten sei eine „geistig-moralische Wende". In seiner ersten Regierungserklärung als Bundeskanzler berief Kohl sich auf eine solche Wende und benannte die sich daraus ergebenden Herausforderungen[195]. Bei diesen ,geistig-moralischen Herausforderungen' blieb es im Grunde. Die Versuche die öffentlichen Haushalte zu konsolidieren versiegten nach drei Jahren, stattdessen wurde das Verteilen weiterer ,sozialer Geschenke' vorangetrieben[196]. Dass es bei den ,geistig-moralischen Herausforderungen' blieb, illustriert sich bspw. an einem Buch. Herbert Giersch hatte mit Kollegen unmittelbar nach Bruch der sozial-liberalen Koalition eine „Agenda für die deutsche Wirtschaftspolitik" herausgebracht[197]. Die Beiträge wiesen Wege, um die Herausforderungen erfolgreich anzugehen. Bezeichnender Weise erlebte das Buch bis 1991 mehrere Auflagen, daraus darf doch mit relativ hoher Wahrscheinlichkeit abgeleitet werden, dass die „Agenda" von politischer Seite, dem Adressaten der „Agenda", wenig oder kaum beachtet wurde. Es gab damals – bspw. in einem 1986 von Norbert Walter herausgegebenen Sammelband – noch weit mehr mahnende Stimmen, die forderten den ,geistig-moralischen Herausforderungen' endlich Taten folgen zu lassen[198].

---

[195] Siehe Kohl, Helmut: Regierungserklärung. Deutscher Bundestag, stenografischer Bericht vom 13.10.1982, PDF-Manuskript.

[196] Siehe Dorenburg, Thomas: Geheimpapier aus der CDU/CSU-Bundestagsfraktion. Eine sozialdemokratische Partei; in: eigentümlich frei, Heft 79, S. 32-44.

[197] Siehe Giersch, Herbert (Hg.): Wie es zu schaffen ist. Agenda für die deutsche Wirtschaftspolitik. Stuttgart 1985, 3. Auflage – die letzte Auflage erschien 1991.

[198] Siehe Walter, Norbert (Hg.): Was würde Erhard heute tun? Wirtschaftspolitische Problemlösungen. Stuttgart 1986.

Die Aufgaben zur Lösung der ökonomischen und gesellschaftspolitischen Probleme, die durch das vereinigte Deutschland beim Transformationsprozess des sozialistischen Wirtschafts- und Gesellschaftssystem der ehemaligen DDR in die westdeutsche Wirtschafts- und Gesellschaftsordnung anstanden, waren gewaltig. Im Sinne einer langfristig angelegten Ordnungspolitik wurden Lösungswege angedacht und vorgeschlagen, so waren dies Vorschläge für eine wettbewerbsorientierte Transformation der DDR-Planwirtschaft in die Wirtschaftsordnung Westdeutschlands[199]. Volker Emmerich nannte die Bewältigung der Aufgaben – alleine schon mit Blick auf die Wohnungs- und Eigentumsfragen – eine wahre Sisyphusaufgabe[200], die jedoch ordnungspolitisch gemeistert werden könne.

Solche Vorschläge wurden zwar zur Kenntnis genommen, doch praktisch umgesetzt wurde davon durch die politisch Verantwortlichen wenig bis kaum etwas. Es standen die ersten gesamtdeutschen Bundestagswahlen an, folglich wurden Wahlgeschenke in Aussicht gestellt. Durchgestartet wurde damit ab dem 01.07.1990, dem Tag der Währungsunion[201]. Der

---

[199] Siehe bspw. Bartling, Hartwig: Wettbewerbsorientierte Wirtschaftsförderung in den neuen Bundesländern; in: ORDO, Jahrbuch für die Ordnung von Wirtschaft und Gesellschaft, Band 43. Stuttgart 1992, S. 285-299 und Kantzenbach, Erhard u. a.: Die Rolle der Wettbewerbspolitik bei der Transformation des planwirtschaftlichen Systems in den neuen Bundesländern; in: ORDO, Jahrbuch für die Ordnung von Wirtschaft und Gesellschaft, Band 43. Stuttgart 1992, S. 301-318.

[200] Siehe Emmerich, Volker: Anmerkungen zur Wohnungs- und Eigentumspolitik der Bundesregierung; in: ORDO, Jahrbuch für die Ordnung von Wirtschaft und Gesellschaft, Band 43. Stuttgart 1992, S. 357-371.

[201] Hinweis, ein Interview mit Thilo Sarrazin, der 1990 als Referatsleiter im Finanzministerium den Fahrplan der Währungsunion ausarbeitete, macht klar, dass die Regierung Kohl Billionentransfers erwartete und gleichzeitig von einer enormen Freisetzung von Industriearbeitsplätzen auf dem Gebiet der DDR ausging, siehe Sarrazin, Thilo: Interview – Billionentransfers waren eingeplant; https://www.manager-

Umtauschkurs der Ostmark zur D-Mark vollzog sich gestaffelt, teilweise betrug der Kurs 1:1, 2:1 und 3:1, so dass sich der durchschnittliche Umtauschkurs bezogenen auf die bilanziell erfassten Geld- und Kreditposten der DDR auf 1,8:1 einpendelte. Löhne, Gehälter, Renten, Mieten und Pachtkosten wurden im Verhältnis 1:1 umgestellt[202], so dass alle involvierten Interessengruppen, das Gefühl hatten, einen guten Handel zu machen – die Gewerkschaften, nicht nur mit Blick auf Löhne und Gehälter, sondern auch wegen der Sozialunion, die als Pendant zur Währungsunion das westdeutsche Arbeits- und Sozialrecht – *„eine Achillesferse der Sozialen Marktwirtschaft"*[203] – auf dem Gebiet der untergegangenen SED-DDR einführte. Blühende Landschaften und reichhaltige Transferzahlungen stellte die Bundesregierung den DDR-Bürgern in Aussicht – folglich gewann Bundeskanzler Kohl die erste gesamtdeutsche Bundestagswahl[204].

Die durch das Aussitzen von Problemen ausgelaugte Bundesregierung Kohl wurde 1998 durch eine „rot-grüne" Koalition unter dem SPD-Bundeskanzler Gerhard Schröder abgelöst. Mit seiner „Agenda 2010"

magazin.de/politik/artikel/a-703860.html.

Anderer Meinung als Sarrazin war der damalige Bundesbankpräsident Karl Otto Pöhl, dieser machte noch 2004 im Interview deutlich, dass die Währungsunion zu den damaligen Konditionen verhängnisvoll war, siehe Pöhl, Karl Otto: Interview – Der Kurs beim Umtausch war verhängnisvoll; https://www.welt.de/print-wams/article115077/Karl-Otto-Poehl-ist-ueberzeugt-Der-Kurs-beim-Umtausch-war-verhaengnisvoll.html.

[202] Siehe Berthold, Norbert / Kullas, Matthias: 20 Jahre Mauerfall – Konvergenz in Deutschland? Universität Würzburg 2009, PDF-Manuskript.

[203] Siehe Reuter, Dieter: Die Praxis des Arbeitsrechts – eine Achillesferse der Sozialen Marktwirtschaft; in: ORDO, Jahrbuch für die Ordnung von Wirtschaft und Gesellschaft, Band 43. Stuttgart 1992, S. 437-464.

[204] Siehe Baader, Roland: Vom Sozialismus zum Sozialstaat – Betrachtungen über ein deutsches Experiment; in Baader, Roland: Die Enkel des Perikles. Gräfelfing 1995, S. 245-267.

versuche die Regierung Schröder kleinere Reformen am Arbeitsmarkt, Wohnungsmarkt und so fort[205]. 2005 wurde Bundeskanzler Schröder durch die CDU-Bundeskanzlerin Angela Merkel ersetzt. Ihre Art von Politik wurde von Merkel selber in einer TV-Talk-Runde zusammengefasst[206]:

> *„Mal bin ich liberal, mal bin ich konservativ, und mal bin ich christlich-sozial."*

Merkel selbst brachte es damit exakt auf den Punkt: Ihre Politik ist einfach nur Opportunismus! Ordnungspolitisches Denken – also das Denken in langen Fristen – hat man mit der Lupe zu suchen.

Die finanz- und sozialpolitischen Vorhaben der SPD-Bundesminister Olaf Scholz und Hubertus Heil begleiten flankierend die wirtschaftspolitischen Pläne – Stichwort: Industriepolitik – des CDU-Bundeswirtschaftsministers Peter Altmaier. All dies war schon lange vor der aktuellen „Corona-Krise" virulent und hat mit Ordnungspolitik nichts zu tun[207], sondern ist eher zu

---

[205] Mehr dazu weiter unten bei den entsprechenden Gliederungspunkten.

[206] Zitiert nach Schwarz, Patrik: Wie's mir passt; in: DIE ZEIT vom 26.03.2009 Nr. 14; https://www.zeit.de/2009/14/Merkel/komplettansicht.

[207] Siehe Fink, Alexander: Öffentliche Investitionen: mehr ist nicht immer besser; https://prometheusinstitut.de/oeffentliche-investitionen-mehr-ist-nicht-immer-besser/, Hartjen, Florian A.: Frühlingsgefühle am Kabinettstisch; https://prometheusinstitut.de/fruehlingsgefuehle-am-kabinettstisch/; Krause, Karl Peter: Ja, mach nur einen Plan...; http://kpkrause.de/tag/industriepolitik/, Mayer, Thomas: Was soll das, Herr Altmaier?; https://www.ludwig-erhard.de/erhard-aktuell/standpunkt/was-soll-das-herr-altmaier/, Schäffler, Frank: Eucken: Sein Erbe verblasst; https://www.tichyseinblick.de/kolumnen/schaefflers-freisinn/eucken-sein-erbe-verblasst/, Schneider, Clemens: Goliath im 21. Jahrhundert; https://prometheusinstitut.de/goliath-im-21-jahrhundert/, Shostak, Frank: Staatsausgaben erzeugen kein Wirtschaftswachstum; https://www.misesde.org/2019/03/staatsausgaben-erzeugen-kein-wirtschaftswachstum/ und Tofall, Norbert F.: Die Zerstörung von Markt und Staat;

vergleichen mit den Entwürfen eines „wirtschaftlichen Organisationsstaats" à la Friedrich Naumann[208] zu Anfang des 20. Jahrhunderts. Naumann präferierte die Ablösung der Unternehmen der Privatwirtschaft durch von Direktoren geführten Staatsverwaltungsgesellschaften[209]. Altmaier präferiert für die Wirtschaft „den Aufbau nationaler Champions" durch Ethikkommissionen und

https://www.flossbachvonstorch-researchinstitute.com/de/kommentare/die-zerstoerung-von-markt-und-staat/.

Die Schuldenpolitik von Schulz und Altmaiers so genannter „Industriepolitik", eigentlich eine Politik der De-Industrialisierung, machte auch der FDP-Chef beim Bundesparteitag 2020 zum Thema, siehe Lindner, Christian: Rede auf dem 71. Bundesparteitag; https://www.fdp.de/pressemitteilung/lindner-rede-auf-dem-71.-bundesparteitag.

Peter Altmaier war über die Rede offensichtlich gar nicht amüsiert und reagierte auf Twitter mit einem regelrechten Wutausbruch. Diesem Wutanfall begegnete Lindner recht kühl gegenüber der BILD-Zeitung und sagte: „Olaf Scholz führt das Land in einen Schuldensumpf mit immer höheren Steuern, Peter Altmaier verstaatlicht die Wirtschaft und gefährdet gute Arbeitsplätze in der Autobranche." Siehe Bockenheimer, Johannes C.: Das steckt hinter Altmaiers Attacken gegen Lindner; https://www.bild.de/politik/inland/politik-inland/altmaiers-angriff-gegen-lindner-das-steckt-hinter-den-twitter-attacken-73010376.bild.html.

[208] Siehe Hahn, Roland: Marktwirtschaft und Sozialromantik. Egelsbach 1993. Hahn fasste Naumanns Modell des wirtschaftlichen „Organisationsstaates" gut zusammen, so dass deutlich wird, dass das Modell nichts weiter als „Staatssozialismus" oder „Staatskollektivismus" sein kann.

Auch wenn die FDP ihre parteinahe Stiftung nach Friedrich Naumann benannt hat, Friedrich Naumann war kein Liberaler, er war ein Sozialist und ein Nationalkollektivist. Friedrich August von Hayek bemerkte einmal, dass eine Partei, die ihre parteinahe Stiftung nach „Friedrich Naumann" benennt eigentlich nicht „liberal" sein kann, weil Friedrich Naumann derjenige war, der durch seinen „national-sozialen" Verein den „nationalen Sozialismus" sozusagen hoffähig machte. Nun werden vielleicht manche mäkeln und fragen, wieso Hayek dann selber einige Jahre im Beirat der Friedrich-Naumann-Stiftung tätig war?

Ähnlich wie Hayek formulierte dies z. B. auch Götz Aly, siehe Aly, Goetz: Die Leiche im Keller der FDP; in: Frankfurter Rundschau; https://www.fr.de/meinung/leiche-keller-11405849.html.

Expertengremien[210], in denen die vorgeblichen ‚Experten' und scheinbaren ‚Ethiker' nach persönlichem Vorteil und/oder Vorurteil entscheiden sollen.

Der ‚schumpeterische' Unternehmer, dessen innovative Unternehmungen durch „schöpferische Zerstörung"[211] für Wachstum, Wandel, allgemeinen und individuellen Wohlstand die Sorge tragen[212], war Naumann ein Gräuel und findet ebenfalls keinen Platz in Altmaiers Planspielen. Egal, wie man Naumanns oder Altmaiers Planspiele nennen mag, real umgesetzt heißt das Endergebnis Sozialismus.

Die Politik der Kanzlerin Merkel hieß und heißt, dass die Regierung dem angeblichen Zeitgeist, der als ‚veröffentlichte Meinung' durch die so genannten Führungsorgane der deutschen Medienlandschaft geistert, mit hechelnder Zunge hinterherläuft. Dadurch färbte Merkel die Unions-

---

[209] Siehe Hahn, Roland: Marktwirtschaft und Sozialromantik. Egelsbach 1993.

[210] Siehe Horn, Alexander u. a.: Einleitung; in: Horn, Alexander u. a.: Die Zombiewirtschaft. Frankfurt 2020, S. 7-18.

[211] Siehe Schumpeter, Joseph Alois: Kapitalismus, Sozialismus und Demokratie. München 1980, 5. Auflage.

[212] Exkurs – „der Prozess der schöpferischen Zerstörung":
Joseph Alois Schumpeter beschrieb schon in seinem Frühwerk „Theorie der wirtschaftlichen Entwicklung" von 1911 die dynamische marktwirtschaftliche Ordnung als einen ‚Prozess der schöpferischen Zerstörung', auch wenn Schumpeter den Ausdruck damals nicht benutzte, sondern erst 1942 in seinem Buch „Kapitalismus, Sozialismus und Demokratie", wird der Prozess schon 1911 analysiert. Die Erfolge der Marktwirtschaft, der wachsende Wohlstand, die innovative Kraft und die Fähigkeit, ökonomische Probleme zu lösen, sind – so Schumpeter – ohne die Zerstörungen der ökonomischen Revolutionen als Folge der innovativen Neuerungen, mit den Kämpfen der modernen Produkte, der neuen Dienstleistungen und der neuen Techniken mit dem Althergebrachten nicht denkbar. Dieser Konkurrenzkampf des Neuen mit dem Alten äußert sich im ökonomischen Strukturwandel, begleitet vom Untergang ganzer Berufsfelder, Unternehmen und Wirtschaftszweige, mit eventuell harten, individuell negativen Folgen für die Betroffenen; siehe Schumpeter, Joseph Alois: Theorie der wirtschaftlichen Entwicklung. Berlin 1952, 5. Auflage.

Parteien ausgesprochen „grün" und „rot" ein[213]. Irgendwie und irgendwo schließt sich ein Kreis. Der Vorwurf Helmut Kohls im Bundestagswahlkampf 1980 – siehe oben – gegen die Regierung Schmidt hieß Opportunismus und Kniefall vor einem angeblichen Zeitgeist. Exakt dies – Kotau vor irgendeinem Zeitgeist und Opportunismus – kann der CDU-Bundeskanzlerin Merkel ebenfalls vorgehalten werden. Diese Vorhaltungen werden Merkel nicht nur durch die „WerteUnion" als konservative Basisgruppe innerhalb der Unionsparteien gemacht, sondern schon seit längerer Zeit, so z. B. durch den Publizisten Martin Lohmann und den Sozialethiker Wolfgang Ockenfels[214].

---

[213] Siehe Dorenburg, Thomas: Geheimpapier aus der CDU/CSU-Bundestagsfraktion. Eine sozialdemokratische Partei; in: eigentümlich frei, Heft 79, S. 32 – S. 44.

[214] Siehe Lohmann, Martin: Das Kreuz mit dem C. Wie christlich ist die Union? Kevelar 2009 und Ockenfels, Wolfgang: Das hohe C: Wohin steuert die CDU? Augsburg 2009.
Lohmann setzte gegen Merkels Willen 2009 die Gründung des „Arbeitskreises Engagierter Katholiken in der CDU" durch, war 2010 Erstunterzeichner der „Aktion Linkstrend stoppen" konservativer CDU-Mitglieder und 2013 trat er aus der CDU aus, weil alle Kernfragen die das „C" symbolisiert, durch die CDU-Parteiführung ausgehöhlt und entkernt würden.

d) Arbeit und Wohlfahrt

„Ein Mensch, der sich geschätzt fühlt,
wird immer mehr leisten, als von ihm erwartet wird."
– SPRICHWORT

da) Das Tarifkartell

> *„Die Lust an der Macht hat ihren Ursprung nicht in der Stärke,*
>
> *sondern in der Schwäche."*
>
> – ERICH KÄSTNER

Im Rahmen der Tarifautonomie wurde die praktische Organisation des bundesdeutschen Arbeitsmarktes[215] von Beginn an einem Kartell aus Gewerkschaften und Arbeitgeberverbänden als Spielfeld überlassen[216]. Dieses Kartell organisierte praktisch den Arbeitsmarkt, dass dabei die ausgehandelten Tarifverträge auch für die nicht in den Gewerkschaften organisierten Beschäftigten Geltung bekamen, passte etlichen Gewerkschaftsfunktionären nicht. Deren Versuche ausschließlich für Gewerkschaftsmitglieder geltende Tarifverträge abzuschließen, um mit dem Instrument des exklusiven Tarifvertrags mehr Mitglieder zu rekrutieren, wurden durch das Bundesarbeitsgericht (BAG) verworfen[217]. Und Tarifverträge wurden und werden, um hilfreich für das Kartell

---

[215] Anmerkung zu den Ausdrücken „Arbeitgeber" und „Arbeitnehmer":

Person A verpflichtet sich per Vertrag in der Firma B permanent bestimmte Tätigkeiten gegen Bezahlung abzuleisten. Folglich stellt die Person A seine Arbeitskraft der Firma B gegen Entgelt zur Verfügung. Anders ausgedrückt, Person A gibt seine Arbeit der Firma B, welche diese Arbeit annimmt.

Folglich ist die Person A per Vertrag der Arbeitgeber und die Firma B der Arbeitnehmer. Durch die „Sprachverwirrung" erfolgt diese ordentliche Abgrenzung in der politischen Sprache und in der Umgangssprache nicht. Die „Sprachverwirrung" hat zur Folge, dass vielmehr Person A als Arbeitnehmer und die Firma B als Arbeitgeber bezeichnet wird, obwohl ökonomisch genau das Gegenteil der Fall ist.

[216] Siehe Triesch, Günter: Gewerkschaftsstaat oder sozialer Rechtsstaat. Stuttgart 1974.

[217] Siehe Bundesarbeitsgericht (BAG) Entscheidung des Großen Senats vom 29. 11. 1967 - Aktenzeichen GS 1/67, PDF-Manuskript.

eventuelle Konkurrenz auszuschalten, oftmals durch den Arbeitsminister für komplette Branchen zu allgemeinverbindlich gültig erklärt[218].

Die Gewerkschaften waren 1933 durch die braunen Machthaber aufgelöst und enteignet worden. Pläne für Neugründungen gab es direkt nach Ende des 2. Weltkriegs. Die Siegermächte vergaben die Konzessionen zu solchen Neugründungen an die Gewerkschaften, die traditionell sozialistisch ausgerichtet waren. Die Neugründung der christlichen Gewerkschaften erfolgte dadurch erst Mitte der 1950er Jahre, so dass diese organisatorisch nachhinkten und an ihre erfolgreiche Arbeit vor 1933 – z. B. im Ruhrgebiet, Saarland oder Siegerland – nicht anschließen konnten.

Durch das BAG-Urteil in Kombination mit den Erklärungen zur Allgemeinverbindlichkeit wurde ein Wettbewerb durch die christlichen Gewerkschaften mehr oder minder verunmöglicht. Andererseits verhinderte das BAG-Urteil für Deutschland jene Zustände, die man damals allgemein als „englische Krankheit" bezeichnete. Damit ist unter anderem das „closed-shop-system" gemeint, das eine Beschäftigung in einem Betrieb abhängig von der Mitgliedschaft in einer Gewerkschaft macht[219]. Nichtsdestotrotz, empirische Untersuchungen aus der damaligen Zeit deuten an, dass etwa 30% bis 40% der Gewerkschaftsmitglieder der Meinung waren, dass man sie durch direkten oder indirekten Druck zum Eintritt in die Gewerkschaft gedrängt hatte[220].

Goetz Briefs, der als Ökonom die Gewerkschaftsbewegung sorgfältig erforschte, unterteilte diese in zwei Phasen. Die erste Phase war die Phase

---

[218] Siehe Habermann, Gerd: Freiheit oder Knechtschaft? Ein Handlexikon für liberale Streiter. München 2011.

[219] Siehe Triesch, Günter: Gewerkschaftsstaat oder sozialer Rechtsstaat. Stuttgart 1974.

[220] Siehe Triesch, Günter: Gewerkschaftsstaat oder sozialer Rechtsstaat. Stuttgart 1974.

der „klassischen Gewerkschaften" und die zweite Phase ist die Phase der „befestigten Gewerkschaften". Die klassische Ära war – so Goetz Briefs – das 19. Jahrhundert, in dem alleine durch die internationale Währungsordnung des klassischen Goldstandards vor dem 1. Weltkrieg die Forderungen der Gewerkschaften gebremst wurden[221]. In der Ära der klassischen Gewerkschaften meinte Berle auch ein Mehr an Verantwortung bei den Gewerkschaftsführern zu erkennen, weil diese noch nicht so weit weg vom beruflichen Alltag waren wie die späteren gewerkschaftlichen Berufsfunktionäre[222]. Nach Ende des 1. Weltkriegs, einige wichtige institutionelle Rahmenbedingungen wandelten sich, begann – so Goetz Briefs – die Ära der „befestigten Gewerkschaften"[223]. Das Streben nach Macht – so Berle – wurde auch zur Triebfeder des Handelns bei Gewerkschaftsfunktionären, insbesondere seit Ende des 2. Weltkriegs[224].

Die Sehnsucht der Teilhabe an der Macht gilt für alle Gruppen, die auf dem Spielfeld des politisch-gesellschaftlichen Handelns mitspielen[225]. Also

[221] Siehe Amstad, Alois: Das Werk von Goetz Briefs. Berlin 1985.
Zum Geldsystem mehr unter Gliederungspunkt IV. m).
[222] Siehe Berle, Adolf A.: Macht. Die treibende Kraft der Geschichte. Hamburg 1973.
[223] Siehe Amstad, Alois: Das Werk von Goetz Briefs. Berlin 1985.
[224] Siehe Berle, Adolf A.: Macht. Die treibende Kraft der Geschichte. Hamburg 1973.
[225] Siehe Berle, Adolf A.: Macht. Die treibende Kraft der Geschichte. Hamburg 1973. Berles Machtthese wurde z. B. gestützt durch Egon Bahr (Bundesminister von 1972-1976), der im Gespräch mit Schülern sagte: „In der internationalen Politik geht es nie um Demokratie oder Menschenrechte." Siehe Riemer, Sebastian: Egon Bahr schockt die Schüler: "Es kann Krieg geben"; in: Rhein-Neckar-Zeitung vom 04.12.2013, https://www.rnz.de/nachrichten/heidelberg_artikel,-Heidelberg-Egon-Bahr-schockt-die-Schueler-Es-kann-Krieg-geben-_arid,18921.html. Und auch Sir Alan Walters (Berater der britischen Premierministerin Margaret Thatcher) erklärte im Interview: „Macht! Lesen Sie Shakespeare, und vergessen Sie alles über das Allgemeinwohl als Motiv für Politiker. Ich war lange genug in der Politik." Siehe Walters, Alan: Interview; in: Finanz und Wirtschaft

nicht nur für die Gewerkschaften, sondern natürlich ebenso für den zweiten Spieler im Arbeitsmarktkartell, den Arbeitgeberverbänden. Diese stellen das Pendant zu den gewerkschaftlichen Berufsfunktionären. Die Spitzenpositionen jener Verbände sind ebenfalls weitgehend mit Berufsfunktionären besetzt, deren Rückhalt im Einfluss der großen Konzerne auf die Verbände zu suchen ist[226]. Und dieser Einfluss der großen Aktiengesellschaften – die sociétés anonyme – auf die Ausrichtung der Arbeitgeberverbände ist nicht zu unterschätzen. Große Konzerne werden durch Betriebsverwalter geleitet, deren Motivation nicht mit der eines Eigentums-Unternehmers gleichzusetzen ist[227].

Die entschwindende Präsenz des Eigentums-Unternehmers in den Verbänden war nicht auf Deutschland beschränkt, sondern allgemein in den Liberal-Demokratien verbreitet. Generell war zu beobachten, dass die Verbandsfunktionäre der Betriebsverwalter bei Tarifverhandlungen viel eher bereit waren nachzugeben, auch bei gänzlich überzogenen Forderungen von Seiten der Gewerkschaften. John Kenneth Galbraith, ein „New-Deal-Ökonom" der ersten Stunde[228] und als Regierungsberater

vom 25.08.1993.

[226] Ein Hinweis, nicht nur bezüglich Gewerkschaften und Arbeitnehmerverbände, sondern ganz allgemein mit Blick auf gut organisierte Interessengruppen analysierte Mancur Olson wie derartige Gruppen sich in den Demokratien dominant in die praktische Politik einbringen und schließlich in einer Art von „institutioneller Sklerose" münden. Siehe Olson, Mancur: Die Logik des kollektiven Handelns: Kollektivgüter und die Theorie der Gruppen. Tübingen 1992, 3. Auflage und ders.: Aufstieg und Niedergang von Nationen: Ökonomisches Wachstum, Stagflation und soziale Starrheit. Tübingen 2004, Neuausgabe der 2. Auflage von 1991.

[227] Siehe Triesch, Günter: Gewerkschaftsstaat oder sozialer Rechtsstaat. Stuttgart 1974.

[228] Die Anekdote, dass Galbraith wegen seines politischen Engagements für US-Präsident Präsident Roosevelt und dessen „New Deal" 1939 eine Professur an der Harvard-Universität verweigert wurde, ist weit verbreitet. Galbraith wich zunächst auf eine Professur an der Princeton-Universität aus, erst 1949 wurde er in Harvard Professor;

politisch einflussreich, sah überzogene Tarifabschlüsse nicht als tragisch an, weil die Großkonzerne sich über Preissteigerungen am Verbraucher schadlos halten können[229]. Eine etwas widersinnige Ansage! Ein Gewerkschaftsmitglied mag sich über einen hohen Tarifabschluss freuen, doch nur solange, bis es realisiert, dass die darauf folgenden Preiserhöhungen real kaum etwas – vielleicht auch nichts – von der Nominallohnerhöhung übrig lassen. Und die Teile der Bevölkerung, die nicht in den Genuss derartiger Nominallohnerhöhungen kommen, werden definitiv geschädigt – doch dies befand Galbraith als nicht so tragisch. Im Gegensatz zu Galbraith beurteilte Hayek das Arbeitsmarktkartell gänzlich anders. In diesem verortete Hayek erhebliches Gefahrenpotential für freie Gemeinwesen. Die mehr oder weniger geduldete Freistellung der Gewerkschaften von allgemeinen Regeln des Rechts bewertete Hayek als besondere Gefahr für freie Gesellschaften[230].

Die beiden Spieler des Arbeitsmarktkartells brachten sich von der bundesdeutschen Frühzeit an in das politische Geschäft um Einfluss und Macht ein. Es wurde von beiden Seiten versucht durch umfangreiche Lobbyarbeit die Parteien zu beeinflussen. Eberhard von Brauchitsch nannte dies – inzwischen ein geflügeltes Wort – *„eine besondere Pflege der politischen Landschaft"*[231]. Auch das Hinein-Wählen-Lassen Involvierter in

siehe bspw. Silk, Leonhard: Wirtschaft als Schicksal. Stuttgart 1978.

[229] Siehe Galbraith, John Kenneth: Gewerkschaften ohne Zukunft; in: Die Zeit vom 17.11.1967; https://www.zeit.de/1967/46/gewerkschaften-ohne-zukunft/komplettansicht.

[230] Siehe Hayek, Friedrich August von: Die Verfassung der Freiheit. Tübingen 1982, 2. Auflage.

[231] Siehe Siedenbiedel, Christian: Leben und Sterben des Eberhard von Brauchitsch; https://www.faz.net/aktuell/wirtschaft/unternehmen/flick-affaere-leben-und-sterben-des-eberhard-von-brauchitsch-11035714.html?printPagedArticle=true#pageIndex_2 und o. V.:

Bundestag und Landtage zählt zur Lobbyarbeit. So wurden nicht wenige Gewerkschaftler Abgeordnete und mit Walter Arendt – 1964-1969 Vorsitzender der IG Bergbau und Energie – wurde in der sozial-liberalen Koalition ein hochrangiger Gewerkschaftsfunktionär Bundesarbeitsminister (1969-1976). Unter Arendt wurden den Gewerkschaften etliche Vorteile eingeräumt und viele ‚soziale Wohltaten' verteilt, die regelmäßig auf Pump finanziert waren[232]. Das über eine Vielzahl von Gesetzen verteilte Sozialrecht wurde in Sozialgesetzbüchern gebündelt und ‚kreativ' fortgeschrieben – bis zum Jahr 2005 wuchs die Sammlung auf zwölf Bücher an, 2024 soll ein weiteres in Kraft treten.

Die Rahmenbedingungen des Faktors Arbeit wurden in den Jahren der sozial-liberalen Koalition durch Gewerkschaften und deren politische Helfer maßgeblich verschlechtert. Der Faktor Arbeit wurde nicht nur verteuert, er tendierte aus ‚Gründen der Gerechtigkeit' hin zu unkalkulierbar[233]. Auch und besonders unkalkulierbar für innovative, die Zukunft der deutschen Wirtschaftsleistungen sichernde, unternehmerische Tätigkeiten. Für ein Hochlohnland wie Deutschland

Politikwissenschaftliche Seminarunterlagen der Universität Passau, 29.04.2005, PDF-Dokument.

[232] Siehe Schmölders, Günter: Der Wohlfahrtsstaat am Ende. Adam Riese schlägt zurück. München 1983 und Triesch, Günter: Gewerkschaftsstaat oder sozialer Rechtsstaat. Stuttgart 1974. Auch prominente Sozialdemokraten äußerten wegen der Häufung der schuldenfinanzierten ‚Wohltaten' harte Kritik. So trat deswegen 1971 Bundesfinanzminister Alex Möller zurück, sein Nachfolger Karl Schiller vollzog als Superminister für „Wirtschaft und Finanzen" diesen Schritt nur ein Jahr später. Möller rechnete später in einem Buch mit dieser Art des Schuldenmachens ab, siehe Möller, Alex: Schuld durch Schulden? Nutzen und Grenzen der Staatsverschuldung. München 1981.

[233] Siehe Engels, Wolfram: Steuerreform; in: Giersch, Herbert (Hg.): Wie es zu schaffen ist. Agenda für die deutsche Wirtschaftspolitik. Stuttgart 1985, 3. Auflage, S. 153-175.

standen somit langfristig durch eigene Schuld Probleme ins Haus. Ein Hochlohnland hat zwingenden Bedarf an einem flexiblen Arbeitsmarkt, um gegebenenfalls durch innovative Unternehmer auf die Abwanderung arbeitsintensiver Branchen in Niedriglohnländer reagieren zu können, so dass die ausgewanderten Arbeitsplätze in anderen Sektoren oder gar neuen Branchen ersetzt werden. Dazu bedarf es jedoch flankierend auch – wie Donges vermerkte – eines biegsamen Planungs-, Arbeits- und Tarifrechts, welche eine derartige Substitution ermöglicht und eben nicht mehr oder weniger verunmöglicht[234]. Arbeitssuchende hatten es nun schwerer; denn die deutschen Gewerkschaften vertraten – trotz aller pathetischen Phrasen bezüglich des Kampfs gegen steigende Arbeitslosenzahlen – nicht die Arbeitswilligen und -suchenden, sondern nur diejenigen Mitglieder, die zufällig noch in Arbeit und Brot standen[235].

---

[234] Siehe Donges, Juergen B.: Deutschland in der Weltwirtschaft. Mannheim 1995.
Die Beispiele zur unzumutbaren Dauer von Genehmigungsverfahren durch die Behörden, welche die IHK-Hannover-Hildesheim anführte, sprechen für sich und brauchen nicht kommentiert zu werden – alleine vier Jahre keinerlei behördliche Reaktion auf einen einfachen Antrag für eine Erweiterungsinvestition. Siehe IHK-Hannover-Hildesheim: Schnellere und kalkulierbare Genehmigungsverfahren. Hannover 1988.

[235] Siehe Triesch, Günter: Gewerkschaftsstaat oder sozialer Rechtsstaat. Stuttgart 1974.
Auf der Grundlage des empirischen Datenmaterials untersuchte Soltwedel akkurat die unschönen Auswirkungen der damaligen politischen Maßnahmen für den deutschen Faktor Arbeit und für die institutionellen Rahmenbedingungen des deutschen Arbeitsmarktes, siehe Soltwedel, Rüdiger: Mehr Markt am Arbeitsmarkt. Ein Plädoyer für weniger Arbeitsmarktpolitik. München 1984.

„Gehn die Väter nackt,

so werden die Kinder blind.

Kommen sie geldbepackt,

wie artig scheint das Kind."

– WILLIAM SHAKESPEARE

1982 wurde die sozial-liberale Koalition abgelöst von einer Koalition aus CDU/CSU mit der FDP. Bundeskanzler Kohl propagierte eine „geistig-moralische Wende", die jedoch an der gesellschaftspolitischen Realität und besonders auch innerhalb seiner eigenen Partei scheiterte[236]. Mehr oder weniger verhinderte Kohls Arbeitsminister Norbert Blüm im Rahmen seiner Arbeits- und Sozialpolitik notwendige Reformen.

Also herrschte Stillstand? Nein, selbstverständlich verschlimmerte Blüm – nicht anders als seine Vorgänger – den Rahmen für „Arbeit" kontinuierlich, bspw. durch ein Vorruhestandsgesetz[237]. Durch dieses Gesetz sollten jüngere Arbeitslosen in Arbeit und Brot kommen, in dem ältere Beschäftigte für jene den Arbeitsplatz räumten. Selbstverständlich verfehlte diese gesetzliche Intervention ihr Ziel, da besonders die großen Konzerne – die sociétés anonyme – das Gesetz nutzten, um kostengünstig

---

[236] Siehe Hoeres, Peter: Von der „Tendenzwende" zur „geistig-moralischen Wende"; Universitätsbibliothek Würzburg 2015, PDF-Manuskript.

[237] Siehe Wilmes, Annette: Vor 30 Jahren. Bundestag verabschiedet das Vorruhestandsgesetz; https://www.deutschlandfunk.de/vor-30-jahren-bundestag-verabschiedet-das.871.de.html?dram:article_id=281454.

Allgemein dazu siehe Dorenburg, Thomas: Geheimpapier aus der CDU/CSU-Bundestagsfraktion. Eine sozialdemokratische Partei; in: eigentümlich frei, Heft 79, S. 32-44.

Beschäftigung abzubauen. Außerdem fand eine Weitergabe des Know-Hows von alt auf jung zum großen Teil nicht statt; nicht zu unterschätzendes Wissen war dadurch für den Wirtschaftsstandort Deutschland unwiederbringlich dahin.

Auch setzte Blüm bspw. mit seinem Finanzierungsmodell der Pflegeversicherung eine weitere Verteuerung des Faktors Arbeit mit noch mehr Bürokratie durch. Blüms umlagefinanzierte Pflegeversicherung sorgte dafür, dass die deutschen Lohnzusatzkosten, die sowieso schon die höchsten in den Industriestaaten waren und zwischen 1988-1994 um 36,1% auf durchschnittlich 19,76 D-Mark pro Arbeitsstunde gestiegen waren[238], durch die ab 1995 geltende Umlagefinanzierung der Pflegeversicherung nochmals anstiegen. Damals hing in Westdeutschland jeder zweite Arbeitsplatz am Tropf der internationalen Arbeitsteilung. Folglich schädigte der Bundesarbeitsminister bewusst und vorsätzlich die internationale Wettbewerbsfähigkeit der deutschen Wirtschaft, oder anders formuliert: Die ideologischen Motive des Arbeitsministers brachten Arbeitsplätze in Gefahr. Für die Finanzierung der Pflegeversicherung gab es damals Alternativvorschläge, die den Faktor Arbeit in Deutschland nicht verteuert und im Rahmen der internationalen Arbeitsteilung wettbewerbsfähiger gestellt hätten.

Bereits mit der 1957 umgesetzten Reform der Rentenversicherung wurde die Umlagefinanzierung etabliert. Gepriesen wurde und wird dies als „Generationengerechtigkeit" und als „Generationenvertrag" und beruht auf der Fiktion eines „Gesellschaftsvertrags"[239].

---

[238] Siehe Beyfuß, Jörg (Red.): Industriestandort Deutschland – Ein geographisches Portrait. 4. Auflage, Köln 1995.

Als Erfinder des „Generationenvertrags" und der damit einhergehenden dynamischen Rente gilt Wilfrid Schreiber mit seinem Papier *„Existenzsicherheit in der industriellen Gesellschaft"*[240]. Der „Schreiber-Plan" wurde zur Blaupause der damaligen Rentenreform. Doch ‚Eins-zu-Eins' wurde der „Schreiber-Plan", der ein echtes ‚Drei-Generationenmodell' (Kindheit und Jugend – Arbeitsleben – Lebensabend) mit Honorierung der Kindererziehung vorsah, nicht umgesetzt. Die Möglichkeit einer negativen Bevölkerungsentwicklung, die Entwicklung der Höhe der Renten (der Schreiber-Plan sah sowohl das „Plus" als auch das „Minus" vor), die Erziehung von Kindern und andere – politisch unappetitliche – Punkte des „Schreiber-Plans" blieben bei der Reform unberücksichtigt. Für Schreiber selbst ein Unding[241]:

> *„Wer kinderlos oder kinderarm ins Rentenalter geht und, mit dem Pathos des Selbstgerechten, für gleiche Beitragsleistungen gleiche Rente verlangt und erhält, zehrt im Grunde parasitär an der Mehrleistung der Kinderreichen, die seine Minderleistung kompensiert haben."*

Derart Parasitäres rechnete Franz Böhm zu den Absurditäten, die zu einer *„wilden Refeudalisierung einer freien Gesellschaft"* beitragen[242].

---

[239] Zur Geschichte der Rentenreform von 1957 siehe Bökenkamp, Gérard: Die Geschichte der Rente von 1957 bis heute: Gebrochene Versprechen, falsche Prognosen, systematische Verschleierungen; https://ef-magazin.de/2009/05/10/1188-die-geschichte-der-rente-1957-bis-heute-gebrochene-versprechen-falsche-prognosen-systematische-verschleierungen.

[240] Siehe Schreiber, Wilfrid: Existenzsicherheit in der industriellen Gesellschaft. Köln 2004 (Nachdruck des Originals von 1955).

[241] Siehe Schreiber, Wilfrid: Existenzsicherheit in der industriellen Gesellschaft. Köln 2004 (Nachdruck des Originals von 1955).

[242] Zitiert nach Zieschang, Tamara: Das Staatsbild Franz Böhms. Kornwestheim 2003.

Doch noch reichlich weitere Anreize zum ‚moral hazard' wurden durch jene Reform des Rentensystems grundgelegt[243]. Das ab 1957 geltende Rentensystem barg – neben parasitären Absurditäten – schon bedingt durch das Finanzierungsmodell als ein Umlageverfahren an und für sich von Anfang an schwerwiegende Gefahrenquellen: Blauäugig (?) setzten die Reformer nicht nur darauf, dass jeder Mensch das gesellschaftliche „Soll" von 1,2 Kindern erbringen würde, sondern gingen auch davon aus, dass jederzeit genügend Menschen in Arbeit und Brot stehen würden, um das Umlageverfahren überhaupt finanzieren zu können. Alle diese Fragen wurden von den Anhängern der Reform einfach beiseite geschoben.

Auch die kirchlichen Sozialethiker waren damals meistenteils Befürworter und begeisterte Unterstützer der Reform, obwohl die Rentenreform den „Schreiber-Plan" nicht in Gänze umsetzte. Erst spät – zu spät – reifte in den Reihen jener die Erkenntnis über ihre naiven Fehler, dass sie, obwohl ihnen die Fallstricke des 1957 etablierten Rentensystems bewusst gewesen waren[244], damals nicht darauf drängten gegen jene Fallstricke zwingende und umfassende Abwehrmechanismen ins Rentengesetz einfließen zu lassen. Nell-Breuning selbst bezeichnete dieses Versäumnis als Unterlassungssünde[245].

Die Bundesminister für Wirtschaft und Finanzen – Erhard und Schäffer – waren Gegner der umlagefinanzierten Rentenreform gewesen und mit

---

[243] Siehe Külp, Bernhard: Gefährdung des Wirtschaftsstandorts durch sozialpolitische Entscheidungen?; in: Wehling, Hans-Georg (Red.): Standort Deutschland. Stuttgart 1994, S. 72-84.

[244] Siehe Werhahn, Peter H.: Neue Perspektiven; in: Nell-Breuning, Oswald von/Fetsch, Cornelius G.: Drei Generationen in Solidarität. Köln 1981, S. 7-13.

[245] Siehe Nell-Breuning, Oswald von: Drei Generation in Solidarität; in: Nell-Breuning, Oswald von/Fetsch, Cornelius G.: Drei Generationen in Solidarität. Köln 1981, S. 27-42.

ihnen der große Teil der Ordoliberalen. So nannte Röpke[246] die Rentenreform von 1957 eine

„komfortable Stallfütterung der Untertanen."

Röpke setzte auf Eigen- und Gruppenvorsorge, die „soziale Betreuung"[247], den Marsch in den Wohlfahrstaat, der keinen Wohlstand schaffen kann, sondern Wohlstand verhindert und zerstört[248], lehnten Erhard, Röpke, Rüstow und ihre Mitstreiter ab und suchten vergeblich das Beschreiten dieses verhängnisvollen Wegs zu verhindern[249].

Die Grundlagen für den Marsch in den modernen Wohlfahrtsstaat wurden jedoch schon lange vorher durch Bismarck gelegt. Die von den Ordoliberalen angestrebte Eigen- und Gruppenvorsorge war vor 1883 durchaus gegeben, also bevor Bismarck sich der Sozialpolitik zuwandte. Die große Gruppe der durch Bismarcks Sozialpolitik ab 1883 peu à peu zwangsbeglückt Zwangsversicherten war schon vorher durch Eigeninitiative sozialversichert, mehrheitlich sogar besser versichert als

---

[246] Siehe Röpke, Wilhelm: Jenseits von Angebot und Nachfrage. Bern 1979, 5. Auflage.

[247] Siehe Erhard, Ludwig: Dreißig Jahre Konjunkturpolitik 1929-1959. Via Aperta Nr. 12, Dezember 1959/Januar 1960; in: ders.: Gedanken aus fünf Jahrzehnten. Reden und Schriften. Düsseldorf 1988, S. 596-602 und Röpke, Wilhelm: Die Gesellschaftskrisis der Gegenwart. Bern 1979, 6. Auflage.

[248] Siehe für mehr zu den zersetzenden Wirkungen des Wohlfahrtsstaates Niemietz, Kristian: Armut ohne Ende? Der Wohlfahrtsstaat schafft keine Wohlfahrt; in Bessard, Pierre / Hoffmann, Christian (Hg.): Sackgasse Sozialstaat. Alternativen zu einem Irrweg. Zürich 2016, 3. überarbeitete Auflage, S. 77-98 und Prollius, Michael von: Siamesische Zwillinge: Wohlfahrtsstaat und Wirtschaftskrisen; in Bessard, Pierre / Hoffmann, Christian (Hg.): Sackgasse Sozialstaat. Alternativen zu einem Irrweg. Zürich 2016, 3. überarbeitete Auflage, S. 55-75.

[249] Siehe Röpke, Wilhelm: Der Wohlfahrtsstaat im Kreuzfeuer der Kritik; in: ders.: Marktwirtschaft ist nicht genug. Waltrop 2009, S. 289-302.

durch Bismarcks Gesetzgebung[250]. Durch jene Gesetzgebung, die nur etwas, was durch die Marktwirtschaft spontan schon organisiert worden war, in bürokratisch-zentralistische Normen goss, erstickte Bismarck die alte Eigeninitiative.

Mit der Sozialgesetzgebung bewies Bismarck keine Menschenfreundlichkeit, er wollte den Arbeitern nicht einfach etwas ‚Gutes' tun. Vielmehr war es Bismarcks Absicht die Arbeiter zu bestechen, um Macht und Einfluss der marxistischen Sozialdemokratie zu brechen. Damals wurde dies auch von den Arbeitervereinen derart wahrgenommen, diese hatten in Eigenregie Sozialversicherungen organisiert, sie wollten der ‚Obrigkeit' auf Augenhöhe begegnen und empfanden Bismarcks Zwangsversicherungen als Almosen. Gleichfalls waren private Sozialversicherungen von Seiten der Unternehmer organisiert worden, ob Kranken-, Renten- oder Unfallversicherung; sogar Hilfen für die Arbeitslosen waren damals schon privat organisiert. Natürlich drängte es Bismarck auch dazu die Liberalen auszuschalten. Diese hatten – z. B. Schulze-Delitzsch – auf Basis von Genossenschaften ein funktionstüchtiges Sozialversicherungssystem aufgebaut – die Genossenschaften standen auch auf Augenhöhe zur ‚Obrigkeit'[251].

---

[250] Siehe Merklein, Renate: Ordnungspolitische Verwahrlosung am Beispiel des Gesundheitswesens; in: Forum Freiheit: Ist unser Wohlfahrtsstaat noch reformierbar? Bonn 1997, S. 28-39. Siehe auch Doering, Detmar: Corporate Social Responsibility: Heuchelei oder Notwehr?; in: Boger, Horst Wolfgang (Hg.): Der Staat als Super Super Nanny. Berlin 2008, S. 36-55.

[251] Siehe Habermann, Gerd: Freiheit oder Knechtschaft? Ein Handlexikon für liberale Streiter. München 2011. Jahresdaten zur gesetzlichen Sozialversicherung Bismarcks: 1883 Krankenversicherung, 1884 Unfallversicherung und 1889 Rentenversicherung. Die gesetzliche Arbeitslosenversicherung wurde dann 1927 in der Weimarer Republik eingeführt.

Bismarck war zeitlebens ein machtbewusster und zentralistischer Preuße. Er wurzelte im Grunde im preußischen Absolutismus und war ein lupenreiner Verfechter des Obrigkeitsstaates, der innenpolitisch ein quasi-absolutistisches System zu formen suchte[252]. Ohne Weiteres lässt sich festhalten, dass sich in Bismarcks Sozialgesetzgebung nicht mehr und nicht weniger als die Wiedergeburt des Paternalismus des aufgeklärten Absolutismus spiegelt: Der Staat als der gute ‚pater familias'[253].

Das Bild der Sozialpolitik des modernen Wohlfahrtsstaates mit seiner überbordenden Sozialbürokratie des „Fiskalsozialismus", mit einer das Leben und die Eigeninitiative erstickenden Atmosphäre[254] wurde durch Bismarcks ‚Sozialetatismus' eingeleitet[255]. Heutzutage, nach bald 140 Jahren Sozialpolitik à la Bismarck ist von den einstigen Vorbehalten gegen

[252] Siehe Habermann, Gerd: «Aufgeklärter» Wohlfahrtsdespotismus. Die historischen Wurzeln des Sozialstaats; in: Bessard, Pierre / Hoffmann, Christian (Hg.): Sackgasse Sozialstaat. Alternativen zu einem Irrweg. Zürich 2016, 3. überarbeitete Auflage, S. 19-33 und Mises, Ludwig von: Im Namen des Staates oder die Gefahren des Kollektivismus. München 1978.

[253] Siehe zum Paternalismus im aufgeklärten Absolutismus und zur Geschichte des Wohlfahrtsstaats an und für sich die historische Untersuchung von Habermann, Gerd: Der Wohlfahrtsstaat. Die Geschichte eines Irrwegs. Berlin 1997.

[254] Siehe Röpke, Wilhelm: Der Wohlfahrtsstaat im Kreuzfeuer der Kritik; in: ders.: Marktwirtschaft ist nicht genug. Waltrop 2009, S. 289-302.
Bezüglich der Lebensvorsorge oder Sozialfürsorge drückte Röpke sich eindeutiger aus als Hayek. Hayek sprach auch klar aus, dass der Wohlfahrtsstaat die Grundlagen der offenen, der großen Gesellschaft unterminiert und letztlich zerstört, doch bezüglich der Sozialfürsorge waren Hayeks Ausführungen über die Art und Weise und über die Rolle des Staates nicht präzise, sondern eher schwammig. Hayek umschiffte die Problematik mit geschickten Formulierungen. Siehe Hayek, Friedrich August von: Recht, Gesetzgebung und Freiheit, Band 2: Die Illusion der sozialen Gerechtigkeit. Landsberg am Lech 1981.

[255] Siehe Habermann, Gerd: «Aufgeklärter» Wohlfahrtsdespotismus. Die historischen Wurzeln des Sozialstaats; in: Bessard, Pierre / Hoffmann, Christian (Hg.): Sackgasse Sozialstaat. Alternativen zu einem Irrweg. Zürich 2016, 3. überarbeitete Auflage, S. 19-33.

die zwangsbeglückende Zwangssozialversicherung bei der Arbeiterschaft und deren öffentlichen Vertretern nichts mehr übriggeblieben – und auch im liberalen Umfeld ist diese Art von Zwangssozialversicherung in weiten Teilen akzeptiert. Selbst sanfte Reformvorschläge in Richtung Eigen- und Gruppenvorsorge werden regelmäßig entsetzt zurückgewiesen und treffen meist auf völliges Unverständnis. Die Illusion des Wohlfahrtsstaats als der „gütige Staat", der als „Vormund" umsorgt und Geschenke verteilt, ist inzwischen tief verwurzelt[256].

Sind wir hinter Immanuel Kant zurückgefallen? Dieser schrieb nämlich 1784[257]:

„Faulheit und Feigheit sind die Ursachen, warum ein so großer Teil der Menschen, … gerne zeitlebens unmündig bleiben; und warum es anderen so leicht wird, sich zu deren Vormündern aufzuwerfen. Es ist so bequem, unmündig zu sein. … Ich habe nicht nötig zu denken, wenn ich nur bezahlen kann; andere werden das verdrießliche Geschäft schon für mich übernehmen. Daß der bei weitem größte Teil der Menschen … zur Mündigkeit außer dem, daß er beschwerlich ist, auch für sehr gefährlich halte: dafür sorgen schon jene Vormünder, die die Oberaufsicht über sie gütigst auf sich genommen haben. Nachdem sie ihr Hausvieh zuerst dumm gemacht haben und sorgfältig verhüteten, daß diese ruhigen Geschöpfe ja keinen Schritt außer dem Gängelwagen, darin sie sie einsperreten, wagen durften, so zeigen sie ihnen nachher die Gefahr, die ihnen drohet, wenn sie es versuchen, allein zu gehen."

---

[256] Siehe Leisner, Walter: Der gütige Staat. Die Macht der Geschenke. Berlin 2000.
[257] Siehe Kant, Immanuel: Was ist Aufklärung? Ausgewählte kleine Schriften. Hamburg 1999.

dc) Der Wohlfahrtsstaat – eine Fiktion

> *„Wer hinter die Puppenbühne geht, sieht die Drähte"*
>
> – WILHELM BUSCH

Durch die Diktatur des Wohlfahrtsstaats gilt der bundesdeutsche Arbeitsmarkt heutzutage als der am dichtesten regulierte Arbeitsmarkt in den OECD-Staaten. Das bundesdeutsche Arbeitsrecht ist nicht in einem Gesetzbuch, genannt Arbeitsrecht, gebündelt, sondern verteilt sich über eine Vielzahl von Gesetzen, die sowohl das individuelle als auch das kollektive Recht betreffen. Durch eine enge Verzahnung, durch ein Ineinandergreifen von Arbeits- und Sozialrecht werden viele Individualrechte, die über Jahrhunderte im Zivilrecht gewachsen sind, gepflegt und austariert wurden – z. B. die individuell gestaltete Vertragsfreiheit des Zivilrechts – bezüglich der Themen rund um Arbeit und Soziales weitgehend aufgehoben[258]. Das engmaschige Netz aus Befehlen, Bestimmungen, Verordnungen, Organisations- und Verwaltungsanweisungen hat sich im Grunde zu einem eigenständigen Sektor verselbständigt, ein kaum noch zu überblickendes Gestrüpp der Vorschriften, das eine ganze Branche gut ernährt.

Wesentliche Grundlagen für die Geschäftsmodelle dieser Branche sind im ‚Arbeitsförderungsgesetz' von 1969, dem Pendant zum ‚Stabilitäts- und Wachstumsgesetz', zu finden. Durch dieses Gesetz wurde der ‚Bundesanstalt für Arbeit' – heute ‚Bundesagentur für Arbeit' – ein enormes Sammelsurium an Instrumenten offeriert, um „vorausschauende

---

[258] Siehe Habermann, Gerd: Freiheit oder Knechtschaft? Ein Handlexikon für liberale Streiter. München 2011.

Arbeitsmarktpolitik" zu betreiben. Die Bundesanstalt nutzte das Instrumentarium gekonnt zum eigenen Vorteil, so dass sich das Budget der Bundesanstalt innerhalb von zwanzig Jahren verzehnfachte und die Zahl der Arbeitslosen verfünfzehnfachte[259]. Die Maßnahmen zur Arbeitsförderung werden aus den Steuern finanziert und umfassen bspw. Arbeitsbeschaffungsmaßnahmen, Weiterbildung, Wiedereingliederung, Umschulung und so fort. Derartige Maßnahmen erzeugen keine dauerhaften Arbeitsplätze, sondern vernichten Arbeitsplätze. So würden, wenn Bedarf dafür besteht und nachgefragt wird, Weiterbildung und Umschulung effizient durch den Markt organisiert werden; doch ein Markt wurde in diesem Sektor praktisch durch die Politik mittels der privilegierten Stellung der ‚Bundesagentur für Arbeit' verunmöglicht. Maßnahmen zur Arbeitsbeschaffung verdrängen, da die Maßnahmen konkurrenzlos billig von Staats wegen erfolgen, die Privatwirtschaft aus den Sektoren, in denen die Maßnahmen durchgeführt werden. Etliche Maßnahmen zur Weiterbildung und Umschulung lässt die ‚Bundesagentur für Arbeit' zudem durch die privaten Firmen durchführen, die zum großen Teil direkt oder indirekt von den beiden Partnern des Arbeitskartells (Arbeitgeberverbände und Gewerkschaften) kontrolliert werden. Sind aus Partner des Arbeitsmarktkartells vielleicht Komplizen geworden, die kooperierend für sich selbst über das Budget der ‚Bundesagentur für Arbeit' Einnahmequellen erschließen – und alles durch den Steuerzahler finanziert. Wie viel an Wahrheit steckt folglich im Bonmot „*Steuerzahlen ist kein Kavaliersdelikt*"von Philipp Bagus?[260]

---

[259] Siehe Prollius, Michael von: Die Pervertierung der Marktwirtschaft. München 2009. Ähnlich schon 1983 Schmölders, siehe Schmölders, Günter: Der Wohlfahrtsstaat am Ende. Adam Riese schlägt zurück. München 1983.

121

Es wurde jedenfalls eine Branche kreiert, die nichts zur Wertschöpfungskette, aus der eine tatsächliche Wohlfahrt entspringt, beiträgt. Diese Branche ist eine wesentliche und dabei geschäftsmäßig betriebene Stütze des ‚Wohlfahrtsstaats‘[261]:

„Der Wohlfahrtsstaat ist die politische Kunst, die Bürger mit ihrem eigenen Geld vom Staat abhängig zu machen."

Und ruht auf einer von Frédéric Bastiat eloquent zusammengefassten psychologisch richtigen Bedingung[262]:

„Der Staat ist die große Fiktion, nach der sich jedermann bemüht, auf Kosten jedermanns zu leben."

Die Anreize für eine derartige Entwicklung der Dinge rund um den Arbeitsmarkt sind im Grunde genommen schon in Folge der Fortschreibung des deutschen ‚Sozialkonservatismus‘[263] durch die

---

[260] Siehe Habermann, Gerd: Freiheit oder Knechtschaft? Ein Handlexikon für liberale Streiter. München 2011 und Prollius, Michael von: Die Pervertierung der Marktwirtschaft. München 2009.

Das Bagus-Zitat stammt aus Tögel, Andreas: Steuern: Alle gegen Hoeneß. Die Stunde der Etatisten; https://ef-magazin.de/2013/04/22/4169-steuern-alle-gegen-hoeness.

[261] Siehe Habermann, Gerd: Freiheit oder Knechtschaft? Ein Handlexikon für liberale Streiter. München 2011.

[262] Siehe Bastiat, Claude-Frederic: Der Staat die große Fiktion. Ein Claude-Frederic-Bastiat-Brevier. Thun 2001.

<u>Lesetipp</u>: Es wird empfohlen nicht nur den Essay „Der Staat" zu lesen, sondern auch die anderen fünf Essays. Friedrich August von Hayek rechnete Bastiat zu den genialsten Publizisten des Liberalismus, der nicht nur die Sozialisten widerlegte, sondern vorab – gut neun Jahrzehnte vorher – auch die Theorien von John Maynard Keynes.

[263] Siehe Hornung, Klaus: Die sozialkonservative Tradition im deutschen Staats- und Gesellschaftsdenken; in: Gauger, Jörn-Dieter/Weigelt, Klaus (Hg.): Soziales Denken in Deutschland zwischen Tradition und Innovation. Bonn 1990, S. 30-68.

„Staatsliberalen"[264] in den bundesdeutschen Gründungs- und Aufbauzeiten zu verorten.

Es werden nun sicherlich einige einwenden, dass durch die „rot-grüne" Regierung unter Bundeskanzler Schröder doch mit der „Agenda 2010"[265] Strukturreformen eingeleitet wurden, die für mehr Biegsamkeit am Arbeitsmarkt sorgten, wie von Donges – siehe oben – gefordert. Doch mit der „Agenda 2010" wurden grundlegende Strukturreformen nicht angegangen, sondern allenfalls hier und da ein paar Schrauben neu justiert und ein bisschen gelockert. Alleine diese Lockerungen erbrachten – so Brenke und Zimmermann – positive Effekte auf dem Arbeitsmarkt[266].

Mit der „Agenda 2010" sorgte der SPD-Kanzler für Streit und Unmut in seiner eigenen Partei. Etliche Genossen und Gewerkschaftler kündigten dem SPD-Kanzler Schröder die Gefolgschaft und gründeten die „Wahlalternative Arbeit und soziale Gerechtigkeit" (WASG), zunächst 2002 als Verein und 2005 als Partei. Die WASG war stramm demokratisch-sozialistisch ausgerichtet und beschloss 2007 die Vereinigung mit der PDS zur Partei „Die Linke"[267]. Folglich konnte SPD-Kanzler Schröder so ganz

---

[264] Ein schöner Ausdruck bei Michael von Prollius, siehe Prollius, Michael von: Mises hatte recht: kritische Sicht auf Ordo-Liberale; https://forum-freie-gesellschaft.de/mises-hatte-recht-kritische-sicht-auf-ordo-liberale/. Wie schon weiter oben angemerkt, der Ausdruck „Staatsliberale" verdeutlicht treffend, dass etliche aus den Reihen der Ordoliberalen meinten ‚Leviathan' durch ‚Behemoth' zähmen zu können.

[265] Siehe Schröder, Gerhard: Regierungserklärung. Deutscher Bundestag, stenografischer Bericht vom 14.03.2003, PDF-Manuskript.

[266] Siehe Brenke, Karl / Zimmermann, Klaus F.: Reformagenda 2010 – Strukturreformen für Wachstum und Beschäftigung. Berlin, Wochenbericht DIW, Nr. 11/2008, PDF-Manuskript.

[267] Damit ist diese Partei die Rechtsnachfolgerin der DDR-Partei SED. Auf der Kasseler Strategiekonferenz der Partei „Die Linke" am 29.02.2020 und 01.03.2010 wurde gefordert ‚Millionen von Reichen zu erschießen'. Parteichef Bernd Riexinger suchte ironisierend

nebenher daher auch als einen politischen Erfolg der „Agenda 2010"
verbuchen, dass die Sozialisten und die ehemalige SED auf Bundesebene
gestärkt wurden.

Trotz der oben erwähnten positiven Effekte auf dem Arbeitsmarkt[268], von
denen die Merkel-Regierungen seit 2005 profitierten, ist die „Agenda
2010" bei den Sozialisten aller Parteifarben unbeliebt. Es kann für
Sozialisten nicht angehen, dass aus ökonomischen Gründen der Faktor
Arbeit ein wenig kalkulierbarer wird. Für Sozialisten aller Parteifarben hat
aus ‚Gründen der Gerechtigkeit' die Tendenz des Faktors Arbeit hin zu
natürlicherweise irreversibel unkalkulierbar zu sein. Ergo verwundert es
nicht, dass die Sozialisten aller Parteifarben versuchen die Änderungen,
die der „Agenda 2010" entstammen, wieder abzuschaffen.

---

das ‚Erschießen' durch ‚zur nützlichen Arbeit einsetzen' zu entschärfen; siehe bspw. o.
V.: „Erschießungen von Reichen" – Skandal auf Linke-Konferenz;
https://www.welt.de/politik/deutschland/article206296277/Linke-Konferenz-
Erschiessungen-von-Reichen-Skandal-in-Kassel.html. Durch diese linke Kasseler
Strategiekonferenz wurde deutlich demonstriert, dass die Partei „Die Linke" unverändert
das stalinistische Programm „Genickschuss oder Gulag" als Programm verinnerlicht hat.
Was soll man also von vorgeblich bürgerlichen Politikern erwarten, die mit einer
Zusammenarbeit mit dieser stalinistischen Partei liebäugeln, vorausgesetzt „Die Linke"
würde bspw. in Sachen EU pragmatischer werden, siehe bspw. o. V.: Armin Laschet und
die Linkspartei; https://apollo-news.net/armin-laschet-und-die-linkspartei/ und dies dann
auch nochmals direkt ein paar Tage nach der Strategiesitzung der ‚Linken', o. V.: Armin
Laschet: „Linke ziehen nicht mordend durchs Land";
https://www.ruhrnachrichten.de/nachrichten/armin-laschet-auszeichnung-fuer-
engagement-fuer-das-judentum-1500288.html.
[268] Siehe Brenke, Karl / Zimmermann, Klaus F.: Reformagenda 2010 – Strukturreformen
für Wachstum und Beschäftigung. Berlin, Wochenbericht DIW, Nr. 11/2008, PDF-
Manuskript.

e) Niederlassungsfreiheit

> *„Was willst du auf dieser Station so breit dich niederlassen?*
> *Wie bald schon bläst der Postillion, du mußt doch alles lassen."*
> – JOSEPH VON EICHENDORFF

Im Rahmen der „aktiven Wirtschaftspolitik" gelang es Franz Böhm und Ludwig Erhard ein Kartellgesetz und andere Wettbewerbsregeln auf den Weg zu bringen[269], doch etliche Beschränkungen beim Marktzugang, überflüssige – durch die Politik geschützte – Sonderrechte gab es von der Stunde „Null" an[270].

Niederlassungsfreiheit, also freier Marktzugang bspw. für Apotheker, musste auf dem Klageweg erfochten werden[271]. Das Apothekenurteil gilt gemeinhin als Meilenstein bezüglich der Niederlassungsfreiheit und der freien Berufswahl – und wird deshalb auch als ein Eckstein bewertet, durch den das Bundesverfassungsgericht (BVG) den freien Marktzugang rechtlich fest verankerte.

Diese populäre Meinung teilte Sebastian Lenz nicht. Lenz machte deutlich, dass schon das BVG-Urteil lediglich die Verhältnismäßigkeit derartiger

---

[269] Siehe hierzu auch den Gliederungspunkt III. 1).

[270] Siehe Beyenburg-Weidenfeld, Ursula: Wettbewerbstheorie, Wirtschaftspolitik und Mittelstandsförderung 1948-1963. Stuttgart 1992 und Schlecht, Otto: Das Bundeswirtschaftsministerium und die deutsche Ordnungspolitik der Nachkriegszeit; in: ORDO, Jahrbuch für die Ordnung von Wirtschaft und Gesellschaft, Band 48. Stuttgart 1997, S. 99-117.

[271] Siehe Bundesverfassungsgericht (BVG): Grundsatzentscheidung zur Berufsfreiheit Grundsatzentscheidung zur Berufsfreiheit – „Apotheken-Urteil" von 1958; https://www.bundesarchiv.de/DE/Content/Virtuelle-Ausstellungen/2018-10-15_BVG-akten-apotheken-urteil.html.

Eingriffe in die Freiheiten der Wahl des Berufes und des Standortes abwog.

Im Grunde gab das BVG der Exekutiven und Legislativen auch durch das Apothekenurteil genügend Spielraum für das ‚Eingreifen', das ‚Regeln' und das ‚Beschränken' im Rahmen einer den Wettbewerb einschränkenden Standortpolitik und die freie Berufs- und Arbeitsplatzwahl eingrenzende Politik. Diese Möglichkeiten wurden späterhin wie selbstverständlich durch Gesetzgeber und Regierung genutzt – und das BVG nahm sich zukünftig bei Verfahren im Umfeld dieses Rahmens auch hilfreich im Sinne der Exekutiven zurück[272].

---

[272] Siehe ausführlich dazu Lenz, Sebastian: Vorbehaltlose Freiheitsrechte: Stellung und Funktion vorbehaltloser Freiheitsrechte in der Verfassungsordnung. Tübingen 2006.

f) Agrarpolitik

> *„Bauernstand ist Ehrenstand,*
>
> *erhält die Stadt, erhält das Land.*
>
> *Er ist der Pionier der Zeit*
>
> *und bleibt es bis in Ewigkeit."*
>
> – DEUTSCHES SPRICHWORT

Die Agrarpolitik wurde flott zum Gegenteil dessen was z. B. Röpke und Rüstow vorschwebte[273]. Die Landwirtschaft wurde politisch nicht in das Konzept der „sozialen Marktwirtschaft" eingebunden. Dafür sorgte unmittelbar Wilhelm Niklas, im ersten Kabinett Adenauers Bundesminister für Ernährung, Landwirtschaft und Forsten. Niklas setzte mittels des publikumswirksamen Motivs der Sicherung der Ernährung der Bevölkerung ein „Marktordnungsgesetz" durch, das langfristig, durch die Preisbindungen der Agrarprodukte, zum Einkommensvorteil der Landwirtschaft wirkte[274].

Erhard, Röpke und Rüstow hingegen plädierten für eine bäuerliche Landwirtschaft, die im ursprünglichen, urwüchsigen Bauerntum verhaftet sein soll – vitale, freie und für sich selbst verantwortliche Bauern, so die Idealvorstellungen[275]. Selbst verantwortlich? Davon ist kaum etwas geblieben; denn wie selbstverständlich schreibt der Duden[276]:

---

[273] Siehe Koester, Ulrich: Agrarpolitik im Dauerkonflikt mit Prinzipien der Sozialen Marktwirtschaft; in: ORDO, Jahrbuch für die Ordnung von Wirtschaft und Gesellschaft, Band 48. Stuttgart 1997, S. 341-362.

[274] Siehe Zündorf, Irmgard: Der Preis der Marktwirtschaft: Staatliche Preispolitik und Lebensstandard in Westdeutschland 1948 bis 1963. Stuttgart. 2006.

[275] Siehe bspw. Röpke, Wilhelm: Torheiten der Zeit. Nürnberg 1966.

„Ziel der Agrarpolitik ist, den in der Landwirtschaft beschäftigten Personen ihr Einkommen zu sichern, die Bevölkerung mit guten und gesunden Lebensmitteln zu erschwinglichen Preisen zu versorgen und den Agrarmarkt zu festigen."

Sind folglich unternehmerisch, selbständige Bauern für ihren Lebensunterhalt nicht selbst verantwortlich, sondern irgendwelche Politiker und Bürokraten? Ja, seit 2014 erhalten die Landwirte ihren ‚Lohn' sozusagen durch die Neuregelungen der ‚europäischen Agrarpolitik' direkt von staatlichen Stellen. Diese zahlen den Landwirten Einkommenshilfen bezogen auf die Anbauflächen, da der Agrarmarkt den Bauern – gemäß einer solchen Lesart – einen ‚gerechten Lohn' verweigert. In den Jahrzehnten vor 2014 wurden den Landwirten durch ein vielfältiges Geflecht von Subventionsmaßnahmen durch die ‚europäische Agrarpolitik' die Preise für die landwirtschaftlichen Erzeugnisse garantiert. Preise, die regelmäßig weit über den Weltmarktpreisen lagen[277].

Insbesondere die ‚europäische Agrarpolitik' (EWG –> EG –> EU), mit einem bizarren Wust an unübersichtlichen und sich oftmals auch lustig gegenseitig konterkarierenden Subventionen, schaltete ab 1962[278] federführend den „Markt" im Agrarsektor mit „Marktordnungen" aus[279]. Bedient wurden durch diese „Marktordnungen" verschiedene politische

---

[276] Siehe Duden Wirtschaft von A bis Z: Grundlagenwissen für Schule und Studium, Beruf und Alltag. Mannheim 2016, 6. Auflage.

[277] Siehe dazu das für sich sprechende Schaubild in Duden Wirtschaft von A bis Z: Grundlagenwissen für Schule und Studium, Beruf und Alltag. Mannheim 2016, 6. Auflage.

[278] Damals traten die ersten europäischen Maßnahmen in Kraft, siehe Bundeszentrale für politische Bildung: Agrarpolitik; https://www.bpb.de/internationales/europa/europaeische-union/42891/grafik-agrarpolitik.

Arbeitsfelder – die Agrarpreispolitik, die Agrarstrukturpolitik und die Agrarsozialpolitik –, die in der Brüsseler Bürokratie für genügend (überflüssige?) Arbeitsplätze sorgen. Auch und besonders hinter einer Maske der sozialen Hilfestellungen für den Bauernstand ist die ‚europäische Agrarpolitik‘ seit Anbeginn nichts weiter als die Umsetzung interventionistischer und protektionistischer Maßnahmen, die durch Regierungen interessierter Mitgliedsstaaten durchgesetzt wurden, die noch dazu auf immer mehr Segmente des Agrarsektors übergreifen konnten[280].

Natürlich nicht zum Schutze der kleinen Bauern, auch wenn diesbezüglich oft genug hohle Phrasen – Stichwort: Agrarsozialpolitik – zu hören waren und sind. Es wurden und werden ganz einfach Interessen und Vorteile gut organisierter Interessengruppen wie bspw. der Großagrarier bedient.

Hinter der Tarnkappe einer derartigen landwirtschaftlichen Sozialpolitik konnten sich die Großagrarier auf Kosten der Kleinen mästen – die kleinen Agrarbetriebe starben und sterben weg. Die noch überlebt haben, verkümmern zu Bettlern, die als jammervolle Bittsteller an den amtlichen Türen der Exekutivbehörden klopfen, um Subventionen und

---

[279] Siehe Kronberger Kreis: Für eine Neue Agrarordnung. Kurskorrektur für Europas Agrarpolitik. Bad Homburg 1984.
[280] Siehe Kronberger Kreis: Verordnete Verschwendung? Für eine Neue Agrarordnung in Europa. Stuttgart 1985.
Auf die Teilmärkte im Agrarsektor, auf denen die Bauern ohne ‚europäische Agrarpolitik‘ durchaus erfolgreich operieren könnten, wird hier nicht eingegangen, weil dies sehr speziell sein müsste und den Rahmen sprengen würde. Derartige Teilmärkte, die sogar als Folge der ‚europäischen Agrarpolitik‘ von den Bauern nicht mehr oder kaum noch frequentiert werden, gibt es reichlich, wie dies schon oft Thema in TV-Dokumentationen war, meist in historisch-politischen Dokumentationen.

Einkommenshilfen zu erflehen. Aus freien Bauern wurden Knechte – so ist dies die Regel und das Ziel einer Sozialpolitik[281].

---

[281] Siehe Habermann, Gerd: Freiheit oder Knechtschaft? Ein Handlexikon für liberale Streiter. München 2011. (Stichwort: Agrarpolitik).
Ulrich Koesters Mahnung aus den 1980er Jahren in der Agrarpolitik mehr Markt und weniger Staat zu wagen, ist heute nicht minder aktuell als damals; siehe Koester, Ulrich: Reform der europäischen und deutschen Agrarpolitik; in: Giersch, Herbert (Hg.): Wie es zu schaffen ist. Agenda für die deutsche Wirtschaftspolitik. Stuttgart 1985, 3. Auflage, S. 78-100.

g) Verkehrs- und Informationsmärkte

„Die Barbarei kommt wieder,
trotz Eisenbahnen, elektrischen Drähten und Luftballons."

– ARTHUR SCHOPENHAUER

Ebenso, wie von der „Stunde Null" an der Marktzugang erschwert wurde, gab es auch politisch geschützte Monopole und ebenfalls ganze – vor ‚ruinösem Wettbewerb' – geschützte Branchen.

So wurden die Verkehrs- und Informationsmärkte auch nach 1948 vor dem Wettbewerb geschützt. Das Postwesen und der Eisenbahnsektor blieben als Monopole in der Hand des Staates[282].

Die Post (ab 1950 Deutsche Bundespost) war bis 1989 eine Behörde, die nicht nach betriebswirtschaftlichen Grundsätzen operierte, sondern der Post wurden die Ziele der Politik übergeordnet. Dies änderte sich erst mit der ersten Postreform 1989 und der zweiten Postreform 1994, durch welche die Deutsche Bundespost in drei Aktiengesellschaften Deutsche Post, Deutsche Telekom und Deutsche Postbank aufgegliedert wurde[283].

Die Eisenbahn – im September 1949 wurde die Deutsche Bundesbahn als Nachfolgerin der Reichsbahn gegründet – wurde durch staatliche

---

[282] Siehe dazu bspw. Willeke, Rainer: Verkehrsmarktordnung – die unvollendete Reform; in: ORDO, Jahrbuch für die Ordnung von Wirtschaft und Gesellschaft, Band 48. Stuttgart 1997, S. 285-308.

[283] Die Einwände, die damals vielfach gegen die Reform der Bundespost erhoben wurden, resultierten auch aus dem Umstand des 500-jährigen Briefmonopols in den deutschen Landen. Siehe auch Knieps, Günter: Ansätze für eine 'schlanke' Regulierungsbehörde für Post und Telekommunikation in Deutschland; in: ORDO, Jahrbuch für die Ordnung von Wirtschaft und Gesellschaft, Band 48. Stuttgart 1997, S. 253-268.

Maßnahmen vor dem ‚ruinösen Wettbewerb' geschützt. Nahtlos fanden die straffen und unnachgiebigen Regulierungen, die als Folge der Weltwirtschaftskrise zum Schutz der Bahn seit 1931 galten, weiterhin Anwendung. Nur die Maßnahmen, die ganz offensichtlich gegen das Grundgesetz verstießen, wurden nicht mehr angewandt. Im Rahmen von Verfassungsbeschwerden verwarf das BVG jedenfalls 1975 nur zwei der den Wettbewerb schädigenden Maßnahmen[284].

Holger Bonus legte offen, dass Wettbewerb im Verkehrswesen keineswegs ruinös ist, wie dies im Kommentar zum Güterkraftverkehrsgesetz einfach nur so behauptet wurde. Wettbewerb fördere den Wohlstand, dies zeige der Blick auf verschiedene wettbewerbsintensive und dennoch erfolgreiche Branchen – so ist ein Beispiel der Maschinenbau[285].

Die zweimalige Chance – 1931 durch den Druck der Weltwirtschaftskrise und 1948/49 durch die „Stunde Null" – auf kreativen Wettbewerb anstatt auf den Schutz der Bahn zu setzen, wurde vertan[286]. Außerdem – so Bonus

---

[284] Siehe Laaser, Claus-Friedrich: Die ordnungspolitische Sonderstellung des Verkehrswesens bei der Liberalisierung der westdeutschen Wirtschaft nach 1945; Kieler Arbeitspapier, Nr. 292, Juli 1987 und Willeke, Rainer: Verkehrsmarktordnung – die unvollendete Reform; in: ORDO, Jahrbuch für die Ordnung von Wirtschaft und Gesellschaft, Band 48. Stuttgart 1997, S. 285-308.
Zur Diskussion über die damals geltenden Regulierungen siehe Soltwedel, Rüdiger et. al.: Zur staatlichen Marktregulierung in der Bundesrepublik, Institut für Weltwirtschaft Kiel, Kieler Sonderpublikationen. Kiel 1987, dort finden sich auch die Vorschriften, die bezüglich des Schutzes der Eisenbahn ihre Gültigkeit behielten.
[285] Siehe Bonus, Holger: Mehr Markt im Verkehrswesen!; in: Giersch, Herbert (Hg.): Wie es zu schaffen ist. Agenda für die deutsche Wirtschaftspolitik. Stuttgart 1985, 3. Auflage, S. 206-231.
[286] Siehe Willeke, Rainer: Verkehrsmarktordnung – die unvollendete Reform; in: ORDO, Jahrbuch für die Ordnung von Wirtschaft und Gesellschaft, Band 48. Stuttgart 1997, S. 285-308 und Bonus, Holger: Mehr Markt im Verkehrswesen!; in: Giersch, Herbert (Hg.): Wie es zu schaffen ist. Agenda für die deutsche Wirtschaftspolitik. Stuttgart 1985, 3.

– wurde 1948/49 die Chance das „Preiskartell" aufzubrechen, das durch das Güterfernverkehrsgesetz von 1935 im deutschen Verkehrswesen entstanden war, auch nicht genutzt[287]. Erst 1992 wurden durch die Bundesregierung Reformen des Transportrechts eingeleitet, verstärkt wurde 1993 der Reformdruck auf die bundesdeutsche Regierung durch Vorgaben des ‚Europäischen Rates'[288]. Doch auch das reformierte Transportrecht enthält eine ganze Reihe von Sonderregeln – Beförderung ist dadurch doch weiterin nicht gleich Beförderung.

Erst 1994 wurde aus der Bundesbahn die „Deutsche Bahn AG", nebst Plänen zur Privatisierung der Bahn, begleitend von dauernden Streitigkeiten der Parteien bezüglich deren Umsetzung.

Die üblichen Einwände, derartige verkehrspolitische Großprojekte wie der Eisenbahnsektor wären durch Privatunternehmen nicht zu stemmen, sind historisch falsch. In Preußen bspw. wurde mit großem wirtschaftlichem Erfolg bis 1870 im Eisenbahnsektor auf die private Unternehmensinitiative gesetzt. Erst der Machtpolitiker Bismarck verfolgte – zunächst noch nicht vorrangig, dann ab 1879 sehr zielstrebig – das Ziel „Staatsbahn", das mit der Einrichtung „Deutsche Reichsbahn, gemäß Weimarer Verfassung" vollendet wurde. Aus wirtschaftlich erfolgreichen Unternehmungen wurde ein unwirtschaftlich arbeitender Staatsbetrieb[289].

Auflage, S. 206-231.

[287] Siehe Bonus, Holger: Mehr Markt im Verkehrswesen!; in: Giersch, Herbert (Hg.): Wie es zu schaffen ist. Agenda für die deutsche Wirtschaftspolitik. Stuttgart 1985, 3. Auflage, S. 206-231.

[288] Siehe Wulf, Thomas: Das Transportrechtsreformgesetz. Hamburg 1998.

[289] Siehe Laaser, Claus-Friedrich: Die ordnungspolitische Sonderstellung des Verkehrswesens bei der Liberalisierung der westdeutschen Wirtschaft nach 1945; Kieler Arbeitspapier, Nr. 292, Juli 1987.

Doch bis 1989/94 waren diese „Sondervermögen" (Bahn und Post) des Bundes ein sehr beliebtes Spielzeug bei den staatstragenden Parteien, insbesondere was Versorgungsposten als „Belohnung" für ausrangierte und/oder verdiente Parteisoldaten betraf. So etwas ist natürlich auch in anderen „Unternehmen" und Betrieben der öffentlichen Hand üblich[290].

Bundespost und Bundesbahn sind gute Beispiele dafür, dass es „natürliche Monopole" nicht gibt! Ein Monopol wird regelmäßig, wenn ein kreativer Unternehmer irgendeine Neuerung erfolgreich im Markt einbringt, nur von temporärer Art sein. Nachahmer, die dem erfolgreichen Neuerer Konkurrenz machen wollen, werden als Wettbewerber am Markt erscheinen. Monopole – ebenso Kartelle – können nur bestehen, wenn diese staatlichen Schutz genießen. Nicht nur die Beispiele Bundespost und Bundesbahn bestätigen dies, insbesondere die Kartell- und Monopolpolitik im Kaiserreich und in der Weimarer Republik illustriert dies zur Genüge[291].

Lakonisch notierte Muthesius, nur dann, wenn der Staat einem Kartell oder Monopol hilfreich unter die Arme greift, kann es funktionieren[292].

---

[290] Siehe Scheuch, Erwin K. / Scheuch, Ute: Cliquen, Klüngel und Karrieren. Hamburg 1998.

[291] Siehe Hahn, Roland: Marktwirtschaft und Sozialromantik. Die programmatische Erneuerung des Liberalismus in Deutschland unter dem Einfluß der Ideen Wilhelm Röpkes und Alexander Rüstows. Egelsbach 1993, dort finden sich etliche Verweise auf die Quellen und die Untersuchungen aus der Zeit und für die Zeit der Weimarer Republik.

[292] Siehe Muthesius, Volkmar: Augenzeuge von drei Inflationen. Frankfurt/M. 1973, 2. Auflage.

h) Strom- und Energieversorgung

„Wenn die Strompreise so weitersteigen, könnte irgendwann sogar

das Licht am Ende des Tunnels nicht mehr bezahlbar sein."

– UNBEKANNT

Erhard sah in der Wiederherstellung der durch den 2. Weltkrieg weitgehend zerstörten Infrastruktur der Strom- und Energieversorgung einer der „drei sozialen Aufgaben" des Staates[293].

Nach der Wiederherstellung der Strom- und Energieversorgung hätten dann im Sinne Erhards natürlicherweise ordnungspolitische Erwägungen bei der Energiepolitik im Vordergrund stehen sollen. Dass dem nicht so war führte Gröner auf vielfältige, historisch gewachsene Umstände zurück, die im Spannungsfeld zwischen einer „sicheren" und einer möglichst „kostengünstigen" Energieversorgung zu verorten sind[294].

Das damals im Vordergrund stehende politische Ziel der „sicheren" Energieversorgung brachte es mit sich, dass es in der Bundesrepublik Deutschland jahrzehntelang einen ‚Markt' im Energiesektor in seiner eigentlichen Bedeutung nicht gab. Vielmehr war der Energiesektor durch den politischen Willen aufgeteilt in Gebiets- und Versorgungsmonopole.

Gröner führte dann weiter aus, dass es erst durch die Vorgaben der EU in den 1990er Jahren zu energiepolitischen Reformen in Deutschland kam,

---

[293] Siehe Erhard, Ludwig: Im Streitgespräch mit Erik Nölting. Kundgebung der SPD im Zirkus Althoff, Frankfurt a. M., 14. November 1948; in: ders.: Gedanken aus fünf Jahrzehnten. Reden und Schriften. Düsseldorf 1988, S. 166-181.

[294] Siehe Gröner, Helmut: Die Energiepolitik im ordnungspolitischen Zwiespalt; in: ORDO, Jahrbuch für die Ordnung von Wirtschaft und Gesellschaft, Band 48. Stuttgart 1997.

die jenes Spannungsverhältnis zwar nicht auflösten, jedoch auf den Strom- und Energiemärkten Liberalisierungen einläuteten, die immerhin dafür sorgten, dass zumindest die Anfänge eines sich bildenden ‚Marktes' im Energiesektor sichtbar wurden und in der bundesdeutschen Energiewirtschaft eine leichte Brise von beginnendem Wettbewerb zu spüren war[295].

Das bilden eines ‚Marktes' im Energiesektor wurde, seit bundesdeutsche Regierungen die so genannte ‚Energiewende' zu einem ‚Top-Ten-Staatsziel' erhoben, jedoch bald unterdrückt und in wichtigen Teilen erstickt. Die ‚Energiewende' bedeutet, es fließen ungeheure Summen von Subventionen in die Erzeugung des so genannten ‚Öko-Sroms'. Diese Subventionen sind auf der Jahresstromrechnung im Kleingedruckten aufgelistet und werden dadurch vom Endverbraucher finanziert. Erhält ein Haushalt bspw. eine Jahresstromrechnung in Höhe von 1.200 €, dann sind darin neben dem eigentlichen Strompreis weit über 800 € an Stromsteuern, Abgaben und Umlagen (bspw. die EEG-Umlage zur Subventionierung des ‚Öko-Stroms') enthalten – und auf alle diese Punkte wird Mehrwertwertsteuer erhoben, sprich: Auch die Steuern (Stromsteuern) hat der Verbraucher zu versteuern. Der Anteil des ins Stromnetz eingespeisten ‚Öko-Strom' stieg jahrelang ausdauernd an, so dass sich für den Verbraucher die absurde Situation ergab, dass die Stromrechnung jedes Jahr höher war, selbst bei individuell abgesenktem Verbrauch, da ein höherer Anteil an ‚Öko-Strom' zu finanzieren war.

---

[295] Siehe Gröner, Helmut: Die Energiepolitik im ordnungspolitischen Zwiespalt; in: ORDO, Jahrbuch für die Ordnung von Wirtschaft und Gesellschaft, Band 48. Stuttgart 1997.

Flankiert durch einige EU-Richtlinien und EU-Leitlinien wird durch die bundesdeutsche Politik das Geschäftsmodell des IPCC (Weltklimarat der UNO) mit Macht vorangetrieben – so sehr, dass wichtige Teile des bundesdeutschen Energiesektors nicht mehr als ,Markt' zu bezeichnen sind. Das Geschäftsmodell des Weltklimarats wurde von Ottmar Edenhofer in einem Interview mit der NZZ klar definiert[296]:

> *„Aber man muss klar sagen: Wir verteilen durch die Klimapolitik de facto das Weltvermögen um. Dass die Besitzer von Kohle und Öl davon nicht begeistert sind, liegt auf der Hand. Man muss sich von der Illusion freimachen, dass internationale Klimapolitik Umweltpolitik ist. Das hat mit Umweltpolitik, mit Problemen wie Waldsterben oder Ozonloch, fast nichts mehr zu tun."*

Als Chefökonom am Potsdamer Institut für Klimafolgenforschung (PIK) gehört Edenhofer zu den Nutznießern des Geschäftsmodells. Es verwundert, dass er das Geschäftsmodell so ehrlich benannte; denn das Geschäftsmodell des IPCC's – und damit auch die bundesdeutsche Energiewende – ist eine anmaßende Planwirtschaft sondergleichen, mit dem Alibi Klimaschutz, um ohne Gegenleistung das Geld anderer Leute zu vereinnahmen[297]. Zudem ist dadurch auch das oben genannte

---

[296] Siehe NZZ am Sonntag: «Klimapolitik verteilt das Weltvermögen neu»; https://www.nzz.ch/klimapolitik_verteilt_das_weltvermoegen_neu-1.8373227).

[297] So wurde bspw. das Co2-Monetoring der EU, welches die am EU-Emissionsrechtehandel teilnehmenden Unternehmen zu Emissionsberichten verpflichtet, die zu überwachen und jährlich zu zertifizieren sind, stetig modifiziert, weil die Einnahmen hinter den finanzpolitischen Erwartungen der Politiker zurückblieben. Die theoretischen Grundlagen für solche Konstruktionen sind zu finden bei John Harkness Dales, der in einer Weiterentwicklung des Coase-Theorems vorschlug, einen Markt für Verschmutzungsrechte einzurichten, die Regierungen sollen eine konkrete Obergrenze der Gesamtemission als Umweltziel direkt vorgeben. Siehe Dales, John

Spannungsfeld, der Spagat zwischen einer „sicheren" und einer „kostengünstigen" Strom- und Energieversorgung, durch die Energiewende obsolet geworden: Strom- und Energieversorgung sind weder sicher noch kostengünstig[298]!

Harkness Dales: Pollution, Property and Prices. Toronto 1970, Neuauflage Camberley, UK und Northampton, Massachusetts 2002 in Verbindung mit Coase, Ronald H.: The Problem of Social Cost; in: Journal of Law and Economics, Oktober 1960.

[298] Dass die Versorgungssicherheit und das Kostengünstige durch die „Öko-Stromanlagen" nicht gewährleistet werden kann, dies zeigten Limburg und Müller konsequent, siehe Limburg, Michael / Mueller, Fred F.: Strom ist nicht gleich Strom: Warum die Energiewende nicht gelingen kann. Jena 2015.

Ergänzend dazu ist das Interview von Harald Schwarz zu empfehlen, siehe Schwarz, Harald: Lausitz Magazin-Interview: Prof. Harald Schwarz zur Stromversorgung; https://www.hayek-verein-dresden.de/aktuell-einzelanzeige/lausitz-magazin-interview-prof-harald-schwarz-zur-stromversorgung.html.

Auf weitere Ausführungen zur Energiepolitik wird hier verzichtet, weil es ansonsten zu viele Redundanzen mit dem folgenden Gliederungspunkt IV. 3) i) geben würde. Verwiesen sei hier auf die Aufsatzsammlung von Hentrich, Steffen / Krahmer, Holger (Hg.): Realitätscheck für den Klimaschutz. Potsdam 2011 und die empfehlenswerte Analyse von Lüdecke, Horst-Joachim: Energie und Klima. Chancen, Risiken, Mythen. Renningen 2018, 3. Auflage.

Zu empfehlen sind die immer aktuell gehaltenen Artikel bei EIKE – Europäisches Instiut für Klima und Energie; https://www.eike-klima-energie.eu/. Wer die Artikel auf den Seiten von EIKE regelmäßig verfolgt, wird feststellen, dass die deutsche Energiepolitik ausgesprochen ‚marktfeindlich' ist und diese ‚Marktfeindlichkeit' kontinuierlich verschärft wird.

i) Umwelt

„Als es noch keine Umwelt gab, war auch die Natur gesünder."

– MARTIN GERHARD REISENBERG

Verschiedene Historiker sehen die Wurzeln der Umweltbewegung schon in der napoleonischen Zeit verankert, andere Historiker meinen, dass die Wurzeln in der deutschen Romantik zu suchen sind und in konservativen Zirkeln gepflegt wurden, mit einem Hang zur Idylle von Wald, Feld und Flur[299] – und Elias Canetti schrieb in seinem philosophischen Hauptwerk „Masse und Macht", dass das Massensymbol der Deutschen der „Wald" ist[300].

Akzeptiert man diese Annahmen, dann ist es leicht nachzuempfinden, warum in Deutschland die Umweltbewegung einen fruchtbaren Boden fand, so dass es ist nicht erstaunlich ist, dass zu den Pionieren der politischen Ökologiebewegung in der zweiten Hälfte 1970er Jahren ein romantisch-völkisch-esoterischer Landwirt wie Baldur Springmann und ein wertkonservativer Ex-CDU-Bundestagsabgeordneter wie Herbert Gruhl zählten. Grüne Listen zogen bei Kommunalwahlen in Kreistage ein, errangen 1979 mit 3,2% der Wählerstimmen einen Achtungserfolg bei der Wahl zum ,Europäischen Parlament' und schafften in Bremen durch den Sprung in die Bürgerschaft den Einzug ins erste Landesparlament. Der politische Arm der Ökologiebewegung hatte damit bewiesen, dass er als Partei organisiert das Potential hatte auch in den Bundestag einzuziehen, dies gelang 1983. ,Kulturmarxistische' und altkommunistische Kader der

---

[299] Siehe die Verweise und Quellen bei Wey, Klaus-Georg: Umweltpolitik in Deutschland. Kurze Geschichte des Umweltschutzes in Deutschland seit 1900. Opladen 1982.
[300] Siehe Canetti, Elias: Masse und Macht. Frankfurt/M. 1981.

1968er Studentenrevolution erkannten die Chancen via Ökologiebewegung endlich ‚Futterplätze' an den begehrten ‚Fleischtöpfen' der Parlamente mit Teilhabe an der Macht zu ergattern und enterten erfolgreich etliche Führungspositionen in der Partei der ‚Grünen' – bspw. übernahm die linksradikale „Putztruppe" um Daniel Cohn-Bendit und Joschka Fischer sozusagen die hessischen „Grünen". Die Romantiker und Konservativen wurden durch Altkommunisten und ‚Kulturmarxisten' zügig entmachtet und gegebenenfalls auch aus der Partei gedrängt[301]. Seither werden alte und neue ‚kulturmarxistische' und sozialistisch-kommunistische Themen ‚grün verpackt' und via Medien[302] als ‚veröffentlichte Meinung' unter das Volk gebracht und zur ‚öffentlichen Meinung' gedreht.

---

[301] Siehe Mann, Torsten: Rote Lügen in grünem Gewand: Der kommunistische Hintergrund der Öko-Bewegung. Rottenburg 2009.

[302] Siehe Maxeiner, Dirk: Hurra, wir retten die Welt! Aktualisierte Ausgabe. Wie Politik und Medien mit der Klimaforschung umspringen. Berlin 2010.

„Falls Gott die Welt geschaffen hat,

war seine Hauptsorge sicher nicht,

sie so zu machen, dass wir sie verstehen können"

– ALBERT EINSTEIN

Zu den Mythen, welche die Ökologisten seit Jahrzehnten verbreiten, gehört auch die Behauptung, dass Ökologie und Ökonomie Gegensätze sind, sich feindlich gegenüberstehen. Doch, mehr oder weniger das Gegenteil ist richtig – Ökologie und Ökonomie sind keineswegs Gegensätze, sondern haben letztendlich ein gemeinsames Ziel[303]:

> *„Den rationellen und sparsamen Umgang mit sämtlichen vorhandenen Ressourcen".*

Also, nicht nur zufällig ist das alt-griechische Wort für Haus die gemeinsame Wurzel von Ökonomie (oikonomia für alt-griechisch ‚Verwaltung eines Hauses', von oikos = ‚Haus, Haushalt' plus nemein = ‚verwalten', bzw. nomia = ‚Gesetz') und Ökologie (von alt-griechisch oikos = ‚Haus, Haushalt' plus logos = ‚Lehre', also ‚Lehre vom Haushalt').

Es wäre folglich ein Leichtes gewesen, die Umweltpolitik in das langfristige Denken der Ordnungspolitik einzubinden. Leider geschah dies – trotz ordnungspolitischer Ratschläge – nicht[304]. Statt

---

[303] Siehe Milz, Hubert: Notizen zur Energiepolitik;
http://www.misesde.org/wp-content/uploads/2013/08/Notizen-zur-Energiepolitik.pdf.

[304] Siehe bspw. Schatz, Klaus-Werner: Neue Wege im Umweltschutz; in: Giersch, Herbert (Hg.): Wie es zu schaffen ist. Agenda für die deutsche Wirtschaftspolitik. Stuttgart 1985, 3. Auflage, S. 232-253 und Knorr, Andreas: Die Entwicklung der Umweltpolitik aus ordnungspolitischer Sicht; in: ORDO, Jahrbuch für die Ordnung von Wirtschaft und

ordnungspolitisch mit einer langfristigen angelegten Umweltpolitik offensiv zu agieren, reagierten die maßgeblichen Politiker nur defensiv auf die Verzerrungen und Verdrehungen des ursprünglichen Sinns von ‚Ökonomie und Ökologie' durch die Ökologisten und deren Mitstreiter in den Medien. Ob Smog, saurer Regen, Waldsterben oder Ozonloch, die Ökologisten kreierten und kreieren öffentlich wirksam, trotz nachgewiesener Falschmeldungen oder Verzerrungen der realen Fakten, durch die Unterstützung der Medien ein Katastrophenszenario nach dem nächsten[305] – Katastrophen, die schließlich nicht eintraten[306].

Die globale Erwärmung der Erde ist ein weiteres Katastrophenthema der Ökologisten, bei welchem sie Verstärkung durch den 1988 gegründeten IPCC der UNO erhalten. Im Auftrag vom IPCC werden regelmäßig wissenschaftliche Sachstandsberichte – auch umgangssprachlich ‚Klimabibeln' genannt – bezüglich der Erderwärmung erstellt, die fünfte ‚Klimabibel' erschien 2013. Gemäß der IPCC-Propaganda werden die ‚Klimabibeln' unter anderem von den weltweit besten Wissenschaftlern der den ‚Klimabibeln' zugrunde liegenden Disziplinen erstellt und alle verwendeten Quellen würden das Siegel „Peer-Review" tragen. Was von

---

Gesellschaft, Band 48. Stuttgart 1997, S. 363-381.

[305] Eine kleine Chronik über die teilweise geradezu hysterischen Artikel der deutschen Führungsmedien in den 1980er Jahren zum Waldsterben erstellte Michael Miersch, siehe Miersch, Michael: Apocalypse – Maybe Later; in: Schweizer Monat, Ausgabe 1071, November 2019; https://schweizermonat.ch/apocalypse-maybe-later/.

[306] Siehe Demmler, Horst: Wider den grünen Wahn: Eine Streitschrift. Jena 2015.

Demmler zeigte bspw. auch das ‚grüne' Hetzen gegen Genmedizin und Biotechnik und den damit verbundenen verheerenden Einfluss der weltweit operierenden Öko-Lobby auf die Weltgesundheitsorganisation (WHO), nebst weiterer erschreckender Punkte. Zum weiten Themenfeld der Vorverurteilungen der Biotechnik siehe auch die Vorträge beim ECAEF – 15. Internationalen Gottfried-von-Haberler-Konferenz in Vaduz; https://ecaef.org/haberler-conference/gottfried-von-haberler-conference-2019/.

dieser Propaganda zu halten ist, legte bspw. die kanadische Journalistin Donna Laframboise offen: Nicht viel, eine Unmenge der Quellen der ‚Klimabibeln' verfügen nicht über das Siegel „Peer-Review" und die Behauptung nur die weltweite ‚Crème de la Crème' der Wissenschaft arbeite für die ‚Klimabibeln' ist schlicht und einfach unwahr. Bestätigung findet die Recherche Laframboises durch Aussagen von Wissenschaftlern vor Parlamentsausschüssen oder anderen Politikbefragungen, wo sogar angemerkt wurde, dass an den ‚Klimabibeln' keineswegs Experten am Werk waren, sondern schlicht und einfach Amateure[307].

Nichtsdestotrotz, die ‚Klimabibeln' sind weltweit Grundlage für die Regierungen, um – siehe oben im Gliederungspunkt ‚Strom und Energie' – das IPCC-Geschäftsmodell in den eigenen Ländern umzusetzen[308]. Die beiden ersten ‚Klimabibeln' von 1990 und 1995 bildeten die Grundlage für das Kyoto-Protokoll, das mehr als 190 Staaten ratifiziert haben und bspw. die Basis für den EU-Emissionshandel und dessen finanzpolitische Ziele – die Armen noch ärmer zu machen[309] – ist. Die Umweltpolitik ist, zum

---

[307] Siehe Laframboise, Donna: Von einem Jugendstraftäter, der mit dem besten Klimaexperten der Welt verwechselt wurde. Jena 2017, 2. Auflage.
Siehe zudem auch Singer, S. Fred: Falsche Klimaprognosen. Langzeitbeobachtungen des Klimas und Klimamodelle des IPCC im Vergleich. Jena 2011.

[308] Siehe hierzu auch Walter E. Williams, der in einem Artikel auf die Unmenge der Unwahrheiten hinwies. Williams berief sich dabei auf eine Vielzahl tatsächlicher Fachwissenschaftler, die – bezüglich Meeresspiegel, Waldbrände, Wirbelstürme und vieles mehr – die Unehrlichkeit des ökologistischen IPCC und ihrer weltweiten Zuträger und Helfer bloßstellen. Williams machte klar, dass das Motiv beim IPCC & Co. keineswegs der Umweltschutz ist, sondern hinter der Fassade Umweltschutz lauere das tatsächliche Motiv: Nämlich tief verwurzelter Antikapitalismus und grundsätzliche Marktfeindschaft, Williams, Walter E.: Scientists: Dishonest or Afraid?; https://www.lewrockwell.com/2019/11/walter-e-williams/scientists-dishonest-or-afraid/.

[309] Zu diesem Ergebnis kommt man mit der Art von Analyse, die Bertrand de Jouvenel schon 1952 bezüglich staatlicher Maßnahmen anwandte. Jouvenel machte damals schon

Schaudern der Idealisten in der Umweltbewegung, zu einer Branche geworden, die für die involvierten Branchenpartner ein staatlich gefördertes, lukratives Geschäft auf Kosten aller übrigen, insbesondere der Armen, geworden ist[310].

Die Propaganda der weltweiten Öko-Lobby – von IPCC & Co., bundesdeutschen Ökologisten und so fort – trommelt seit etlichen Jahren unentwegt, dass die Erderwärmung originär durch den Menschen – vorzugsweise dem kapitalistischen Menschen – verursacht ist. Hierüber würde wissenschaftlicher Konsens bestehen, 97% der Wissenschaftler wären dieser Ansicht – das Bundesumweltministerium der SPD-Ministerin Svenja Schulze behauptete im Sommer 2019 sogar 99,94% aller Wissenschaftler[311]. Nur, diese Behauptungen – 97% und 99,94% – sind schlicht falsch. Das Umweltministerium berief sich auf eine Meta-Studie James Powells, der jedoch nachgewiesenermaßen wissenschaftlich unsauber und unzulässig arbeitete[312]. Die Behauptung der 97% stützt sich

---

klar, wie die Macht und die Rechte vom Individuum zu den politisch Mächtigen verschoben werden, die Handlungsspielräume des Individuums zum Vorteil und Nutzen des Staates eingeschränkt werden, siehe Jouvenel, Bertrand de: Die Ethik der Umverteilung. München 2012.

Ergänzend siehe Thüne, Wolfgang: Propheten im Kampf um den Klimathron. Wie mit Ängsten um Geld und Macht gekämpft wird. Oppenheim 2011 und Bok, Wolfgang: Wie sich mit der Klima-Angst Milliarden scheffeln lassen; https://austrian-institute.org/de/blog/wie-sich-mit-der-klima-angst-milliarden-scheffeln-lassen/.

[310] Siehe Lachmann, Werner: Wirtschaft und Ethik. Maßstäbe wirtschaftlichen Handelns aus biblischer und ökonomischer Sicht. Berlin 2006.

[311] Siehe Deutscher Bundestag, Pressestelle: Anthropogener Klimawandel unbestritten, Kurzmeldung vom 29.08.2019; https://www.bundestag.de/presse/hib/655774-655774.

[312] Siehe zu Powells unsauberen Kriterien bspw. Skeptical Science: James Powell is wrong about the 99.99% AGW consensus; https://skepticalscience.com/Powell.html.

auf einen Bericht von John Cook[313], der sich längst als haltlos erwiesen hat. Robert P. Murphy fächerte kurz auf, was es mit den 97% des Cook-Artikels auf sich hat, nämlich das in zwei Drittel der Publikationen, die der Cook-Artikel für seine 97% vereinnahmte, keine Aussage dazu gemacht wird, ob die Erderwärmung ursächlich menschengemacht ist[314].

Den Zeitgenossen, die in Gesprächen und Diskussionen zu diesem Thema behaupten, dass das Schweigen der Wissenschaftler doch Zustimmung bedeute, denen sei vermittelt: Schweigen ist keine Zustimmung. Schweigen deutet vielleicht an, dass Wissenschaftler sich noch kein endgültiges Bild gemacht haben. Schweigen kann auch aus äußeren Druck resultieren, so merkte Laframboise bspw. an, dass ein Antarktisforscher die menschengemachte Erderwärmung öffentlich bezweifelte. Da dieser Wissenschaftler seine Forschungsvorhaben nur mit öffentlichen Forschungsgeldern durchführen konnte, wurde ihm schnell beigebracht, dass er derartige Äußerungen doch zukünftig in der Öffentlichkeit zu unterlassen habe[315]. Außerdem, wenn das Schweigen Zustimmung bedeuten würde, dann müsste bspw. jede Werbewurfsendung akkurat zur Kenntnis genommen werden, da ‚Schweigen ist Zustimmung' eine Unzahl

[313] Siehe Cook, John et al.: Quantifying the consensus on anthropogenic global warming in the scientific literature; in: Environmental Research Letters, Volume 8, Number 2; https://iopscience.iop.org/article/10.1088/1748-9326/8/2/024024.

[314] Siehe Murphy, Robert P.: Klimawandel: Die falsche Behauptung vom „97-Prozent-Konsens"; https://www.misesde.org/2019/11/klimawandel-die-falsche-behauptung-vom-97-prozent-konsens/. Siehe auch die Artikel von Friedman und Henderson, die Murphy besonders hervorhebt, Friedman, David: A Climate Falsehood You Can Check for Yourself; http://daviddfriedman.blogspot.com/2014/02/a-climate-falsehood-you-can-check-for.html und Henderson, David: David Friedman on the 97% Consensus on Global Warming; https://www.econlib.org/archives/2014/02/david_friedman_14.html.

[315] Siehe Laframboise, Donna: Von einem Jugendstraftäter, der mit dem besten Klimaexperten der Welt verwechselt wurde. Jena 2017, 2. Auflage.

gemeiner Geschäftsmodelle kreieren würde, die den Empfänger einer Werbewurfsendung bei unachtsamen Schweigen unmittelbar in die Pleite treiben würde.

Doch, selbst wenn die Behauptungen der 97% oder 99,94% zutreffend wären, würden diese belanglos sein. Zu der Zeit von Galileo Galilei waren auch 97% der Wissenschaftler anderer Meinung als Galileo und es gab sogar einmal eine Zeit, da waren fast 100% aller Wissenschaftler der Meinung, dass es Hexen gibt und diese müssten verbrannt werden. Soviel zum Konsens der Wissenschaft, die nicht vom Konsens, sondern vom prickelnden Widerspruch der Meinungen lebt. Daraus resultierte und resultiert der Fortschritt der Wissenschaft – und je mehr die Wissenschaftler an Wissen generieren, umso mehr Felder des Nichtwissens eröffnen sich ihnen[316].

Manche werden nun einwenden wollen, dass doch in den deutschen Leitmedien kaum etwas anderes als der so genannte ‚Konsens' zum Thema Umwelt- und Klimapolitik zu vernehmen ist. Wenn überhaupt, dann würden abweichende Meinungen herablassend und spöttisch behandelt[317]. Richtig, weil der Spötter sonst mit dem Verspotteten um den

---

[316] Eine Art von Dokumentation zum IPCC-Geschäftsmodell und den Wissenschaftlern, die eine eigene Meinung vertreten, sich also dem IPCC der UNO nicht bedingungslos unterworfen haben, erstellte Michael Hesemann. Die Dokumentation plakatiert unter anderm die Falschmeldungen, die dem Nutzen von IPCC & Co. dienen. Außerdem wird ein guter Überblick zu den Gegenmeinungen – direkt mit zu den Quellen führenden Links – geboten. Hesemann, Michael: Das Gespenst des Klimawandels und wem es nutzt; https://www.freiewelt.net/nachricht/das-gespenst-des-klimawandels-und-wem-es-nutzt-10079016/. Hesemanns Dokumentation symbolisiert Poppers Wissenschaftsbegriff im besten Sinne, Popper, Karl Raimund: Logik der Forschung Tübingen 1984, 8 Auflage.

[317] Siehe Maxeiner, Dirk: Hurra, wir retten die Welt! Aktualisierte Ausgabe. Wie Politik und Medien mit der Klimaforschung umspringen. Berlin 2010.

Wert der besseren Argumente zu streiten hätte. Es ist jedenfalls nicht verwunderlich, dass in den deutschen Medien der angebliche ‚Konsens' vorherrscht, da Studien immer wieder offenlegen, dass die Mehrheit der deutschen Journalisten politisch links von der Mitte als ‚rot-grün' zu verorten ist, woraus in der Regel das Akzeptieren des angeblichen ‚Konsens' beim Thema Umwelt- und Klimapolitik folgt[318].

Nun, vielleicht werden nun Kenner der deutschen Medienlandschaft einwenden wollen, dass doch auch der Medienkonzern der SPD – die ‚Deutsche Druck- und Verlagsgesellschaft mbH' (DDVG)[319] – den Andersdenkenden und den Abweichlern keine Plattform bot und bietet, um die andere Meinung positionieren zu können. Dies sei doch, falls die abweichenden Meinungen wissenschaftlich fundiert sind, naheliegend, da die SPD die Partei der Arbeiter sein will, ebenso wie die Gewerkschaftsführer in ihren Reihen, deren Klientel doch auch die Beschäftigen sein sollen. Immerhin bedrohe doch die treibende Ideologie hinter dem IPCC-Modell spätestens seit dem Kyoto-Protokoll von 1997 reichlich Arbeitsplätze in traditionell gewerkschaftlich gut organisierten Branchen.

Solche Einwände und Fragen sind berechtigt, vor allem, weil die Printmedien – auch die SPD-Zeitungen – in den 1990er Jahren höhere Auflagen als heutzutage verzeichneten und folglich damals größere Chancen zur Verbreitung des Aufbaus wissenschaftlich begründeter Gegenmeinungen zeitigten als heutzutage. Antworten, warum dies nicht

---

[318] Siehe Rasch, Michael: Das Herz des deutschen Journalisten schlägt links; https://www.nzz.ch/international/das-herz-des-deutschen-journalisten-schlaegt-links-ld.1434890.

[319] Siehe Deutsche Wikipedia (de.wikipedia.org): Artikel – Deutsche Druck- und Verlagsgesellschaft, (abgerufen und gesichert im Mai 2020).

versucht wurde, sind rein spekulativ. Ein paar Beispiele, aus denen jedoch jeder seine eigenen Fragen ableiten kann, nebst den eventuell daraus sprießenden Spekulationen. Frank Bsirske und Michael Vassiliadis sind oder waren beide hohe Funktionäre der Gewerkschaften, deren Einkommen aus den Mitgliedsbeiträgen der gewerkschaftlich Organisierten stammt. Frank Bsirske war bis 2019 der Vorsitzende der Gewerkschaft ver.di, zu seiner Klientel zählten somit auch die Beschäftigten der Kraftwerke, die direkt vom IPCC-Geschäftsmodell bedroht sind. Frank Bsirske war oder ist auch mit den ‚Grünen' verbunden, so war er z. B. 1987 deren Fraktionsmitarbeiter im Stadtrat Hannover. Das SPD-Mitglied Michael Vassiliadis steht als Vorsitzender der IG BCE direkt an der Front des IPCC-Geschäftsmodells, da seine Gewerkschaft gleich die Beschäftigten mehrerer Branchen vertritt, die unter dem IPCC-Modell zu leiden haben. Die Lebensgefährtin von Vassiliadis ist Yasmin Fahimi, eine ehemalige Generalsekretärin der SPD und ehemalige Staatssekretärin, die die treibende Ideologie hinter dem IPCC-Modell bejaht und daher die deutsche Modell-Variante – die Energiewende – für gut erachtet[320].

---

[320] Siehe Deutsche Wikipedia (de.wikipedia.org): Artikel – Frank Bsirske; Yasmin Fahimi; Michael Vassiliadis (abgerufen im Mai 2020).

ib) Umweltschutz als Antikapitalismus

> *„Die Natur betrügt uns nie.*
> *Wir sind es immer, die wir uns selbst betrügen."*
> – JEAN-JACQUES ROUSSEAU

Wie Williams' Analyse offenlegte, tangiert das IPCC-Geschäftsmodell der UNO den Umweltschutz nur am Rande und beruht grundsätzlich auf einer marktfeindlichen und antikapitalistischen Ideologie[321], was ein NZZ-Interview mit Ottmar Edenhofer, Chefökonom am PIK und Nutznießer des IPCC-Geschäftsmodells, ebenfalls deutlich machte[322]. Schon zur Frühzeit der bundesdeutschen Umweltbewegung war diese antikapitalistisch und marktfeindlich eingenordet, schon durch die weiter oben genannten romantischen und konservativen Gründungsfiguren, keineswegs erst durch die altkommunistischen Kader, die Führungspostionen der grünen Partei eroberten. Von Beginn an galten Kapitalismus und Marktwirtschaft als Erzfeinde der Ökologie. Idyllische Umweltparadiese sollten durch die Überwindung von Kapitalismus und Marktwirtschaft entstehen; zu erreichen sei dies nur durch die etatistische Direktive – sozialistische Planwirtschaft, nur grün verpackt[323]!

Als 1989 der Ostblock, also der real existierende Sozialismus zusammenbrach, wurden die Umweltverwüstungen im Ostblock deutlich.

---

[321] Siehe Williams, Walter E.: Scientists: Dishonest or Afraid?; https://www.lewrockwell.com/2019/11/walter-e-williams/scientists-dishonest-or-afraid/.

[322] Siehe das Zitat zur Fußnote 296, welches das Geschäftsmodell der Umverteilung von unten nach oben deutlich ausspricht.

[323] Siehe Gärtner, Edgar L.: Öko-Nihilismus. Eine Kritik der politischen Ökologie. Jena 2007 und Mann, Torsten: Rote Lügen in grünem Gewand: Der kommunistische Hintergrund der Öko-Bewegung. Rottenburg 2009.

Die Umweltpolitik im ,sozialistischen Paradies' des Ostblocks hinterließ vielerorts geradezu Mondlandschaften. Im Vergleich dazu wirkte die Umwelt in der ,kapitalistischen Hölle' des Westblocks tatsächlich geradezu paradiesisch[324]. Eben, ,Ökonomie und Ökologie' ergänzen sich und – siehe oben – sind keine Gegensätze. Dass dem so ist, wurde schon 1981 in der Kasseler Dissertation von Gabriele Knödgen deutlich. In ihrer empirischen Arbeit wurde schlüssig dargestellt wie die Unternehmen viele Umweltmaßnahmen von sich aus durchführen. Und dies umso eher, wenn es sich um Maßnahmen handelt, die bei der laufenden Erneuerung und Modernisierung des Kapitalstocks durch den technischen Fortschritt sowieso anstehen – und dies ohne durch gesetzliche Vorgaben dazu gedrängt zu werden. So hinkten damals z. B. die gesetzlichen Emissionsrichtlinien oder Wasserschutzgrenzwerte dem Stand der Technik regelmäßig hinterher, so dass Unternehmer schon längst standardmäßig die umweltschonenden Verfahren einsetzten, bevor die Behörden überhaupt registrierten, dass ihre Richtlinien und Grenzwerte schon längst zum alten Eisen zählten[325]. Oder anders ausgedrückt, im Zeitrahmen der Untersuchung Knödgens war eine ordnungspolitische Rahmensetzung speziell zur Umweltpolitik kaum erkennbar, trotzdem erzwangen die marktwirtschaftlichen Ordnungskräfte aus sich heraus den schonenden, sparsamen und rationalen Umgang der Industrieunternehmen mit der Natur.

Ressentiments und Ängste bezüglich Kernenergie waren seit Beginn der zeitgenössischen deutschen Umweltbewegung ein wichtiges Standbein

---

[324] Siehe o. V.: Mythos: „Die DDR trat konsequent für Umweltschutz ein"; https://www.kas.de/de/web/ddr-mythos-und-wirklichkeit/umweltschutz.

[325] Siehe Knödgen, Gabriele: Umweltschutz und industrielle Standortentscheidung. Frankfurt/M. 1982.

des politischen Arms der Ökologisten. Am 11.03.2011 verursachten Erd- und Seebeben im japanischen Fukushima eine Reihe von Unfällen und Störfällen im dortigen Kernkraftwerk. Anschließend, wie die unmittelbar nach den Störfällen massenhaft einsetzenden Antiatomdemonstrationen erkennen ließen, befanden sich damals große Teile Deutschlands im Fukushima-Fieber. Der baden-württembergische Landtagswahlkampf war nun die hohe Zeit der fundamentalistischen Umweltaktivisten – und die Grünen stellen dort im Gefolge von Fukushima seit Mai 2011 den Ministerpräsidenten. Diesen Erfolg konnten die Grünen 2013 auf Bundesebene nicht wiederholen, da die CDU-Bundeskanzlerin Merkel das zentrale Grünenthema „Atomkraft? Nein danke" an sich riss und das endgültige Ende der Kernenergie in Deutschland besiegelte.

Kanzlerin Merkel zog damals einen geschickten Coup durch, geschah dies aus wahltaktischem Opportunismus heraus oder vielleicht sogar aus Überzeugung? Auch hier sind eventuelle Antworten rein spekulativ. Trotzdem lohnt sich ein Blick in Merkels DDR-Vita, aus die jedermann gut begründete – aber eben doch nur spekulative – Schlüsse ziehen kann[326].

[326] Zu Biographien über Angela Merkel siehe bspw. Langguth, Gerd: Angela Merkel: Biographie. München 2005, Reuth, Ralf Georg/Lachmann, Günther: Das erste Leben der Angela M. München 2013 und Rohbohm, Hinrich: Merkels Maske: Kanzlerin einer anderen Republik. Berlin 2017.
Der verstorbene Politikwissenschaftler und ehemalige Leiter der „Bundeszentrale für politische Bildung" Gerd Langguth war der von Angela Merkel selbst erwählte Biograph. Trotzdem wird bei Langguth deutlich, dass Angela Merkel nicht, bzw. kaum bereit war Einblicke in das eigene ‚Ich' zu geben. Die beiden anderen Biographien sind eindeutig als gegen Merkel geschrieben einzuordnen.
Zehn Jahre nach dem Merkel-Coup aus 2011, der damals durch die Ethikkommission den Segen erhielt, erhob André Thess am 30.05.2021 schwere Vorwürfe bezüglich der damaligen Rolle der Ethikkommission beim Atomausstieg. Insbesondere richten sich die Vorwürfe an die Adresse Matthias Kleiners, derzeit Präsident der Leibniz-Gemeinschaft und damals Co-Vorsitzender der Ethikkommission und sieben weitere Wissenschaftler,

Geboren wurde Angela Merkel 1954 in Hamburg als ältestes Kind des evangelischen Pastors Horst Kasner – genannt der „rote Kasner". Kurze Zeit nach ihrer Geburt siedelte die Familie in die DDR über. Angela Dorothea Merkel, geb. Kasner war dort Mitglied einer Familie, die im DDR-System zu den Privilegierten zählte. Horst Kasner war kein bescheidener Pfarrer, der in die DDR versetzt wurde, Pastor Kasner ging freiwillig in die DDR, um den evangelischen Nachwuchs für die „Kirche im Sozialismus" zu formen. Er wurde ein wichtiger Mann der DDR-Kirchenpolitik, war Mitglied der von Moskau gesteuerten ‚Christlichen Friedenskonferenz' (CFK) und im von der Stasi gelenkten ‚Weißenseer Arbeitskreis' in exponierter Postion vertreten. Der Eindruck Langguths war, dass der dominante Pastor Kasner seine Tochter Angela Merkel entscheidend prägte, somit sollte ihre Karriere als FDJ-Sekretärin[327] – schon zur Schulzeit war sie stellvertretende FDJ-Sekretärin, später dann Vorsitzende der FDJ an der „Akademie der Wissenschaften der DDR" – niemanden überraschen. Im Wendeherbst 1989 wurde in der DDR der „Demokratische Aufbruch" gegründet, dessen Programm für Reformsozialismus und Öko-Sozialismus stand. Den „Demokratischen Aufbruch", den der KGB maßgeblich beeinflusst haben soll, führte der Stasi-Mitarbeiter Wolfgang Schnur. Dieser sozialistischen Partei trat Angela Merkel bei, da sie mit der CDU nichts zu tun haben wollte[328].

siehe Thess, André: Unabhängige Wissenschaft?; https://www.igte.uni-stuttgart.de/dokumente/dokumente_es/Thess/02_Offener_Brief.html.

[327] FDJ, die „Freie Deutsche Jugend" war in der DDR die kommunistische Jugendorganisation der SED.

[328] Merkels Aussage: „Mit der CDU will ich nichts zu tun haben" ist verbürgt, siehe als Beispiel unter vielen König, Ewald: "Mit der CDU will ich nichts zu tun haben"; in: DIE ZEIT Nr. 25/2015, 18. Juni 2015; https://www.zeit.de/2015/25/angela-merkel-cdu-geschichte.

Schnell stieg sie in der Hierarchie des „Demokratisches Aufbruchs" auf und wurde Pressesprecherin. Der „Demokratische Aufbruch" wurde von der DDR-CDU übernommen und diese wurde schließlich in die West-CDU eingegliedert. Da der „Demokratische Aufbruch", in den Merkel eintrat, eine öko-sozialistische Ausrichtung anpeilte, entstand nicht ohne Grund die Vermutung, dass Merkel 2011 den oben genannten Coup gegen die Grünen nicht nur aus wahltaktischen Gründen führte, sondern auch aus Überzeugung.

Wie auch immer, seither verfolgte Kanzlerin Merkel weitere ‚grüne Positionen' – nicht nur bei der Energie- und Umweltpolitik, wie bspw. ein Vergleich mit einer programmatischen Erklärung der ‚Grünen' aus dem Jahr 2013 zeigt[329]. Eindeutig und klar erklären die ‚Grünen', dass sie ein anderes Gemeinwesen anstreben. Hinter wohlfeilen, nett verpackten Formulierungen einer politischen Sprachverwirrung verbergen sich die Forderungen nach Verboten, nach Eliminierung essentieller Freiheitsgrade, nach dem betreuten Menschen und noch viel mehr[330] – letztendlich ist das angestrebte Ziel der ‚Sozialismus im grünen Gewand'.

Mittels einer Presselandschaft, die der weltweiten Grün-Lobby hilfreich zuarbeitet, werden derartige Pläne in der veröffentlichten und öffentlichen Meinung als erstrebenswert angesehen. Gezielt wurde durch die Medien auf internationaler Ebene im Sinne des IPCC-Geschäftsmodells eine

---

[329] Bündnis 90 Die GRÜNEN: FRAKTIONSBESCHLUSS » WEIMARER ERKLÄRUNG 2013, Neujahrsklausur, Weimar, 11. Januar 2013; PDF-Manuskript.

[330] Welche Blüten eine auf die Spitze getriebene ‚Sprachverwirrung' treiben kann – auch und besonders im Wissenschaftsbereich –, zeigte Boger gewürzt mit einem guten Schuss Humor und Ironie, siehe Boger, Horst Wolfgang: political correctness (PC) oder Die Verbesserung der Welt durch schöneres Denken und Sprechen; in: Boger, Horst Wolfgang (Hg.): Der Staat als Super Super Nanny. Berlin 2008, S. 12-35.

schwedische Schulschwänzerin zur ‚Umwelt-Klima-Ikone' aufgebaut. Der ‚Schulstreik' der Ikone wurde weltweites Leitbild für Millionen Kinder durch „Fridays-for-Future-Demonstrationen" – wie eigentlich nur in totalitären Systemen üblich werden millionenfach Schulkinder ideologisch missbraucht[331].

Mit Erfolg, auch in Deutschland agierte die Regierung nicht, sondern reagierte bspw. ad hoc mit ‚Klimapaketen', so dass nach dem Aus für die Kernenergie weitere Branchen – Kohle- und Autoindustrie – zum Abschuss freigeben sind. Sozialismus, auch und ganz besonders grüner Sozialismus, führt immer zu Armut, Not und Elend! Im Windschatten jener Kampagnen treiben die ‚Öko-Sozialisten' aller Parteien – auch die der Merkel-CDU – etliche ihrer Positionen kontinuierlich voran; so wurde selbstverständlich vorgeblich aus Gründen des Umwelt- und Klimaschutzes ebenfalls der Kampf gegen die Mobilität ausgeweitet[332]. Mobile Menschen sind freier, ist dies vielleicht der Grund, warum den ‚Öko-Sozialisten' die Mobilität ein Gräuel ist?

Dies alles geschieht unter dem Label ‚soziale Marktwirtschaft', so dass festzuhalten ist, dass ordoliberale CDU-Politiker wie Ludwig Erhard oder

---

[331] Aus der Vielzahl der Zeitungsartikel wurde ein bezeichnender ausgewählt, aus dem zu erkennen ist, dass die ideologische Instrumentalisierung der Kinder auch mitunter manchen Journalisten reichte, Debionne, Philippe: Klimastreik in Berlin: Wie Schüler unter Druck gesetzt werden – ein Kommentar; https://www.berliner-zeitung.de/mensch-metropole/klimastreik-in-berlin-wie-schueler-unter-druck-gesetzt-werden-ein-kommentar-li.11144.

[332] Zwei Beispiele, ausgewählt aus einer Vielzahl von Presseartikeln, o. V.: Nur noch dreimal im Jahr fliegen?; https://www.tagesspiegel.de/politik/klimaschutz-nur-noch-dreimal-im-jahr-fliegen/24090010.html und Reineke, Ralf: Straßenverkehr + Radverkehr: Verkehr der Zukunft; https://archiv.berliner-verkehr.de/2018/06/02/strassenverkehr-radverkehr-verkehr-der-zukunft-wir-sollten-auf-das-auto-als-eigentum-verzichten-aus-rbb24-de/.

Franz Böhm, die nach 1945 in Westdeutschland ein freies und gutes Gemeinwesen auf den Weg bringen wollten, in welchem die Menschen frank und frei ihre eigenen, individuellen Lebenspläne verfolgen dürfen, können und sollen, heute in der Merkel-CDU keine Chancen haben würden. Wahrscheinlich würden ein Erhard und ein Böhm heutzutage als Ewiggestrige und vielleicht sogar als Rechtspopulisten verunglimpft werden.

j) Wohnungswirtschaft

„Wie Menschen denken und leben, so bauen und wohnen sie."

– JOHANN GOTTFRIED VON HERDER

Die durch die Zerstörungen des Krieges bedingte Wohnungsnot durch den staatlicherseits geförderten Wohnungsbau zu beheben, war für Erhard eine „soziale" – jedoch nur eine temporäre – Kernaufgabe[333] des Staates. Sobald diese Aufgabe erfüllt war, sollte die Politik die Wohnungswirtschaft vorrangig nur noch ordnungspolitisch begleiten.

Dies geschah nicht, wie Walter Hamm korrekt vermerkte – und Michael von Prollius schrieb in seinem ehemaligen Blog „forum-ordnungspolitik" etwas süffisant,

> *„dass in 2009 für Wohnungsvermietung 9,7 Mrd. Euro an Subventionen zur Verfügung standen – man könnte glauben, die Kriegsschäden seien behoben, dies sei wohl eher nicht der Fall."*

Hamm hielt fest, dass der etwas komplexe Wohnungsmarkt, weil gut 60% der Wähler zur Miete wohnen, stets und ständig ein Lieblingsspielfeld der politischen Akteure war. Einen tatsächlichen ‚Wohnungsmarkt' hat es nicht gegeben – vielmehr wuchs ein schier undurchdringliches, kompliziertes Gestrüpp staatlicher Interventionen heran[334].

---

[333] Siehe Erhard, Ludwig: Im Streitgespräch mit Erik Nölting. Kundgebung der SPD im Zirkus Althoff, Frankfurt a. M., 14. November 1948; in: ders.: Gedanken aus fünf Jahrzehnten. Reden und Schriften. Düsseldorf 1988, S. 166-181.

[334] Siehe Hamm, Walter: Das Elend der Wohnungspolitik; in: ORDO, Jahrbuch für die Ordnung von Wirtschaft und Gesellschaft, Band 48. Stuttgart 1997, S. 309-326.

Jemand mag nun einwenden, dass durch die „rot-grüne"
Bundesregierung (1998-2005) das Gestrüpp der Interventionen am
Wohnungsmarkt bereinigt worden ist[335]. Alle vier Instrumente der
Wohnungsmarktpolitik – Mietrecht, Wohneigentumsförderung, sozialer
Wohnungsbau und Wohngeld – wären doch in jenen Tagen geschliffen,
entrümpelt und modernisiert worden. Außerdem habe der Staat sich nicht
nur aus dem „sozialem Wohnungsbau" zurückgezogen, sondern habe
damals auch den großen Teil der sich in staatlicher Hand befindlichen
Wohnungen verkauft.

Auf den ersten Blick mag dies alles so ausschauen, doch Wohngeld und
andere wohnungspolitische Maßnahmen waren nicht perdu, sondern
wurden nur anderswo in die passenden Sozialgesetzbücher integriert[336].
Dadurch wurde das Gestrüpp der staatlichen Interventionen jedoch nicht
einfacher, sondern der gesetzliche Rahmen ist nach wie vor
detailversessen und kompliziert. Eine Unzahl bürokratischer Vorgaben
existieren weiterhin und neue wurden/werden stetig hinzuerfunden, so
dass die allgemein bundesweit oder sogar speziell nur in jeweiligen
Kommunen geltenden Vorschriften demotivierend wirken – egal in
welcher Form diese das Wohnen, Bauen, Restaurieren, Sanieren oder
Renovieren auch tangieren mögen[337]. Von einem tatsächlichen
Wohnungsmarkt kann kaum die Rede sein. Man könnte beinahe fragen,

---

[335] Zu den folgenden Bemerkungen siehe bspw. die Beiträge aus Aus Politik und
Zeitgeschichte, 64. Jahrgang, Heft 20–21/2014, 12. Mai 2014.

[336] So firmiert bspw. das „Wohngeld" nun bei den Beziehern von Arbeitslosengeld II
unter dem Begriff „Kosten der Unterkunft". Siehe bspw. den historischen Überblick zur
Wohnungspolitik von Egner, Björn: Wohnungspolitik seit 1945; in: Aus Politik und
Zeitgeschichte, 64. Jahrgang, Heft 20–21/2014, 12. Mai 2014, S. 13-19.

[337] Siehe den pragmatisch zusammengestellten Überblick von Lindhoff, Henning:
Wohnungseigentum 2017: Ihr Recht als Immobilien-Investor. Berlin 2016.

wäre ein derartiger Wust an komplizierter Vorschriften schon beim bundesdeutschen Start nach Ende des 2. Weltkriegs die bürokratische Praxis gewesen, ob dann überhaupt ein Wiederaufbau möglich gewesen wäre? Komplexe Angelegenheiten – wie der Wohnungsmarkt – benötigen eben einfache gesetzliche Rahmenbedingungen.

Übrigens, komplex und kompliziert! In einem Vortrag zum 100. Geburtstag Franz Böhms merkte Biedenkopf an, dass komplexe Probleme einfache Lösungen verlangen. Doch leider würden Politik und öffentliche Verwaltung in Deutschland komplexe Probleme gleichsetzen mit kompliziert, und er (Biedenkopf) hatte dann oft den Eindruck, als würde grundsätzlich Komplexität mit Kompliziertheit – auch und gerade bei den Lösungswegen – verwechselt[338]. Ob dies, dass Verliebtsein in das Komplizierte der Grund ist, warum und weshalb nicht der einfache Weg gegangen wurde und wird, um die Schwachen auf simple Art zu unterstützen? Die simple Methode wurde am Beispiel Wohngeld von Habermann kurz, einfach und einleuchtend skizziert[339].

Hamm betonte, dass langfristiges Denken von Seiten der Politik – und Ordnungspolitik ist normalerweise langfristig angelegt – insbesondere bei der Wohnungswirtschaft oberste Priorität sein sollte, sich jedoch die politische Praxis durch kurzfristiges Denken auszeichnet. Politiker agierten gerade in diesem wichtigen Markt meist mit ad-hoc-Politik – kurzfristiges Denken und Handeln war die Norm. Dass Vorhandensein eines im Durchschnitt erträglichen Wohnungsangebots, lag und liegt

---

[338] Siehe Biedenkopf, Kurt: Erneuerung der Ordnungspolitik; in: Lambert, Martin (Red.): Wirtschaftsordnung als Aufgabe: Zum 100. Geburtstag von Franz Böhm. Krefeld 1995, S. 15-33.

[339] Siehe Habermann, Gerd: Freiheit oder Knechtschaft? Ein Handlexikon für liberale Streiter. München 2011.

weitgehend an den oft großzügigen staatlichen Subventionen. Die staatlichen Interventionen – unterfüttert mit weitreichenden Eingriffen in die Verfügungsrechte des Wohnungseigentümers – dienten scheinbar einem angeblichen Schutz der Mieter. Gleichwohl sprudelten Subventionen aus dem Steuer- und Abgabentopf für die Wohnungswirtschaft, damit – trotz staatlichem Mieterschutz und anderen Interventionen – der Wohnungsbau vorangetrieben wurde[340]. Etwas anders formuliert heißt dies, dass der Mieter einerseits Miete zahlte und andererseits durch die von ihm zu zahlenden Steuern und Abgaben die Subventionstöpfe zum Sprudeln brachte, die dafür sorgten, dass gebaut wurde und Mietraum zur Verfügung stand.

Besonders im Rahmen der Wohnungspolitik war unter bundesdeutschen Politikern dass Spiel mit „Steuern zu steuern"[341] beliebt – richtig ausgedrückt, die Anmaßung zu versuchen mit „Steuern zu steuern". Ein nur flüchtiger Blick in die historische Entwicklung diverser Paragraphen des Einkommenssteuergesetzbuches bestätigt dies, besonders bezüglich der Förderungsmaßnahmen für den Wohnungsbau[342].

Johann Eekhoff skizzierte in den 1980er Jahren Vorschläge, um den Wohnungsmarkt von lähmend wirkenden staatlichen Interventionen zu

---

[340] Siehe Hamm, Walter: Das Elend der Wohnungspolitik; in: ORDO, Jahrbuch für die Ordnung von Wirtschaft und Gesellschaft, Band 48. Stuttgart 1997, S. 309-326.

[341] Schmölders brachte etwas polemisch, aber prägnant das Spiel „mit Steuern zu steuern" auf den Punkt, siehe Schmölders, Günter: Der Wohlfahrtsstaat am Ende. Adam Riese schlägt zurück. München 1983.

[342] Der politische Albtraum denn Wohnungsmarkt „mit Steuern zu steuern" erschließt sich schon aus den ersten Sätzen eines Artikels von Engels in Sammelband; siehe Engels, Wolfram: Steuerreform; in: Giersch, Herbert (Hg.): Wie es zu schaffen ist. Agenda für die deutsche Wirtschaftspolitik. Stuttgart 1985, 3. Auflage, S. 153-175.

befreien[343] – einfach gesagt, Eekhoff wollte den Wohnungsmarkt liberalisieren. Diese Vorschläge waren damals gegen den Zeitgeist gebürstet – wie heutzutage übrigens auch. So wurden und werden die durch die Regierung Schröder erfolgten Reformen und teilweisen Liberalisierungen am Wohnungsmarkt – siehe oben – bspw. unterschwellig oder direkt offen in Publikationen feindselig angegriffen oder lächerlich gemacht[344]. Die sozialistischen Träume, die derzeit wieder ins Kraut schießen, feiern von Mietpreisgrenze[345] bis hin zur Verstaatlichung des Wohnraums fröhliche Urständ. Für Wohnraum Miete – sprich Geld – zu verlangen, wird öffentlich als unanständig und unmoralisch gegeißelt. Was auf Mietpreisbremse und verstaatlichten Wohnung folgt, fasste Letsch griffig und richtig zusammen: *„Erst kommt der Sozialismus, dann der Hausschwamm"*. Die aktuelle Lage im Berlin des „Mietpreisdeckels" bestätigte Letschs Prognosen: Immobilienbetreiber fuhren die Investitionen bezüglich Modernisierungen und Erneuerungen ihrer Immobilien zurück oder stoppen diese gänzlich, und zwar zumindest bis zur Klärung der Causa „Mietpreisdeckel" durch das BVG. Das BVG erklärte inzwischen den Berliner „Mietpreisdeckel" für nichtig, weil – das geht aus dem Urteil eindeutig hervor – das Mietrecht Bundessache ist, dem Berliner Senat fehlte folglich nur die Kompetenz

---

[343] Siehe Eekhoff, Johann: Lösungen für den Wohnungsmarkt; in: Giersch, Herbert (Hg.): Wie es zu schaffen ist. Agenda für die deutsche Wirtschaftspolitik. Stuttgart 1985, 3. Auflage, S. 254-277.

[344] Ein noch etwas zurückhaltendes Beispiel unter vielen ist Egner, Björn: Wohnungspolitik seit 1945; in: Aus Politik und Zeitgeschichte, 64. Jahrgang, Heft 20–21/2014, 12. Mai 2014, S. 13-19.

[345] So gilt seit 2015 in Deutschland in den Ballungsgebieten von über 300 Städten eine Mietpreisbremse. Diese ist geregelt im § 556d BGB.

Die gesetzliche Mietpreisbremse ist Höchstpreispolitik. Dazu, dass eine solche nicht den politisch gewünschten Erfolg haben wird, siehe den Exkurs in Fußnote 93.

einen „Mietpreisdeckel" festzusetzen. Daraus folgt, dass eine Bundesregierung sehr wohl den Wunsch der Sozialisten aller Parteifarben nach einem allgemeinen „Mietpreisdeckel" erfüllen kann. Das BVG ist folglich einer Grundsatzentscheidung darüber ausgewichen, ob derartig weitreichende Eingriffe wie ein „Mietpreisdeckel" in die grundgesetzlich verbrieften Eigentums- und Verfügungsrechte konform mit dem Grundgesetz sind[346].

---

[346] Zum Zitat und zu den Deckelungen der Miethöhe und den Forderungen zur Enteignung des Wohnraums siehe die Analyse von Letsch, Roger: Enteignung in Berlin oder: Goldman-Sachs, BMW, ein Koffer und der würzige Duft von „Ragout Fin"; https://unbesorgt.de/enteignung-in-berlin-oder-goldman-sachs-bmw-ein-koffer-und-der-wuerzige-duft-von-ragout-fin/.

Zu den zurückgestellten Investitionen siehe bspw. o. V.: Mietendeckel. Deutsche Wohnen und Vonovia wollen Investitionen stoppen; https://www.berliner-zeitung.de/news/deutsche-wohnen-und-vonovia-wollen-investitionen-stoppen-li.120948 und o. V.: Berliner Mietendeckel. Immobilienkonzerne kündigen Investitionsstopp an; https://www.rbb24.de/politik/beitrag/2020/11/berlin-mietendeckel-investitionstopp-immobilienkonzern-vonovia.html.

Zum BVG-Urteil siehe Bundesverfassungsgericht; https://www.dw.com/de/bundesverfassungsgericht-berliner-mietendeckel-ung%C3%BCltig/a-57212002.

Aus der Vielzahl der Pressekommentare zum Urteil siehe z. B. o. V.: Bundesverfassungsgericht: Berliner Mietendeckel ungültig; https://www.dw.com/de/bundesverfassungsgericht-berliner-mietendeckel-ung%C3%BCltig/a-57212002.

k) Vermögensbildung und Eigentum

„Vermögensbildung. Hinter dem Wort steckt der deutsche Aberglaube,
es könne einer durch Sparen reich werden."

– JOHANNES GROSS

Auf politischem Weg wurde versucht mittels mehrerer Gesetze[347] – bspw. ‚Gesetze zur Vermögensbildung in Arbeitnehmerhand', Prämien-Gesetze für das Sparen oder das Eigenheim – die Vermögensbildung und den Aufbau von Eigentum auf den Weg zu bringen.

Letztlich sind die Ergebnisse mit Blick auf den gestellten Anspruch unbefriedigend, dies illustrieren schon einfache, plakative Auswertungen des statistischen Materials[348].

Eine Vermögensbildung auf breiter Basis fand und findet nicht statt, weil die gleichen Politiker, die gesetzliche Maßnahmen kreieren, die vorgeblich der Vermögensbildung dienlich sein sollen, eine tatsächliche Vermögensbildung durch ihre Steuer- und Abgabenpolitik in Verbindung

---

[347] Chronologisch dargestellt durch die „Wissenschaftlichen Dienste des Deutschen Bundestages": Staatliche Sparförderung in Deutschland; https://www.bundestag.de/resource/blob/409724/a54ef7811aadb08995ab5db55bcd0afa/WF-IV-014-06-pdf-data.pdf.

[348] Siehe bspw. die kommentierten Tabellen bei Hauser, Richard: Die Entwicklung der Einkommens- und Vermögensverteilung in der real existierenden Sozialen Marktwirtschaft, der Bundesrepublik Deutschland; in: Hauff, Michael von (Hg.): Die Zukunftsfähigkeit der Sozialen Marktwirtschaft. Marburg 2007, S. 37-69.

mit einer permanenten Inflationspolitik[349] erheblich erschweren und sogar – je nach Lesart – verunmöglichen.

---

[349] Auf diese wird weiter unten und insbesondere im separaten Gliederungspunkt IV. 3) m) eingegangen.

Michael von Prollius merkte an, alleine der Wirrwarr in den weit über 200 Bundessteuergesetzen mit Hunderten von Ausnahme- und Sonderregeln, die nicht nachzuempfinden sind, veranlassten den ehemaligen Bundesverfassungsrichter Paul Kirchhof zum Verdikt Willkür per Steuergesetzgebung, das jetzige Steuerrecht sei nicht reformierbar und müsse ausgetauscht werden; siehe Prollius, Michael von: Auf der Suche nach einer anderen Ordnung. Fürstenberg 2014.

ka) „Fiskalsozialismus" oder „mit Steuern zu steuern"!

> *„Eine Regierung muss sparsam sein, weil das Geld,*
> *das sie erhält, aus dem Blut und Schweiß ihres Volkes stammt.*
> *Es ist gerecht, dass jeder einzelne dazu beiträgt,*
> *die Ausgaben des Staates tragen zu helfen.*
> *Aber es ist nicht gerecht, dass er die Hälfte*
> *seines jährlichen Einkommens mit dem Staate teilen muss."*
> – FRIEDRICH II. VON PREUSSEN, GENANNT DER GROSSE

„Mit Steuern zu steuern" im Namen der „sozialen Gerechtigkeit"[350]! Es werden irgendwelche arg diffusen Gerechtigkeitsvorstellungen, propagiert, von denen sich bei näherem Hinschauen im Grunde der Großteil nur als Cocktail verschiedenster Neidmotive entpuppt – vorzugsweise dem gleichmacherischen Neid[351].

Über den Hebel „soziale Gerechtigkeit" gelang und gelingt es breiten Schichten der Gesellschaft irgendwelche diffuse Gerechtigkeitsvorstellungen einzuimpfen, so dass die progressive Einkommensbesteuerung, ein angebliches Instrument zur „gerechten Einkommensverteilung", als normal und gerecht empfunden wird[352].

---

[350] Siehe zum Schlagwort der „sozialen Gerechtigkeit" die Fußnoten 15, 138, 141 und 143, nebst den dazugehörenden Textteilen.
Die Headline „Fiskalsozialismus" prägte Röpke, siehe z. B. Röpke, Wilhelm: Jenseits von Angebot und Nachfrage. Bern 1979, 5. Auflage
Der Slogan „mit Steuern zu steuern" ist übernommen aus Schmölders, Günter: Der Wohlfahrtsstaat am Ende. Adam Riese schlägt zurück. München 1983.

[351] Siehe zum Neid Mora, Gonzalo Fernández de la: Der gleichmacherische Neid. Berlin 1987 und Nef, Robert / Schwarz, Gerhard (Hg.): Neidökonomie. Basel 2000.

[352] Eine gerechte Steuerpolitik, gibt es so etwas überhaupt – kann es sie geben?

Der bundesdeutsche Spitzensteuersatz beim Einkommen pendelte seit 1949 zwischen 56% und 42%. Vor 1949 lag der Satz in den Westzonen sogar bei 95%[353]. Dies erweckt den Eindruck, als ob hohe Steuereinnahmen aus Einkommen schon in der bundesdeutschen Frühzeit die Regel waren. Falsch sagte Mackscheidt, 1956 bspw. betrug der Satz bei der Einkommensteuer in der Spitze 53%, dieser Satz griff ab einem Jahreseinkommen von 110.000 D-Mark. Nur, so viel verdiente damals kaum jemand[354], während heutzutage der Spitzensteuersatz jeden elften Steuerzahler trifft, also gut 4,2 Millionen Bundesbürger[355]. Heutzutage haben diejenigen, die das 1,9-fache des durchschnittlichen Jahresbruttogehalts aller bundesdeutschen Arbeitnehmer erhalten, den Spitzensteuersatz zu zahlen. Im Jahre 1965 lag der Wert beim 15-fachen, 1980 beim 5-fachen, 1990 beim 3,2-fachen und 2000 beim 2,6-fachen[356].

Hacker bejaht die Möglichkeit, siehe Hacker, Mark: Gibt es „Gerechtigkeit" in der Steuerpolitik? Stuttgart/Berlin 2013. PDF-Manuskript. Ebenfalls bejahen Beznoska und Hentze vom Institut der deutschen Wirtschaft die Möglichkeit der Steuergerechtigkeit; siehe Beznoska, Martin / Hentze, Tobias: Die Einkommensteuer im Zeitverlauf. Köln 2017. PDF-Manuskript.

[353] Siehe Molitor, Andreas: Interview mit Klaus Mackscheidt. Gesucht: der freudige Steuerzahler; https://www.brandeins.de/magazine/brand-eins-wirtschaftsmagazin/2019/gehalt/klaus-mackscheidt-gesucht-der-freudige-steuerzahler und Beznoska, Martin / Hentze, Tobias: Die Einkommensteuer im Zeitverlauf. Köln 2017. PDF-Manuskript.

[354] Siehe Molitor, Andreas: Interview mit Klaus Mackscheidt. Gesucht: der freudige Steuerzahler; https://www.brandeins.de/magazine/brand-eins-wirtschaftsmagazin/2019/gehalt/klaus-mackscheidt-gesucht-der-freudige-steuerzahler. Aus dem Interview wird klar, dass es für den Finanzwissenschaftler Mackscheidt gerecht ist, hohe Einkommen steuerlich abzuschöpfen; auch wenn er dies mehr implizit ausdrückt, zeigen die Antworten Mackscheidts dennoch, dass er Gleichmacherei für gerecht hält.

[355] Siehe Beznoska, Martin / Hentze, Tobias: Die Einkommensteuer im Zeitverlauf. Köln 2017. PDF-Manuskript.

[356] Siehe Beznoska, Martin / Hentze, Tobias: Die Einkommensteuer im Zeitverlauf. Köln 2017. PDF-Manuskript.

Im Vergleich mit den Lohnsteigerungen seit 2005 sind Einnahmen aus Einkommensteuer viermal so stark gestiegen, nämlich um 84%, so dass auch gut ausgebildete und arbeitswillige Facharbeiter heutzutage die Delikatesse des Spitzensteuersatzes genießen dürfen! Wieso haben sich die Relationen derart verschoben?

Dies liegt selbstverständlich an der Steuerpolitik, die grundsätzlich auf die nominalen und nicht auf die realen Einkommensgrößen abstellt – die durch die Politik verursachte Geldentwertung wird einfach ausgeblendet. So bequemten sich die Regierenden erst dazu das Existenzminimum von der Einkommenssteuer freizustellen, nach dem sie durch das BVG dazu gezwungen wurden[357].

Nichtsdestotrotz wurden die steuerlichen Tarifsätze nicht an die Geldentwertung angepasst. Es wurde hier und da ein bisschen kosmetische Augenwischerei betrieben, doch eine um die Geldentwertungen bereinigte Steuertariftabelle hat es bisher bei der Einkommensteuer nicht gegeben. Folglich rutschen eben auch mehr und mehr „Normalverdiener" durch die Nominallohnerhöhungen ziemlich flott durch die „kalte Progression" in höhere Steuertarife – bis hin zum Spitzensteuersatz –, so dass real wenig oder nichts von der Lohnerhöhung

---

Beznoska, Martin / Hentze zeigten auch, dass, falls man nur die Vollzeitbeschäftigen als Basis nimmt, der Wert nur noch beim 1,5-fachen liegt.

[357] Siehe bspw. dazu die Entscheidungen des Bundesverfassungsgerichts; https://www.bundesverfassungsgericht.de/SharedDocs/Entscheidungen/DE/1992/09/ ls19920925_2bvl000591.html und https://www.bundesverfassungsgericht.de/SharedDocs/Entscheidungen/DE/1998/11/ ls19981110_2bvl004293.html.

bleibt und unter Umständen durch den erhöhten Steuertarif auch Reallohnverluste zu beklagen sind[358].

Eine derartige Steuerpolitik unterminiert mehr oder weniger jedweden vernünftigen Versuch zur Vermögensbildung innerhalb breiter Bevölkerungsschichten. Typischerweise verunmöglichen dies gerade die Politiker, die extrem häufig in Sachen „sozialer Gerechtigkeit" ihre Parolen verkünden.

Wilhelm Röpke prägte für derartige Steuerpolitiken den Ausdruck „Fiskalsozialismus". Für Röpke war es widersinnig, gerade die Bezieher höherer Einkommen derart steuerlich abzuschöpfen, da deren erhöhte Spartätigkeiten wichtig für die laufenden Investitionen sind. Diese Gelder würden dem Unternehmertum fiskalisch entzogen und demzufolge nicht durch kreative Unternehmertätigkeit einer Steigerung der allgemeinen Wohlfahrt zugeführt[359]. Röpke unterstellte zu recht, dass die staatliche Bürokratie (die Herrschaft der Schreibstube) keinesfalls die Fähigkeit zum kreativen Unternehmer hat und demzufolge zusätzliche Steuereinnahmen auch nicht zur Hebung des allgemeinen Wohlstands eingesetzt werden.

Im Sinne dieser Anmerkungen Röpkes ließen sich Reformvorschläge zur Vermögensbildung von Eduard Gaugler und des Steuerrechts von Wolfram Engels zusammenführen. Weiter oben[360] wurden Ausführungen zum Unternehmer und zur Kapitalakkumulation gemacht. Die Vorschläge

---

[358] Siehe Beznoska, Martin / Hentze, Tobias: Die Einkommensteuer im Zeitverlauf. Köln 2017. PDF-Manuskript.

[359] Siehe Röpke, Wilhelm: Der moderne Fiskalstaat; in: ders.: Marktwirtschaft ist nicht genug. Waltrop 2009, S. 338-357; ders.: Die Lehre von der Wirtschaft. Bern 1979. Auflage und ders.: Jenseits von Angebot und Nachfrage. Bern 1979, 5. Auflage.

[360] Siehe Gliederungspunkt IV. 2).

zur Vermögensbildung, die Gaugler[361] in den 1980er Jahre vorlegte, sind mit den Gedanken zur Steuerreform von Engels[362] zu kombinieren und passen sich gut ein, noch dazu im Einklang mit Röpke, in den Rahmen jener Ausführungen zum Unternehmer und zur Kapitalakkumulation. Der feine Gedanke kurz angedeutet: Gewinne, die im Unternehmen investiert werden, sind steuerlich freizustellen – etwa in der Art und Weise, wie dies unter Bundesfinanzminister Fritz Schäffer in der bundesdeutschen Frühzeit praktiziert wurde[363]: Ausgeschüttete Gewinne sind zu versteuern – produzieren ist zu fördern, konsumieren wird besteuert. Folglich könnte Vermögen in Arbeiterhand gebildet werden. Arbeiter erhalten Teile ihres Lohnes als von der Einkommensteuer freigestellten Investivlohn, der in der Unternehmung angelegt wird. Dadurch werden diese Lohnanteile zu bilanzmäßigem „Eigenkapital", sprich die Arbeiter sind dann Anteilseigner des Unternehmens und partizipieren an einer erfolgreicher Kapitalakkumulation. Die Arbeiter würden zu Mit-Eigentums-Unternehmern, die Verantwortung für ihr Eigentum sollte verantwortliches Handeln für die Ziele der Unternehmung bedingen. Arbeiter könnten zu „Kapitalisten" werden, die auf diese Weise dem Einfluss der Sozialdemagogen entgleiten, bzw. sich diesem Einfluss entziehen.

---

[361] Siehe Gaugler, Eduard: Erfolgsbeteiligung und Vermögensbildung in arbeitgebenden Unternehmen; in: Giersch, Herbert (Hg.): Wie es zu schaffen ist. Agenda für die deutsche Wirtschaftspolitik. Stuttgart 1985, 3. Auflage, S. 349-366.

[362] Siehe Engels, Wolfram: Steuerreform; in: Giersch, Herbert (Hg.): Wie es zu schaffen ist. Agenda für die deutsche Wirtschaftspolitik. Stuttgart 1985, 3. Auflage, S. 153-175.

[363] Siehe Baader, Roland: Das Kapital am Pranger. Gräfelfing 2005.

kb) Auf Abwegen – Sozialethiker oder Ordoliberale?

> *„Wenn die Fürsten von ihren Untergebenen verlangen, was ihnen gemäß*
> *der Gerechtigkeit geschuldet ist, um das Gemeinwohl zu erhalten,*
> *so ist das kein Raub, selbst wenn Gewalt angewendet wird.*
> *Wenn aber die Fürsten etwas, was ihnen nicht geschuldet ist,*
> *mit Gewalt erpressen, so ist das Raub, genau wie jede andere Räuberei."*
>
> – THOMAS VON AQUIN

Das Bilden von Eigentum in breiten Bevölkerungsschichten war – wie schon angemerkt – für einen Großteil der Ordoliberalen eine essentielle Notwendigkeit für ein freies und gutes Gemeinwesen. Eigentum in der Hand breiter Schichten der Bevölkerung befähigt die Menschen – so jene Ordoliberalen – zur Unabhängigkeit gegenüber der Obrigkeit, so dass ein „Liberalismus von unten" wachsen kann[364].

Der Ausdruck „Liberalismus von unten" erschließt bspw. Röpkes Sozialphilosophie korrekt und ist schlüssig. Röpkes Anthropologie sieht den Menschen vierfach verwurzelt: Bindung an die Gemeinschaft – Bindung zur Natur – Beziehung zum Eigentum – Beziehung zur Überlieferung, zur Geschichte. Daraus resultiert in Kombination mit Röpkes liberalem und christlichem Ethos das Gedankengebäude einer „eigensinnigen Gewaltenteilung" des Liberalismus, „dessen Gelingen für ihn von den sich gegenseitig kontrollierenden, begrenzenden und

---

[364] Razeen Sallys Ausdruck „Liberalismus von unten" umfasst Röpkes Weltsicht kurz und bündig; Razeen Sally, zitiert nach Aktionsgemeinschaft Soziale Marktwirtschaft e.V.: Broschüre Wilhelm Röpke; https://www.aufbaubank.de/Download/Broschuere-Wilhelm-Roepke.pdf.

anregenden Ebenen und Kräften abhängt."[365] Man sollte annehmen, dass aus dieser Sicht Röpkes heraus eine konstruktive Zusammenarbeit der „sozialen Marktwirtschaftler" mit den Vertretern der christlichen Soziallehren der beiden Amtskirchen naheliegend gewesen wäre, zumindest mit der katholischen Kirche – da schon ein Querlesen in der Sozialenzyklika „Rerum Novarum"[366] diese Ansicht nährt. Dem war jedoch nicht so, weil die Sozialethiker beider Amtskirchen in den ersten Nachkriegsjahrzehnten das ordoliberale Wirtschafts- und Gesellschaftskonzept – „soziale Marktwirtschaft" – als nicht mit den kirchlichen Soziallehren vereinbar ansahen. Das Konzept wurde abgelehnt.

Die von den den kirchlichen Sozialethikern entfachte Fehde war für die „sozialen Marktwirtschaftler" unverständlich, da viele Ordoliberale – siehe oben die Ausführungen zu den „Freiburger Kreisen" – ihre Konzepte aus christlichen Motiven heraus entwickelt hatten. Dass z. B. Röpke die Auswürfe des Dominikaners Nawroth regelrecht aufwühlten, geht deutlich aus einem Brief Röpkes an Daniel Villey hervor[367]. Bei der Fehde ging es – besonders von kirchlicher Seite her – nicht gerade sanft zu. Die kirchlichen Vertreter griffen die Ordoliberalen oft scharf unsachlich, unehrlich und mit eigentlich unhaltbaren Einwänden an[368]. Hans Willgerodt, Röpkes Neffe, dokumentierte die Angriffe der

---

[365] Peukert, Helge: Wilhelm Röpke (1899-1966); in: Conze, Eckart u. a. (Hg): Wilhelm Röpke, Wissenschaftler und Homo politicus zwischen Marburg, Exil und Nachkriegszeit. Marburg 2017, S. 13-26.

[366] „Rerum Novarum" ist die Mutter der katholischen Sozialenzykliken und gab wichtige Generallinien der katholische Soziallehre vor; Sozialenzyklika: Rerum novarum von 1891; http://kathpedia.com/index.php?title=Rerum_novarum_(Wortlaut).

[367] Siehe Röpke, Eva (Hg.): Wilhelm Röpke Briefe. Der innere Kompass 1934-1966. Zürich 1976.

kirchlichen Sozialethiker. Diese Dokumentation zeigt, dass insbesondere der Dominikaner Nawroth[369] – höflich formuliert – teilweise mit arg unlauteren Mitteln operierte[370], so dass nicht daran zu denken war, dass die Ordoliberalen in Zusammenarbeit mit den großen Amtskirchen – besonders der katholischen – gegen gemeinsame Gegner vereint am Aufbau eines freien und guten Gemeinwesen wirken konnten. Noch bis in die 1990er Jahren hinein waren die Positionen der katholischen Sozialethiker bezüglich der Ordoliberalen mehr oder weniger unverändert, wie ein Tagungsband aus jenen Tagen verdeutlicht[371].

Erst mit den Jahren entspannte sich das Verhältnis der kirchlichen Sozialethiker zum Konzept „soziale Marktwirtschaft". Immer mehr kirchliche Sozialethiker begannen jenes Konzept, nein, vielmehr das, was sie für jenes Konzept hielten, für die beiden Amtskirchen zu reklamieren.

So sticht sich auf katholischer Seite eine Gruppe um den Paderborner Moraltheologen Peter Schallenberg hervor (mit ihm bspw. noch Jörg Althammer und Arnd Küppers). Schallenberg geht dabei sogar so weit und erklärt die „soziale Marktwirtschaft" zur staatlich-institutionalisierten „Christlichen Soziallehre"[372].

---

[368] Siehe Milz, Hubert: Christliche Soziallehren und soziale Marktwirtschaft. Kein Ableger; in: eigentümlich frei, Heft 179, S. 34-40.

[369] Siehe bspw. Nawroth, Egon Edgar: Die Sozial- und Wirtschaftsphilosophie des Neoliberalismus. Heidelberg 1963, 2. Auflage.

[370] Siehe Willgerodt, Hans: Dokumentation; in: ORDO, Jahrbuch für die Ordnung von Wirtschaft und Gesellschaft, Band 16, Düsseldorf und München 1966, S. 355-367.

[371] Siehe Utz, Arthur F. (Hg.): Die katholische Soziallehre und die Wirtschaftsordnung. Trier 1991.

[372] Siehe die Vorträge mit Diskussion im Augsburger Fugger Forum: Die Exellenz-Debatte, 6. Fugger Forum. Fugger auf der Bühne; https://www.fugger.de/singleview/article/die-exzellenz-debatte/32.html.

Auch evangelische Sozialethiker reklamieren das Konzept der „sozialen Marktwirtschaft" für ihre Kirche. Die beiden evangelischen Sozialethiker Brakelmann und Jähnichen wollten anhand von 44 Texten protestantischer Autoren zeigen, wie tief das Konzept der „sozialen Marktwirtschaft" im Protestantismus verankert ist. Aber, bis auf zwei der 44 Texte sind diese nur von Männern verfasst, die eine marktwirtschaftliche Ordnung ablehnten, bzw. dieser zumindest ambivalent gegenüberstanden. Autoren, die den Kathedersozialisten, den Etatisten, den religiösen Sozialisten und so weiter zuzuordnen sind[373]. Anders dagegen Eckart Müller, der in seiner theologischen Dissertation explizit die „Gründerväter" der sozialen Marktwirtschaft reflektiert, analysiert und die Anknüpfungspunkte zur evangelischen Sozialethik herausarbeitete[374].

Jedenfalls ist festzuhalten, dass eine Vielzahl der heutigen kirchlichen Sozialethiker, für die die „soziale Marktwirtschaft" zur staatlich-institutionalisierten „christlichen Soziallehre" wird, anscheinend eine weise Warnung Hugo Rahners vergessen haben, nämlich[375]:

„Die Kirche ist das unsterbliche Nein gegen jeden Staat, der sein endgültig beglückendes Reich auf dieser Erde allein bauen will."

---

[373] Siehe Brakelmann, Günter / Jähnichen, Traugott: Die protestantischen Wurzeln der Sozialen Marktwirtschaft. Ein Quellenband. Gütersloh 1994.

[374] Siehe Müller, Eckart: Evangelische Wirtschaftsethik und Soziale Marktwirtschaft. Die Konzeption der Sozialen Marktwirtschaft nach W. Eucken, A. Müller-Armack und A. Rüstow und die Möglichkeiten ihrer Rezeption durch eine evangelische Wirtschaftsethik. 1998.

[375] Siehe Rahner, Hugo: Abendländische Kirchenfreiheit. Benziger Verlag. 1943. S. 23f.; zitiert nach Denzler, Georg: Am Anfang war Kaiser Konstantin der Grosse. Auseinandersetzungen zwischen Kirche und Staat. http://www.georgdenzler.de/Artikel_files/Konstantin_BR.pdf.

Doch nichtsdestotrotz, wie der 2017 verstorbene katholische Religionsphilosoph Michael Novak auffächerte[376], gerade zwischen den großen Sozialenzykliken „Rerum Novarum"[377] aus 1891, „Quadragesimo anno"[378] von 1931 und marktwirtschaftlichen Konzepten finden sich genügend Anknüpfungspunkte. So betonen die beiden Sozialenzykliken zwar die Verpflichtungen, die sich aus dem Eigentum ergeben, doch gleichzeitig heben sie auch die Unantastbarkeit des legitim erworbenen Eigentums hervor. Es hat sich niemand das Recht anzumaßen einen anderen Menschen dazu zwingen, sein Eigentum zum Wohle der Gemeinschaft zu verwenden – eine „Zwangsethik" ist keine Ethik.

Die Wichtigkeit von Eigentum und Eigentumsbildung wurde durch „Rerum Novarum" hervorgehoben, weil gerade Eigentum unabdingbar notwendig sei, damit die Bürger der Obrigkeit selbstbewusst, unabhängig und frei gegenübertreten können. „Rerum Novarum" ist in diesem Punkt klar und eindeutig: Für die Arbeiter wird es geradezu zur Pflicht, dass sie Eigentum zu bilden und aufzubauen haben[379].

---

[376] Siehe zu den folgenden Ausführungen Novak, Michael: Die katholische Ethik und der Geist des Kapitalismus. Trier 1998, 2. Auflage.

[377] Sozialenzyklika: Rerum novarum von 1891; http://kathpedia.com/index.php?title=Rerum_novarum_(Wortlaut).

[378] Sozialenzyklika: Quadragesimo anno von 1931; http://www.kathpedia.com/index.php?title=Quadragesimo_anno_(Wortlaut).

[379] Ein Unterschied zur ordoliberalen Position ist nicht zu sehen. Mehr dazu siehe Bartels, Kay-Uwe: Katholische Soziallehre und ordoliberale Ordnungskonzeption. Bern 1997 und Novak, Michael: Die katholische Ethik und der Geist des Kapitalismus. Trier 1998, 2. Auflage.

Legitim erworbenes Eigentum[380] setzt „Rerum Novarum" im Grunde absolut. In diesem Punkt rückt „Rerum Novarum" in die Nähe des Sozialisten Proudhon. Viele kennen Proudhons Bonmot *„Eigentum ist Diebstahl"*, doch die wenigsten Leute wissen, dass Proudhon besonders für die arbeitende Klasse im Eigentum die Kraft sah, die der öffentlichen Gewalt und der ungeheuren Macht des Staates gegenübertreten kann. Proudhon sah keine andere Kraft als das Eigentum, die dies zu leisten vermag. Proudhon setzte das legitim erworbene Eigentum darum absolut – und merkte an, dass das Eigentum augenblicklich seine Kraft verliert, sobald das Eigentum seinen absolutistischen Charakter verliert, sobald dem Eigentum Bedingungen auferlegt werden[381].

Die Verfassungen der Liberal-Demokratien kennen die Absolutheit des Eigentums nicht, so dass – folgt man der Argumentation des Sozialisten Proudhons – in den Liberal-Demokratien das Eigentum die Kraft verliert, um ein Garant der Freiheit zu sein. Auch im deutschen Grundgesetz ist das legitim erworbene Eigentum nicht absolut gesetzt. Besonders die Floskel „dem Wohle der Allgemeinheit" im Artikel 14 Grundgesetz öffnet dem politischen Missbrauch für Enteignungen Tür und Tor, auch wenn im

---

[380] Was heißt und was ist legitim erworbenes Eigentum? Hier ist nicht der Raum, um die verschiedenen Eigentumstheorien zu diskutieren und vorzustellen, deswegen siehe zu den Ideen rund um das Eigentum – von der ‚Okkupationstheorie' (Immanuel Kant) bis zur ‚Theorie des Eigentums durch Arbeit' (John Locke) – Brocker, Manfred: Kants Besitzlehre: Zur Problematik einer transzendentalphilosophischen Eigentumslehre. Würzburg 1987 und ders.: Arbeit und Eigentum. Darmstadt 1992. Brocker breitete die Geschichte der Eigentumstheorien systematisch auf. Unter rechtsphilosophischen Gesichtspunkten diskutierte Kühl die freiheitliche Rolle des Eigentums; siehe Kühl, Kristian: Eigentumsordnung als Freiheitsordnung. Freiburg 1984.
[381] Siehe Proudhon, Pierre-Joseph: Ausgewählte Texte. Herausgegeben und eingeleitet von Thilo Ramm. Stuttgart 1963.

Falle von Enteignungen der Staat Entschädigungen zu leisten hat[382]. Außerdem stellt sich hier unmittelbar die Frage: Wer verfügt über das Wissen, um zu entscheiden, was dem allgemeinen Wohl dient? Karpen erörterte Probleme und offene Fragen, die sich diesbezüglich aus der Auslegung des Grundgesetzes ergeben. Die Lösungswege zu solchen Fragen und Problemen eröffnen eine Reihe von Alternativen, insbesondere auch die Tendenz das Grundgesetz grundsätzlich für die Realisierung eines demokratischen Sozialismus zu nutzen. Besonders die Formulierung „dem Wohle der Allgemeinheit" ist recht biegsam, so dass die politisch Mächtigen maskiert mit diesem Slogan jedwedes ideologische Ziel verfolgen könnten und dies natürlich auch versuchen[383]! Wie dies durch das Zusammenspiel der drei Staatsgewalten, die Judikative dient dabei hilfreich der Exekutiven, methodisch sauber und den gesetzlichen Vorschriften genügend, zu handhaben ist, wurde durch Bernd Rüthers schon 1968 in seiner Habilitationsschrift dargelegt[384].

Da an dieser Stelle nicht der Ort ist, um dies umfassend darzulegen, folgt hier nur eine kurze Zusammenfassung: Rüthers zeichnete z. B. nach, dass das BGB im Kaiserreich, in der Weimarer Republik, im NS-Staat, in den Besatzungszonen, in der alten Bonner Bundesrepublik Deutschland, auch in der DDR und heutzutage natürlich ebenfalls in der Berliner Bundesrepublik Deutschland galt und gilt. In all diesen unterschiedlichen staatlichen Systemen managten die Juristen das BGB entsprechend hilfreich im Sinne der jeweiligen Machthaber und/oder des jeweiligen

---

[382] Siehe dazu im bundesdeutschen Grundgesetz den Artikel 14 und den Artikel 15.

[383] Siehe Karpen, Ulrich: Die geschichtliche Entwicklung des liberalen Rechtsstaates. Mainz 1985.

[384] Siehe Rüthers, Bernd: Die unbegrenzte Auslegung: Zum Wandel der Privatrechtsordnung im Nationalsozialismus. Tübingen 2017, 8. Auflage.

Zeitgeistes. Die juristische Methodenlehre stellt hierzu den Schlüssel – nicht etwa das positive Recht. Seit 1968 wurde diese Thematik durch Rüthers mehrfach in Publikationen behandelt.

Jedenfalls folgten und folgen die relevanten und einflussreichen Interessengruppen – sei es aus ideologischen oder pragmatischen Motiven – beim Thema „Allgemeinwohl und Eigentum" oftmals den politisch Mächtigen. Auf deren Seiten stehen beim Stichwort „Allgemeinwohl" in der Regel auch die Kirchen. Für die katholische Kirche ist dies durch „Quadragesimo anno"[385] angelegt, da diese Enzyklika die durch „Rerum Novarum" eigentlich festgezurrte Generallinie in Eigentumsfragen aufweicht. „Quadragesimo anno" billigt der staatlichen Politik im Sinne des Allgemeinwohls einigen Spielraum zu. Dies war möglich, weil „Quadragesimo anno" die „soziale Gerechtigkeit" ins Spiel brachte. Für den modernen Staat angedacht als Fortbildung des unter anderem auf Thomas von Aquin beruhenden mittelalterlich-katholischen Gerechtigkeitsparadigmas, das ein System ausgewogener Rechte und Pflichten zwischen Herrscher und Untertanen darstellte[386].

Den Begriff der „sozialen Gerechtigkeit" nahmen die beiden – im bismarckschen Sozialetatismus verfangenen – deutschen Jesuiten Gustav Gundlach und Oswald von Nell-Breuning auf. Diese beiden bereiteten die Enzyklika maßgeblich vor und suchten den Begriff „soziale Gerechtigkeit" zu nutzen, um den Kapitalismus umzubiegen. „Soziale Gerechtigkeit" wurde bei den beiden zu einem in staatlicher Regie liegendem

---

[385] Sozialenzyklika: Quadragesimo anno von 1931; http://www.kathpedia.com/index.php?title=Quadragesimo_anno_(Wortlaut).

[386] Siehe Ebert, Thomas: Soziale Gerechtigkeit. Ideen, Geschichte, Kontroversen. Bonn 2010.

gesellschaftlichen Ordnungsprinzip geformt, dass eine Regierung verpflichtet für eine gute und gerechte Güterversorgung und -verteilung die Sorge zu tragen[387]. Vor diesem Hintergrund sind die Konflikte zwischen den Ordoliberalen und den kirchlichen Sozialethikern einzuordnen. Entsprechend ist damit auch die grundsätzliche Bereitschaft der kirchlichen Amtsträger zu verorten, den staatlichen Eingriffen in die privaten Eigentumsrechte zum vorgeblichen Wohle der Allgemeinheit beizupflichten.

Verfassungen – so auch das deutsche Grundgesetz – gewährleisten also das Privateigentum nur und garantieren es nicht. Die Anreize für Politiker gegenüber den Eigentumsrechten anderer Leute wenig Respekt zu zeigen,

---

[387] Umfassend dazu Novak, Michael: Die katholische Ethik und der Geist des Kapitalismus. Trier 1998, 2. Auflage.

Zumindest Gustav Gundlach fand in den Jahren nach Ende des 2. Weltkriegs bei Fragen des Eigentums zur Generallinie aus „Rerum Novarum". Legitim erworbenes Eigentum wertet Gundlach sozusagen zu einem absoluten Recht auf, wodurch er an der Päpstlichen Universität Gregoriana in Rom weitgehend an Zustimmung verlor, siehe Deutsche Wikipedia (de.wikipedia.org): Artikel – Gustav Gundlach, (abgerufen und gesichert im Juni 2020).

Novak machte auch deutlich, dass durch die Sozialenzyklika „Centesimus annus" [Sozialenzyklika: Centesimus annus von 1991; http://www. kathpedia.com/index.php? title=Centesimus_annus_(Wortlaut).] die alte Generallinie von „Rerum Novarum" wieder angesteuert wurde. „Centesimus annus" geißelte den wuchernden Wohlfahrtsstaat, der die Menschen ihrer Verantwortung beraubt, den Verlust an menschlicher Energie verantwortet, die Staatsapparate aufbläht und der durch eine maßlose staatliche Ausgabensteigerung gekennzeichnet ist. Siehe dazu auch Bartels, Kay-Uwe: Katholische Soziallehre und ordoliberale Ordnungskonzeption, Frankfurt/M. 1997.

Inzwischen wurde durch Rom die Generallinie von „Reum Novarum" wieder verlassen und aufgegeben, wie das apostolische Schreiben „Evangelii gaudium" (http://www.vatican.va/content/francesco/de/apost_exhortations/documents/papa-francesco_esortazione-ap_20131124_evangelii-gaudium.html) und die Umweltenzyklika „Laudato si'" (http://www.vatican.va/content/francesco/de/encyclicals/documents/papa-francesco_20150524_enciclica-laudato-si.html) verdeutlichen.

sind dadurch schon in den Verfassungen angelegt. Auch wenn, wie durch das deutsche Grundgesetz bedingt, im Falle von Enteignungen der Staat Entschädigungen zu leisten hat, haben Politiker reichlich Spielraum, um bei Bedarf auf das Privateigentum der Bürger zuzugreifen[388].

Mittels geeigneter Steuergesetze oder der Umgestaltung entsprechender Steuergesetze können irgendwelche Entschädigungszahlungen auch umgangen werden. Gerade die Steuergesetzgebung eröffnet phantasievollen Politikern viele Möglichkeiten zum Zugriff auf das Privateigentum der Bürger[389].

---

[388] Zur Methode siehe weiter oben in diesem Gliederungspunkt die Ausführungen zu Rüthers.

Für eine ergänzende Lektüre siehe Schneider, Henrique: Enteignung, Miliz, Demokratie; https://i-d-online.com/ecaeforg/austrian-economics/henrique-schneider.pdf. Dort zeigt Schneider, dass die Anfechtung des Eigentums durch die Politik durchaus salonfähig ist, nicht nur in Deutschland, auch in anderen Liberal-Demokratien

[389] Siehe Leisner, Walter: Der Gleichheitsstaat. Berlin 1980.

Und siehe auch Sascha Tamm, der zeigte, wie die Menschen mit Steuern auf das falsche Verhalten – Rauchen, Alkoholkonsum, das falsche Essen und vieles mehr – geschröpft werden können; Tamm, Sascha: Sündensteuern; in: Boger, Horst Wolfgang (Hg.): Der Staat als Super Super Nanny. Berlin 2008, S. 105-116.

Das im Eingang zu diesem Gliederungspunkt angeführte Zitat Thomas von Aquins wurde durch Rainer Hank im Sinne der hier gemachten Ausführungen interpretiert. Hank merkte an, dass die deutsche Abgabenordnung (AO) die „sündhafte Abzockerei" zu legalisieren versucht, da die AO Steuern als „Zwangsabgaben ohne Gegenleistung" definiert. Folglich kann jedwede Ausplünderung der Bürger gerechtfertigt werden, siehe Hank, Rainer: Warum müssen wir Steuern zahlen?; https://www.faz.net/aktuell/wirtschaft/wirtschaftspolitik/erklaer-mir-die-welt-16-warum-muessen-wir-steuern-zahlen-1356384.html.

178

kc) Steuerwettbewerb oder Steuerharmonisierung?

„Wer mehr als die Hälfte seines Einkommens an das Finanzamt abführen muß,
ist mehr darauf bedacht, Steuern zu sparen, als darauf, Geld zu verdienen."
– HANS-KARL SCHNEIDER

Internationaler Steuerwettbewerb zwischen den Staaten kann die
Kreativität der Politiker bei der Steuergesetzgebung etwas ausbremsen, da
Wettbewerb das *„genialste Entmachtungsinstrument der Geschichte"*[390] ist.
Standortwettbewerb mittels der Steuer- und Abgabenpolitik kann
natürlich auch innerhalb der Staaten zwischen den einzelnen Regionen
stattfinden. Kotler untersuchte dies am Beispiel der USA. Er illustrierte
dies anhand des Wettbewerbs der 1970er bis 1990er Jahre zwischen den
US-Staaten. Nach Kotler lief damals ein teilweise ausferndes Marketing
der Steuerpolitik mit aggressiven Methoden zwischen US-Staaten ab. Um
Unternehmen anzulocken, sei die Anreizpalette dermaßen überzogen
worden, dass dies aus Sicht Kotlers negativ für die gesamte
Volkswirtschaft der USA war. Die Riesenkonzerne hätten die Staaten
untereinander dermaßen ausspielen können, dass letztlich durch die
hohen Kosten des Anlockens der Nutzen für die Staaten mehr als dürftig
war[391]. Nun mag man einwenden, dass ein so großes Staatsgebilde wie die
USA nicht mit Deutschland und der EU zu vergleichen ist. Mag sein, doch

---

[390] Siehe Böhm, Franz: Entmachtung durch Wettbewerb. Münster 2007.
Dies verdeutlicht auch Boss, er kommt zu dem Ergebnis, dass die Steuerharmonisierung
von Nachteil ist, Steuerwettbewerb hingegen vorteilhaft wirkt, z. B. im öffentlichen
Sektor den Hang zur Ineffizienz hemmt, siehe Boss, Alfred: Steuerharmonisierung oder
Steuerwettbewerb?; Kieler Arbeitspapier, Nr. 1178, August 2003.
[391] Siehe Kotler, Philip / Haider, Donald / Rein, Irving: Standort-Marketing. Düsseldorf
1994.

auch innerhalb der EU gab und gibt es den Steuerwettbewerb, auch in der von Kotler geschilderten Variante[392]. Letztlich gibt es Steuerwettbewerb auch innerhalb des föderal gegliederten Deutschlands, solange jedenfalls, wie noch Instrumente der Steuer- und Abgabenpolitik durch die Länder und Kommunen gestaltet werden dürfen. Bundesdeutsche Kommunen setzen ihre Möglichkeiten bei der Steuer- und Abgabenpolitik jedoch auch gezielt weltanschaulich ein. Als eine Folge des Vormarschs der ‚grünen Ideologie' ist seit vielen Jahren zu beobachten, dass sich die Infrastrukturpolitik in bundesdeutschen Kommunen auf die Anwerbung der „sauberen Wirtschaftszweige" konzentriert. Es werden Anreizpakete – vorwiegend auch steuerliche – geschnürt, um ‚grünes Gewerbe' anzulocken und die Störenfriede zu vertreiben. Die Störenfriede sind die ‚schmutzigen Industrien', also die Alt-Industrien, denen jene Kommunen Arbeit und Wohlstand verdanken[393].

Standortwettbewerb um die besten Unternehmen und Köpfe durch Steuergesetzgebung schmeckt jedenfalls vielen Politikern nicht, wie dies bspw. Christoph Watrin am Vorabend der 10. Internationalen Gottfried-von-Haberler-Konferenz in seiner Tischrede nachzeichnete – bei dieser Gelegenheit zitierte Watrin Milton Friedman mit den Worten[394]:

---

[392] Siehe o. V.: Konzerne auf der Flucht; in: Der Spiegel, 1996, Heft 12, S. 29-32; https://www.spiegel.de/spiegel/print/d-8892616.html und Weichenrieder, Alfons J.: Besteuerung und Direktinvestition. Tübingen 1995.
Zu den aktuellen Trends, der Theorie und der Politik des „Steuerwettbewerbs" siehe Bräutigam, Rainer u. a.: Internationaler Steuerwettbewerb. München 2018.
[393] Siehe Koehler, Harald: Verhalten von Firmenangehörigen bei Betriebsverlagerungen. Stuttgart 1990.
[394] Siehe Milz, Hubert: Veranstaltungsbericht. Staatliche Aufgaben und Ausgaben. 10. Internationale Gottfried-von-Haberler-Konferenz; https://ef-magazin.de/2014/07/07/5509-veranstaltungsbericht-staatliche-aufgaben-und-ausgaben..

„Die Halunken an der Macht werden alles ausgeben, was sie bekommen.

Daher ist es immer angebracht, die Steuersätze zu senken."

Diese Manie des Geldausgebens kann durch den internationalen Steuerwettbewerb gebremst werden und dieser ist Regierungen generell zuwider. Solche Politiker wollen den internationalen Steuerwettbewerb ausschalten. So offen wird dies natürlich nicht kommuniziert, doch ab und zu doch. So hätte bspw. der damalige Bundesfinanzminister Peer Steinbrück in Sachen internationalem Steuerwettbewerb gerne die „siebte Kavallerie" gegen die Schweiz reiten lassen[395]. Doch in der Regel halten sich Politiker mit dermaßen groben Formulierungen zurück. Sie sprechen lieber von Steuerharmonisierung, was nichts anders als Steuerkartellierung ist und große Staaten drohen auch unverhohlen den kleinen Staaten wegen deren „unfairen Steuerpolitik"[396].

Das Abwandern der „Steuerquellen" – Unternehmen und reiche Bürger – soll verhindert oder zumindest behindert werden, so bspw. durch die so genannte „Wegzugsbesteuerung". Ein Instrument vieler Staaten, das auch Österreich, Frankreich und Deutschland einsetzen. Eine französische Regelung verwarf der EuGH 2004 als Verstoß gegen die EU-Regeln. Steuerexperten erwarteten damals auch eine deutsche Novellierung, da das EuGH-Urteil ebenfalls die seit 1972 bestehende bundesdeutsche Wegzugsbesteuerung tangierte. Eine deutsche Gesetzesnovelle erfolgte für

---

[395] Siehe o. V.: Schweiz versus Steinbrück. Schlacht am Little Big Matterhorn; in: Stern, 19.03.2009;   https://www.stern.de/politik/deutschland/schweiz-versus-steinbrueck-schlacht-am-little-big-matterhorn-3422690.html.

[396] Mehr dazu siehe Milz, Hubert: Veranstaltungsbericht. Staatliche Aufgaben und Ausgaben.   10.   Internationale   Gottfried-von-Haberler-Konferenz; https://ef-magazin.de/2014/07/07/5509-veranstaltungsbericht-staatliche-aufgaben-und-ausgaben.

2006, diese tat dem EuGH-Urteil genüge, so dass die deutsche Wegzugsbesteuerung im Kern weiterhin gültig ist[397].

Die deutsche Wegzugsbesteuerung war geschaffen worden wegen des Kaufhauskönigs Helmut Horten. Dieser hatte seinen Wohnsitz in das schweizerische Tessin verlegt und von dort aus 1968 seine Aktien völlig legal am deutschen Fiskus vorbei steuerfrei verkauft. Daraufhin traten 1972 Regeln in Kraft, die als „Lex Horten" Einzug in die Annalen fanden. Die „Lex Horten" soll verhindern, dass der bundesdeutsche Fiskus beim Auswandern zahlungskräftiger Bürger ohne Steuereinnahmen bleibt[398].

---

[397] Siehe Knies, Jörg: Die Wegzugsbesteuerung von "Horten" bis "de Lasteyrie du Saillant"; https://www.iww.de/pistb/archiv/aussensteuergesetz-die-wegzugsbesteuerung-von-horten-bis-de-lasteyrie-du-saillant-f42713#.

[398] Siehe Busch, Jerome: Wie Deutschlands Warenhäuser verschwanden; https://www.faz.net/aktuell/wirtschaft/unternehmen/wie-deutschlands-warenhaeuser-verschwanden-15782359/horten-1578256 8.html.
Ist die „Lex Horten" eine Wiederbelebung des „Reichsfluchtsteuergesetzes"? Zur „Reichsfluchtsteuer", auch deren Missbrauch, siehe einen Zeit-Artikel aus 1951, o. V.: Problematische Reichsfluchtsteuer; https://www.zeit.de/1951/31/problematische-reichsfluchtsteuer.

kd) Wessen Eigentum?

> *„„Etwas muß er sein eigen nennen,*
>
> *Oder der Mensch wird morden und brennen."*
>
> – FRIEDRICH VON SCHILLER

Trotz aller politischen Gegenmaßnahmen versuchen Menschen weiterhin ihr Eigentum durch den Transfer ins weniger habgierige Ausland vor dem Zugriff gieriger Regierungen zu schützen – und dies behagt Politikern ganz und gar nicht. So sprach Künast, eine Politikerin der Grünen, bspw. 2010 in diesen Zusammenhängen ganz offen und wie selbstverständlich vom Tatbestand der „Republikflucht". Dies ist ein Ausdruck mit einem sehr hässlichen, bitteren Beigeschmack; denn in der DDR galt der SED (deren Rechtsnachfolgerin ist die heutige Partei „Die Linke") der Strafbestand der „Republikflucht" als hinreichender Grund, um Menschen beim Versuch der „Republikflucht" gnadenlos ermorden zu lassen[399].

Die Äußerungen der Grünen-Politikerin ergeben zwangsläufig, dass Politiker zu der Ansicht tendieren, dass die bundesdeutsche Bevölkerung, alles Eigentum und jedweder Besitz vollumfänglich und ausschließlich den Verfügungsrechten der Politik unterstellt sind – also das Eigentum des Staates sind. Eine Ansicht voller Hohn, die den Rechtsstaatsgedanken pervertiert. Und wer damals – 2010 – ein wenig im Internet in den Kommentaren zum Künast-Vergleich stöberte, konnte schnell feststellen,

---

[399] Siehe Gebauer, Carlos A.: Relativiert Renate Künast die Mauertoten? Ein unfassbarer Vergleich der grünen Politikerin; https://ef-magazin.de/2010/02/08/1853-relativiert-renate-kuenast-die-mauertoten-ein-unfassbarer-vergleich-der-gruenen-politikerin; Köppel, Roger: Editorial „Weltwoche"; https://www.weltwoche.ch/ausgaben/2010-05/artikel-2010-05-editorial-deutsche-gier.html und Miersch, Michael: Republikflucht; https://www.achgut.com/ artikel/republikflucht/.

dass die Ansicht dieser Grünen-Politikerin keine Einzelmeinung in den „grün-roten" oder „rot-grünen" Lagern war – nicht nur aus diesem Lager gab es Zustimmung, auch etliche aus den strukturkonservativen und strukturetatistischen Lagern stimmten dem Kerngedanken, unter Distanzierung vom belasteten Ausdruck „Republikflucht", im Grunde genommen zu. Somit zeigt sich, dass die Politiker auch wenig Respekt vor den Verfügungsrechten der Menschen über ihr Eigentum haben. Wenn Politiker irgendwelche ideologischen Ziele verfolgen, werden bei Bedarf auch störende Verfügungsrechte geschliffen. Seit vielen Jahrhunderten bewährte Rechtstitel des Zivilrechts werden dann materiell entleert, formal bleibt der Rechtstitel bestehen, ist jedoch tatsächlich nur noch eine leere Hülse ohne Wert[400].

Sind ideologische Ziele nur schwer bei der eigenen Bevölkerung durchsetzbar, dann leisten die EU-Institutionen hilfreich Flankenschutz[401]. Eine EU-Richtlinie, der die Mitgliedschaften folgen zu haben, ist im nationalen Recht zu verankern. So waren dies bspw. EU-Richtlinien, die die zwingende Grundlage für das „Allgemeine Gleichbehandlungsgesetz" (AGG) bildeten – umgangssprachlich Antidiskriminierungsgesetz

---

[400] Zur Methode siehe weiter oben in diesem Gliederungspunkt die Ausführungen zu Rüthers.

[401] Siehe Vaubel, Roland u. a.: Europa, gerne. EU, nein danke!, in: Schweizer Monatshefte, Heft 965; https://www.e-periodica.ch/cntmng?pid=smh-002:2008:88::1043.
Dort heißt es über die EU-Kommission: „Sie kann schalten und walten, wie sie will. Sie ist Exekutive, Legislative und Judikative in Personalunion. Es fehlt ihr bloss die demokratische Legitimierung."
Ergänzend und vertiefend dazu Gebauer, Carlos A.: Rettet Europa vor der EU: Wie ein Traum an der Gier nach Macht zerbricht. München 2014.

genannt. Johann Braun[402], der das AGG und die diesbezüglichen EU-Richtlinien bewertete, kam zu dem Urteil:

„Übrigens – Deutschland wird wieder totalitär.“

Braun erwartete, angelegt im und durch das AGG, einschneidende Eingriffe in die Verfügungsrechte des Privateigentums und eine weitgehende Aushöhlung des materiellen Rechtstitels der Vertragsfreiheit.

„Diskriminierung“ und Grundrechte: Das lateinische Wort „discriminatio“ bedeutete ursprünglich wertneutral „Scheidung, Absonderung“[403]. Durch die „Sprachverwirrung im politischen Denken“[404] wurde die Bedeutung mit der Zeit in eine Art von herabsetzender und herabwürdigender Beleidigung gedreht. Ein Umstand, den sich die politisch Mächtigen und Einflussreichen nunmehr als Instrument gegen die Menschen nutzbar zu machen suchen, wie bspw. der Vertrag über die Arbeitsweise der EU deutlich illustriert. So soll bspw. der Katalog der Grundrechte den Menschen die Mittel in die Hand geben, um sich gegen Machtanmaßungen des Staates zu wehren. In einem Rechtsstaat – saubere

---

[402] Siehe Braun, Johann: "Forum: Übrigens – Deutschland wird wieder totalitär"; in: JuS 2002, 424. Johann Braun war bis zu seiner Emeritierung 2011 Professor für Zivilprozessrecht, Bürgerliches Recht und Rechtsphilosophie.

[403] Siehe dazu, nebst Kommentierung von AGG und EU-Vorgaben Baader, Roland: Wird Deutschland wieder totalitär"; in: ders.: Markt oder Befehl. Grevenbroich 2007, S. 167-175, Dorenburg, Thomas: Geheimpapier aus der CDU/CSU-Bundestagsfraktion. Eine sozialdemokratische Partei; in: eigentümlich frei, Heft 79, S. 32-44 und Rogusch, Kai: Das Allgemeine Gleichbehandlungsgesetz: Eine antidemokratische Entmündigung im Gewande „multikultureller Vielfalt"; in: Boger, Horst Wolfgang (Hg.): Der Staat als Super Super Nanny. Berlin 2008, S. 76-104.

[404] So der Titel eines Artikels, Hayek, Friedrich August von: Die Sprachverwirrung im politischen Denken; in: ders.: Freiburger Studien, Tübingen 1969, S. 206-231.

Trennung der drei Staatsgewalten – ist dies mit Hilfe der Judikativen im Prinzip auch machbar.

Zu den Grundrechten der Bürger zählt auch, dass der Staat alle Bürger gleich behandeln muss – der Staat darf die Bürger nicht in Menschen erster, zweiter oder dritter Klasse trennen. Im praktischen Leben jedoch unterscheidet jeder Mensch tagtäglich, bspw. mit welchen Leuten das private Umfeld gepflegt wird oder welche beruflich-geschäftlichen Beziehungen einzugehen sind. Im täglichen Leben gilt vorrangig das über viele Jahrhunderte spontan durch das menschliche Handeln gewachsene Zivilrecht[405], nicht das Öffentliche Recht. Henrique Schneider erläuterte in einem Vortrag, dass schon seit etlichen Jahren bei den politisch Mächtigen der Trend zu beobachten ist, immer mehr und mehr die Grundrechte durch sekundierende Gesetze, die von hilfreichen Juristen erarbeitet werden, ins Gegenteil zu drehen. Aus Grundrechten der Bürger zum Schutz gegen politischen Machtmissbrauch werden auf diese Art und Weise Waffen für die politisch Mächtigen gegen die Bürger geschmiedet[406].

---

[405] Dazu, wie dieses spontan entstandene und über Jahrhunderte gepflegte und fortentwickelte Recht gezielt durch Gesetzesflut zermürbt wird, siehe Gebauer, Carlos A.: Plurimae leges, summa iniuria. Die Gesetzesflut erzeugt größtes Unrecht; https://ecaef.org/haberler-conference/gottfried-von-haberler-conference-2017/.

[406] Siehe Schneider, Henrique: Über Rechte und Freiheit des Bürgers; https://ecaef.org/haberler-conference/gottfried-von-haberler-conference-2016/.
Für Matthias Braun ist die fortschreitende Vergesetzlichung auch der Grundrechte ein wesentlicher Grund für die Erosion des Rechtsstaats, siehe Braun, Matthias: Verfall des Rechtsstaates? John Rawls und Friedrich August von Hayek zum Problem der Verrechtlichung. Berlin 2014.
Und folgt man den Ausführungen Leisners, so setzt ein Arsenal zur Nivellierung der Grundrechte den Möglichkeiten der politisch Mächtigen kaum Grenzen, siehe Leisner, Walter: Der Gleichheitsstaat. Berlin 1980.

In eben dieser Art werden durch das AGG die Eigentums- und Verfügungsrechte letztlich zu hohlen, schalen Floskeln verkümmern. Für Rogusch spiegelt sich im AGG eine ‚lupenreine' antidemokratische Gesinnung, welche die Autonomie der Menschen und menschlichen Gemeinschaften zersetzt, mit dem Ziel ein institutionalisierte „Gleichheit" der „Unfreiheit und Entmündigung" zu schaffen[407]. Die Anreize des Gesetzes sind letztlich derart, dass die politisch Mächtigen jedem „Eigentümer" vorschreiben können, wie und wozu der „Eigentümer" sein Eigentum im Sinne der politisch Mächtigen zu nutzen hat und wozu er es überhaupt noch nutzen darf[408] – noch eventuell vorhandener Respekt der Politiker vor dem Eigentum anderer Leute wird untergraben. Unternehmerische Kreativität und Initiative werden dadurch zumindest stark geschwächt.

Die Rolle der EU-Institutionen, insbesondere die der Kommission, war genauso wie oben dargestellt von Beginn (1957) an so vorgesehen. Der Jurist Walter Hallstein, ab 1958 der erste Präsident der Kommission, war in einem Buch[409] geradewegs stolz auf diese von ihm aufgebaute Kommission, die keiner exekutiven, legislativen oder judikativen Kontrolle unterliegt, unabhängig von Regierungen oder Weisungen der Mitgliedsstaaten und ausgerüstet mit dem Monopol der Gesetzesinitiative. Vorstellungen, Ideen und Pläne, die Politiker in ihren Heimatstaaten gegen den Willen der eigenen Bevölkerungen nur schwer oder gar nicht

---

[407] Siehe Rogusch, Kai: Das Allgemeine Gleichbehandlungsgesetz: Eine antidemokratische Entmündigung im Gewande „multikultureller Vielfalt"; in: Boger, Horst Wolfgang (Hg.): Der Staat als Super Super Nanny. Berlin 2008, S. 76-104.

[408] Siehe Braun, Johann: Übrigens – Deutschland wird wieder totalitär; https://www.dijg.de/homosexualitaet/gesellschaft/deutschland-wieder-totalitaer/.

[409] Siehe Hallstein, Walter: Die Europäische Gemeinschaft. Düsseldorf 1979, 5. Auflage.

durchsetzen können, werden durch die EU-Institutionen auf den Weg gebracht. Und jeder Mitgliedsstaat der EU hat den Vorgaben der EU-Kommission zu folgen.

Die römischen Verträge, die Gründungsverträge der EWG und sozusagen die „Geburtsurkunde der EU", wurden 1957 unterzeichnet. Schon damals haben scharfsichtige Zeitgenossen, wegen der Anreize, die diese machtpolitisch im negativsten Sinne enthalten, gewarnt. So bspw. der Züricher Professor Böhler mit den Worten[410]:

> *„Noch nie ist in der modernen Zeit außerhalb des Kommunismus und des Dritten Reichs die Herrschaft des Apparats so souverän schon in der Verfassung einer neuen politischen Organisation entworfen worden."*

Somit bleibt abschließend die Frage, wie soll in einem solchen institutionellen Rahmen, in welchem Politiker durch umfangreiche Eingriffe in die Eigentums- und Verfügungsrechte (Steuern- und Abgabenpolitik, Aufweichung und Entleerung materieller Rechtstitel) die Substanz der Funktionen und damit die politische Kraft des Privateigentums auflösen, überhaupt die Bildung von Eigentum bei breiten Schichten der Bevölkerung möglich sein?

---

[410] Zitiert nach Röpke, Wilhelm: Gemeinsamer Markt und Freihandelszone; in: ders.: Wort und Wirkung. 1964.

l) Bildung – Kultur – Medien

> *„Wenn die Sonne der Kultur niedrig steht,*
>
> *werfen selbst Zwerge einen Schatten."*
>
> – KARL KRAUS

Vor den Signalen, welche die Kohorten des Scheiterns des deutschen neoliberalen Konzepts schon in der frühen Nachkriegszeit aussandten, warnte Wilhelm Röpke schon frühzeitig.

Röpke wurde nicht müde hervorzuheben, dass die Marktwirtschaft zwar eine notwendige, jedoch keine hinreichende Bedingung zum Werden und Wachsen eines freien und guten Gemeinwesens ist[411]. Ein solches Gemeinwesen kann – so Röpke – nur sprießen und gedeihen, wenn es auf einer umfassenden und gelebten Sozial- und Moralphilosophie ruht.

Die Marktwirtschaft sah Röpke theoretisch und praktisch nur als Teil dieser Grundlage[412]. Familie, Religion, Bildung – einfach Kultur im

---

[411] So bspw. 1957 in einem Vortrag Röpke, Wilhelm: Marktwirtschaft ist nicht genug; in: ders.: Wort und Wirkung. 1964, S. 136-154.

[412] Ökonomie als ein Teil einer Sozial- und Moralphilosophie, also der praktischen Philosophie? Dem ist schwer zu widersprechen, da Adam Smith – einer der Stammväter der Ökonomie als Wissenschaft – an der Universität Glasgow von 1752 bis 1763 Professor der Moralphilosophie war. Die beiden Hauptwerke Adam Smiths (Theorie der ethischen Gefühle. Hamburg 1977; Der Wohlstand der Nationen. München 1978) verdeutlichen dies, sie widersprechen sich nicht, sondern ergänzen sich. Menschliches Handeln bedingt sich gemäß den Ausführungen Adam Smiths einerseits von der Sympathie her und anderseits vom Eigeninteresse her. Moderne Neoklassiker, die das Erklärungskonzept des „homo oeconomicus" überdehnen und nur das Eigeninteresse im Blick haben, beschreiten – so Röpke – einen „rationalistischen Irrweg"; siehe bspw. Röpke, Wilhelm: Irrwege des Rationalismus; in: ders.: Marktwirtschaft ist nicht genug. Waltrop 2009, S. 83-102. Ähnlich wie Röpke ordnete dies auch Ludwig Erhard ein; siehe bspw. Erhard, Ludwig: Dreißig Jahre Konjunkturpolitik 1929-1959. Via Aperta Nr. 12, Dezember

umfassenden Sinn – sind, neben der Marktwirtschaft, weitere tragende Säulen eines guten Gemeinwesens.

Die Erosion dieser Säulen bedingte aus Röpkes Sicht die Gründe für die allgemeine – nicht nur für die deutsche – Gesellschaftskrisis des Westens, die mit der deutschen Katastrophe keineswegs ein Ende gefunden habe. Vielmehr schreite die Erosion jener Werte nach Ende des 2. Weltkriegs in der einen oder anderen Form – so Röpke – weiter fort, die Gegner einer guten Gemeinschaft formierten sich nur neu. Die „Gesellschaftskrisis" war 1942 im Exil das große Thema Röpkes[413]. Diese Gesellschaftskrisis gefährde die Werte Europas, die im kulturellen Erbe der Antike[414], des Christentums und der europäischen Aufklärung zu verorten sind. Denen Europa den erfolgreichen Weg zu einem Mehr an Freiheit und Wohlstand verdanke. Für Röpke war die Klammer dieses Erbes für eine freie und lebenswerte Gemeinschaft unverzichtbar. Das Leugnen des Erbes bedinge die Gesellschaftskrisis und würde langfristig den Verlust von Freiheit und

---

1959/Januar 1960; in: ders.: Gedanken aus fünf Jahrzehnten. Reden und Schriften. Düsseldorf 1988, S. 596-602 und ders.: Wohlstand für Alle. Düsseldorf 1964, 8. Auflage.

[413] Röpke, Wilhelm: Die Gesellschaftskrisis der Gegenwart. Bern 1979, 6. Auflage.

[414] Für eine Einführung in das kulturelle Erbe der Antike siehe Rüegg, Walter: Antike Geisteswelt, 2 Bände. Hanau 1986.
Überblicke zum Werden und Sein des Westens aus den Wurzeln der Antike zeigen bspw. Weinstock, Heinrich: Die Tragödie des Humanismus. Wahrheit und Trug im abendländischen Menschenbild. Wiesbaden 1989 und Nemo, Philippe: Was ist der Westen?: Die Genese der abendländischen Zivilisation. Tübingen 2005. Nemos Buch bietet eine kompakte und sehr zu empfehlende Zusammenschau.
Weinstock verkannte leider die brutalen „atavistischen Instinkte", die der Marxismus weckt und versuchte irrtümlich Karl Marx „humanistisch" zu retten. Während hingegen Nemo klarmacht, dass Karl Marx für die Eliminierung der zivilen Kulturleistungen Pate steht: Kommunismus, Faschismus und Nationalsozialismus sind antizivilisatorische Ausbrüche mimetischer Gewaltexzesse und ein Rückfall in archaische Zustände.

Wohlstand bewirken. Noch in seinem letzten Buch[415] bestach Röpke durch funkelnde Formulierungen, mit denen er seine Analysen über die „futuristischen Utopisten" würzte, die durch ihren Einfluss auf das Kultur-, Bildungs- und Medienwesen die Gesellschaftskrisis am Brennen halten. Andere „wertkonservative" Liberale – so auch Erhard und Hayek – stimmten mit Röpke hierin mehr oder minder überein[416].

---

[415] Röpke, Wilhelm: Torheiten der Zeit. Nürnberg 1966.

[416] Siehe Erhard, Ludwig: Gedanken aus fünf Jahrzehnten. Reden und Schriften. Düsseldorf 1988 und Hayek, Friedrich August von: Rede vor der Mont Pèlerin Society am 09.03.1984; http://www.freitum.de/2015/07/friedrich-augustvon-hayek-rede-vor-der.html.

la) „Bildungsjakobinismus"

> *„Es gibt nur eins, was auf Dauer teurer ist als Bildung,*
>
> *keine Bildung."*
>
> – JOHN F. KENNEDY

Das kulturelle Erbgut Europas, insbesondere das christliche Erbe, ist heutzutage oftmals das Gespött einer gewissen Spezies von Intellektuellen[417].

Derartiges Gespött spiegelte sich auch im Rahmen der Debatten zur Präambel der EU-Grundrechtecharta oder der Präambel der EU-Verfassung wider. In einem brillanten Essay[418] verteidigte der amerikanische Rechtsprofessor Joseph Halevi Horowitz Weiler, Sohn eines litauischen Rabbiners, die drei Säulen der europäischen Kultur, nicht nur das Kulturgut der Antike und die humanistischen Werte der Aufklärung, sondern auch ganz besonders den jüdisch-christlichen Wertekanon, der Europa wesentlich prägte und formte. Das christliche Erbe Europas zu leugnen oder sich diesem zu verweigern, speist sich aus professioneller Ignoranz und passioniertem Wahrnehmungsanalphabetentum – also letztlich aus der mangelnden Redlichkeit solcher Intellektuellen.

Einer Gesellschaft, die nur auf ein Mehr an Konsum ausgerichtet ist, in der die Politik sich nur nach der Messlatte der Nützlichkeit bestimmt, die nur durch Bürokraten, Ökonomokraten und Technokraten geformt wird und in welcher der Mensch auch nur ein nützliches Schräubchen im

---

[417] Siehe dazu die Literaturhinweise in Fußnote 19.
[418] Siehe Weiler, J. H. H.: Ein christliches Europa. Salzburg 2004.

Räderwerk der „Maschine Gesellschaft" darstellt, fehle die geistig-moralische Kraft und das Rüstzeug, um auf Dauer zu bestehen[419].

Deswegen brachte sich bspw. Röpke auch ein in die Diskussionen zur Bildungsreform[420], die zum Ende der 1950er Jahre einsetzten. Auf allen Ebenen des deutschen Bildungssystems war der Menschenschlag geformt worden, der aus einem Land der Ruinen innerhalb eines Jahrzehnts eine der stärksten Wirtschaftsnationen des Westens schuf. Trotz solcher Erfolge galt das Bildungssystem als überholt und untauglich. Bildungsreformer traten an, um das Bildungssystem nach Nützlichkeitsaspekten zu reformieren[421] und so für einen hohen Anteil an Abiturienten zu sorgen.

Für wertkonservative Liberale hieß dies, dass Quantität vor Qualität gehen solle. Eine utilitaristische Pädagogik, welche die Schule rein nach der Nützlichkeit, der Brauchbarkeit und der Zweckmäßigkeit für den Staat und das Gewerbe betrachtete, lehnten wertkonservative Liberale ab. Vielmehr habe die Schule den Dienst zu leisten, autonome Individuen, freie, charakterfeste, selbständige und selbstbewusste Menschen zu formen – die Züchtung „nützlicher Idioten" wurde rundweg verworfen. Letztlich obsiegten die Bildungsreformer, auch weil das liberale Lager gespalten war. So avancierte bspw. Ralf Dahrendorf (später Lord

---

[419] Siehe Röpke, Wilhelm: Europa – Einheit in der Vielheit; in: ders.: Marktwirtschaft ist nicht genug: Gesammelte Aufsätze. Waltrop 2009, S. 235-249 und auch Erhard, Ludwig: Ludwig: Wohlstand für Alle. Düsseldorf 1964, 8. Auflage.

[420] Siehe Röpke, Wilhelm: Wider den Bildungsjakobinismus. Heroldsberg 1979.

[421] Dass Bildung und Beruf per se eben nicht gegensätzlich sind, zeigte Maier, Hans: Bildung und Beruf – ein Gegensatz?; in: Bossle, Lothar: Konservative Bilanz der Reformjahre. Würzburg 1981, S. 345-358.

Dahrendorf) wegen der „Chancengleichheit" zum Fackelträger der Bildungsreform[422].

Es bewahrheiteten sich die Warnungen und treffsicheren Analysen Brezinkas[423], Röpkes, Schoecks und anderer: Leistung wurde unanständig. Schoeck bescheinigte der „kulturpolitischen Linken" eine[424]

> *„Sozialethik, in der jeder, der irgendwie erfolgreich ist, ständig auf Knien herumrutschen muß, um seine Mitmenschen dafür um Verzeihung zu bitten."*

Das Bildungsniveau sank stetig – Dozenten und Studenten fanden sich, für beide Seiten frustrierend, in überlaufenen Hörsälen und Seminaren wieder, die den Traum vom wissenschaftlichen Lernen und Arbeiten wie die Sehnsucht nach der guten alten Zeit erscheinen lassen. Außerdem standen die Abiturienten, durch den Numerus Clausus, sinnbildlich vor verschlossenen Hochschultoren[425]. All das verwunderte die Lehrerin und Bildungspolitikerin Hanna-Renate Laurien nicht, sie vermerkte korrekt, dass der Erziehungsauftrag bedeute, dass durch Erziehung aus dem Schüler der ganze Mensch werden soll. Weder die ‚Pädagogik des

---

[422] Siehe Dahrendorf, Ralf: Aktive Bildungspolitik ist ein Gebot der Bürgerrechte: Motive des Wandels; in: Die Zeit, Nr. 46/12.11.1965.

Mehr zur damaligen Diskussion, die im Grunde genommen nur die Fortsetzung eines schon gut 100 Jahre geführten Streits war, siehe die Quellenangaben, Kommentare und Anmerkungen bei Milz, Hubert: Freiheit – ein fragiles „Kulturideal". München 2019.

Zum weiten Themenfeld der Bildung siehe Altmiks, Peter/Klotchkov, Kathleen (Hg.): Bildung für Alle. Bildungsvielfalt im Ideenwettbewerb. Frankfurt/M. 2015.

[423] Siehe Brezinka, Wolfgang: Die Pädagogik der Neuen Linken. München 1981, 6. Auflage.

[424] Siehe Schoeck, Helmut: Ist Leistung unanständig? Osnabrück 1971.

[425] Siehe bspw. Maier, Hans: Bildung und Beruf – ein Gegensatz?; in: Bossle, Lothar: Konservative Bilanz der Reformjahre. Würzburg 1981, S. 345-358.

Laufenlassen', noch die ,befehlend-autoritär-dressierende Methode' werden diesem Auftrag gerecht[426].

Erfolgreich waren die Anhänger eines bedingungslosen Relativismus und ,Kulturmarxismus'. Sie besetzten die Schaltstellen im Bildungswesen, so dass die Schulen, von Roegele fortan passend „marxistische Konfessionsschulen" genannt[427], den Kindern – so Schoeck – das „richtige Bewußtsein" beibringen konnten[428]. „Die Umschulung auf eine andere Republik"[429] führte soweit, dass Rohrmoser notierte, dass den heranwachsenden Generationen inzwischen das Wissen, *das in 2000 Jahren über Kultur erarbeitet worden ist, … vorenthalten wird*"[430]. Dies würde, da den ,Kulturmarxisten'[431] neben der Bildung auch ein Großteil wichtiger Schaltstellen im Medien- und Kulturbereich überlassen worden sind, den schlimmen Zustand der Gesellschaft erklären[432].

---

[426] Siehe Laurien, Hanna-Renate: Konservative Bildungspolitik: Bewahren und Fortschritt; in: Bossle, Lothar: Konservative Bilanz der Reformjahre. Würzburg 1981, S. 359-367.

Thilo Sarrazin, einst Berliner SPD-Finanzsenator und 2020 aus der SPD ausgeschlossen, fällte im Januar 2021 das Urteil: „*Überall in Deutschland sind die Pisa-Werte um so schlechter, je länger SPD-Kultusminister regiert haben*", siehe Sarrazin, Thilo: Geisel der Linken; https://jungefreiheit.de/debatte/kommentar/2021/spd-geisel-der-linken/.

[427] Siehe Roegele, Otto B.: Diese oder eine andere Republik? Köln 1974.

[428] Siehe Schoeck, Helmut: Schülermanipulation. Wie man unseren Kindern das „richtige Bewußtsein" beibringt. Aufklärung für Eltern und Erzieher. Freiburg 1976.

Ebenfalls dazu Heitger, Marian: Manipulative Tendenzen gegenwärtiger Pädagogik; in: Bossle, Lothar: Konservative Bilanz der Reformjahre. Würzburg 1981, S. 329-343.

[429] Siehe Schoeck, Helmut: Kinderverstörung: Die missbrauchte Kindheit. Umschulung auf eine andere Republik. Asendorf 1989.

[430] Siehe Rohrmoser, Günter: Kulturrevolution: Die Antwort Amerikas; in: ders.: Kulturrevolution oder Niedergang?! Bietigheim/Baden 2005, S. 137-172.

[431] Die hier angedeuteten Schwärmer eines bedingungslosen Relativismus und die ,Kulturmarxisten' gehören zu der Spezies Intellektueller, die von Baader, Benda und Schlesky trefflich analysiert wurden; siehe Fußnote 19 und den dazu gehörenden Textteil.

lb) Meinungsmacht

> *„Das Blaue, was vom Himmel gelogen wird,*
>
> *schlägt sich als Druckerschwärze nieder."*
>
> – ANONYM

Friedrich August von Hayek wies auf die Macht der Meinungen hin, er zitierte einen Spruch aus einem Flugblatt des Jahres 1641[433]:

> *„Die Welt wird von Meinungen regiert und beherrscht".*

Daraus folgt, wer – wie die „kulturpolitische Linke" – die wichtigen Schaltstellen im Medienbereich besetzt hat, der verfügt über weitgehende Möglichkeiten, um meinungsbildend zu wirken – sei dies im Rundfunk, im Fernsehen oder im Feuilleton der Zeitung. Es ist demzufolge nicht erstaunlich, dass die bundesdeutsche Gesellschaft keine freiheitlich-bürgerliche Gesellschaft war und ist[434].

---

[432] Siehe Rohrmoser, Günter: Kulturrevolution: Die Antwort Amerikas; in: ders.: Kulturrevolution oder Niedergang?! Bietigheim/Baden 2005, S. 137-172.

[433] Siehe Hayek, Friedrich August von: Die Sprachverwirrung im politischen Denken; in: ders.: Freiburger Studien, Tübingen 1969, S. 206-231.

[434] Zur „Meinungsmacht" allgemein siehe Krüger, Uwe: Meinungsmacht. Köln 2013. Krügers Studie legt ein Netzwerk der ‚Meinungsmacher'– Medienvertreter, Politiker, Wirtschafts- und Verbandsfürsten – offen. Diese sind vielfach miteinander über Institute, Stiftungen, Vereine, Gesellschaften etc. verflochten und ineinander verwebt – und unterstützen sich gegenseitig. Oberflächlich betrachtet mag dieses Netzwerk wie eine Verschwörung scheinen, doch im Grunde ist dies ein Netzwerk, in dem sich die unterschiedlichsten Akteure bei gemeinsamen Interessen gegenseitig unterstützen, befruchten und befeuern, so dass letztlich ein prickelndes Gemälde zur Frage „Wie entsteht die öffentliche Meinung?" sichtbar wird.

Wie Michael von Prollius vermerkte, hatte und hat der Ordoliberalismus wenig Rückhalt in der bundesdeutschen Gesellschaft, siehe Prollius, Michael von: Deutsche Wirtschaftsgeschichte nach 1945. Göttingen 2006. Zur geschichtlichen Rolle des

Hier an dieser Stelle sei eine Art von klärender Zwischenbemerkung gestattet. Die „kulturpolitische Linke" ist zwar im Grunde ein griffiger und auch richtiger Ausdruck, aber eigentlich auch ein ungenauer Begriff, da nämlich Befürworter, Anhänger und Vertreter der „kulturpolitischen Linken" in jeder politischen Partei und in allen gesellschaftlichen Gruppen zu finden sind. Je nach dem, welche Felder die „kulturpolitische Linke" gerade propagiert und durch ihren Einfluss im Medienbereich zur „öffentlichen Meinung" formt, ist es ohne weiteres möglich, dass klassische Positionen der ursprünglichen politischen Linken plötzlich als reaktionär, faschistisch, ewig gestrig und so fort verschrien werden[435]. Ein Beispiel, Thilo Sarrazin argumentierte in seinem Buch „Deutschland schafft sich ab" als alter Sozialdemokrat auf der Grundlage etlicher klassischer Positionen der alten politischen Linken[436]. Positionen, welche

Liberalismus in Deutschland siehe Raico, Ralph: Die Partei der Freiheit. Studien zur Geschichte des deutschen Liberalismus. Stuttgart 1999.

Der Historiker Sieferle begründete diesen mangelnden Rückhalt zum Freiheitlichen geschickt mit dem tiefsitzenden „Sozialdemokratismus", der in allen deutschen Gesellschaftsschichten und allen Parteien – egal welcher politischen Farbe – tief verwurzelt ist; siehe Sieferle, Rolf Peter: Finis Germania. Berlin 2019. In derartigen Dingen waren die Diagnosen Sieferles regelmäßig sehr scharfsinnig, doch ansonsten wirkte Sieferle – Stefan Blankertz zeigte dies in seiner Rezension (Blankertz, Stefan: Finis Germania; in: eigentümlich frei, Heft 175, S. 62) des Buches – wie jemand, der ideengeschichtlich zwischen Theodor Adorno und Hannah Arendt pendelte, und zwar als ein Denker, der tendenziell gegen Individualität und Universalität ausgerichtet war.

[435] Siehe hierzu die Analyse von Taghizadegan, Rahim: Linke & Rechte: Ein ideengeschichtlicher Kompass für die ideologischen Minenfelder der Neuzeit. Wien 2017.

[436] Siehe Sarrazin, Thilo: Deutschland schafft sich ab. München 2010.

Für diejenigen, die sich für diese Thematik interessieren, noch ein paar Hinweise. Wie tief gerade das Denken in den Gleisen der Eugenik, die man Sarrazin ebenfalls vorwirft, insbesondere im linken Lager (jedoch nicht nur da) Wurzeln schlug, zeigt ein kurzer Streifzug durch das Vokabular des Medizinprofessors Julius Tandler, eines Säulenheiligen der österreichischen Sozialdemokratie. Der Historiker Peter Schwarz versuchte Tandler reinzuwaschen (Julius Tandler. Zwischen Humanismus und Eugenik.

197

die heutige „kulturpolitische Linke" pauschal, ohne sich mit Sarrazins Argumenten differenziert auseinanderzusetzen, als rechts, faschistisch und menschenverachtend verurteilt. Die heutige „kulturpolitische Linke" ist meistenteils „grün-rot" oder „rot-grün" geprägt. Folglich wäre es einfach, und zwar mittels für sich sprechender Zitate, insbesondere die geschichtlichen ‚Ikonen' der „rot-grünen" oder „grün-roten" kulturpolitischen Gruppen als rechts, faschistisch und menschenverachtend zu zeichnen[437]. Es kommt demnach stets auf den aktuell vorherrschenden Zeitgeist an, der die kulturpolitischen Gruppen dann dahingehend beflügelt irgendjemanden als „rechts" oder „links" einzusortieren. Diese Sortierung scheint häufig auf scheinbar ‚gesinnungsethischen' Aspekten zu ruhen, denen ebenso häufig jedwede ‚Verantwortungsethik' abhold ist.

So etwas wie eine Deutungshoheit in der Bildungspolitik erlangte die „kulturpolitische Linke", per se der gesellschaftspolitische Gegner der

---

Wien 2017); ein vergeblicher Versuch, da auch Schwarz nicht daran vorbei kam zuzugeben, dass Tandlers Vokabular dem grauenhaften Fundus der „Rassenhygiene" entsprießt. Derartiges beschränkt sich nicht nur auf Tandler, auch andere Säulenheilige der Sozialdemokratie sind hier zu verorten, bspw. Alva Myrdal und Gunnar Myrdal, das sozialistische Vorzeigeehepaar Schwedens, beide erhielten Nobelpreise, fabulierten ähnlich wie Tandler, um im Schweden der 1930er Jahre die Eugenik voranzutreiben.

Zur Eugenik an sich ist noch immer Chestertons 100 Jahre alter Essay aufschlussreich. Wer Chestons Essay liest und die alten Formulierungen der Eugeniker austauscht mit den heutigen populären psychologischen, pädagogischen, soziologischen oder sonstigen Floskeln, denen sich auch das gegenwärtige linke Lager gerne bedient, kann feststellen, dass die modernen Ausdrücke nur eine Tarnkappe sind, hinter welcher die alte, grausame „Kultur des Todes" der Eugeniker hervorlugt; Chesterton, Gilbert Keith: Eugenik und andere Übel. Berlin 2014.

[437] Siehe hierzu Schüßlburner, Josef: Roter, brauner und grüner Sozialismus. Grevenbroich 2008, dort sind etliche Beispiele zu finden, außerdem noch reichliche Quellenangaben, die zu weiteren Auswürfen der ‚Ikonen' führen.

wertkonservativen Liberalen[438], durch den Beistand der „Linksliberalen"
in der FDP, welche „Chancengleichheit" mit der Freiheit der Chancen
gleichsetzten. So illustrieren die „Stuttgarter Leitlinien einer liberalen
Bildungspolitik" der FDP in relevanten Punkten starke Schnittmengen mit
der „kulturpolitischen Linken"[439]. Außerdem übernahmen die Leitlinien
die Sprachverwirrung, die auch in der Pädagogik zu den wichtigen
Instrumenten der „kulturpolitischen Linken" zählt[440]. Bereits durch die
„Große Koalition" zwischen CDU/CSU und SPD ab Dezember 1966 errang
die „kulturpolitische Linke" maßgeblichen Spielraum in Sachen
„Meinungsmacht" bei wichtigen Politikfeldern. Ein Spielraum, der sich ab
1969 in der sozial-liberalen Ära (1969-1982) durch die Unterstützung der
„Linksliberalen" in der FDP erheblich erweiterte. So können bspw. die
„Freiburger Thesen der F.D.P. zur Gesellschaftspolitik" in Teilen so
interpretiert werden, als ob „Liberale" das Zehn-Punkte-Programm des 2.
Teils des „Manifests der Kommunistischen Partei" von Marx/Engels
übernommen und nur etwas anders formuliert haben[441].

---

[438] Siehe Aly, Götz: Unser Kampf: 1968 – ein irritierter Blick zurück. Frankfurt/M. 2008.

[439] Siehe Bundesvorstand der FDP: Stuttgarter Leitlinien einer liberalen Bildungspolitik.
Bonn 1972 (PDF-Manuskript).

[440] Siehe Brezinika, Wolfgang: Die Pädagogik der Neuen Linken. München 1981, 6.
Auflage.

[441] Bundesvorstand der FDP: Freiburger Thesen der F.D.P. zur Gesellschaftspolitik. Bonn
1971 (PDF-Manuskript).
Marx, Karl / Engels, Friedrich: Manifest der Kommunistischen Partei. Wien o. J. (PDF-
Manuskript).

> *„Das erste, das der Mensch im Leben vorfindet,*
>
> *das letzte, wonach er die Hand ausstreckt,*
>
> *das kostbarste, was er im Leben besitzt, ist die Familie."*
>
> – ADOLPH KOLPING

Alleine durch das Vehikel der Bildungspolitik konnte die „kulturpolitische Linke", da das bundesdeutsche Erziehungswesen, das nicht auf Schulpflicht oder Bildungspflicht setzt, sondern nur den Schulzwang[442] kennt und unter staatlicher Aufsicht steht, die teilweise „Lufthoheit über die Kinderbetten" nutzen und den Versuch wagen alte sozialistische Träume in die Praxis umzusetzen. Unter dem Motto der „Chancengleichheit" bspw. wurde gezielt die Zersetzung der Familien politisch in Angriff genommen[443]. Nach Hayek[444] bedeutet die absolute Durchsetzung der „Chancengleichheit" die Zerstörung der Familien. Kinder mit gebildeten Eltern haben Vorteile gegenüber Kindern aus bildungsfernen Schichten. Folglich sind die Kinder den Familien zu entreißen, um alle Kinder in staatlichen Bildungsanstalten zwangsweise zu erziehen. Daraus folgt – wegen der unterschiedlichen Begabungen –, dass die Bildung, wenn die Chancen gleich sein sollen, auf dem

---

[442] Zu Bildungspflicht und Schulzwang siehe bspw. Schulze Heuling, Dagmar: Die Bildungspflicht – ein Kompromiss zwischen Schulpflicht und Bildungsfreiheit?; in: Altmiks, Peter/Klotchkov, Kathleen (Hg.): Bildung für Alle. Bildungsvielfalt im Ideenwettbewerb. Frankfurt/M. 2015, S. 39-55.

[443] Schoeck bspw. schilderte wie diese Zersetzung in Etappen angegangen wurden; siehe Schoeck, Helmut: Das Recht auf Ungleichheit. München 1982.

[444] Siehe Hayek, Friedrich August von: Ungleichheit ist nötig; in: Wirtschaftswoche Nr. 11/06.03.1981, S. 36-40.

niedrigsten Niveau einzudampfen ist[445]. Wegen der unterschiedlichen Talente der Menschen – jeder Mensch ist ein Unikat – kann es die totale „Chancengleichheit" sowieso nicht geben, sondern die Freiheit der Chancen ist zu nutzen.

In funktionierenden und gesunden Familien sahen und sehen wertkonservative Liberale eine wertvolle, zu pflegende und zu schützende Institution: *„Familie als Grundlage der Kulturweitergabe"*[446]. Intakte Familien sind die Grundlage, die Urzelle für eine gute und freie Gemeinschaft, weil Eltern ihre Kinder besser auf das Leben vorbereiten können als jedwede staatliche Erziehungsanstalt. Dies räumte auch Michail Gorbatschow, Generalsekretär des Zentralkomitees der Kommunistischen Partei der Sowjetunion von 1985-1991, in seinem Buch „Perestroika" ein[447]:

„Wie haben erkannt, dass viele unserer Probleme im Verhalten vieler Kinder und Jugendlicher – in unserer Moral, der Kultur und der Produktion – zum Teil durch die Lockerung der familiären Bindungen und die Vernachlässigung der familiären Verantwortung verursacht werden."

Václav Klaus resümierte[448]:

---

[445] So stellte König die Frage: „Systematische Nivellierung als Chancengleichheit?", siehe König, Mareike: Individualisiertes Lehren und individuelles Lernen; Altmiks, Peter/Klotchkov, Kathleen (Hg.): Bildung für Alle. Bildungsvielfalt im Ideenwettbewerb. Frankfurt/M. 2015, S. 57-72.

[446] Siehe Kromka, Franz: Markt und Moral: Neuentdeckung der Gründerväter. Grevenbroich 2008.

Die folgenden Zitate von Václav Klaus und Lord Acton sind ebenfalls entnommen aus Kromka, Franz: Markt und Moral: Neuentdeckung der Gründerväter. Grevenbroich 2008.

[447] Zitiert nach Lohmann, Martin: Das Kreuz mit dem C. Wie christlich ist die Union? Kevelar 2009.

„Die Familie ist die ursprüngliche und natürliche Institution, welche dem Menschen Liebe und Gefühl vermittelt und die seine Beziehungen zur Umgebung formiert. Sie lehrt ihn moralische Gefühle und grundlegende menschliche Werte. Sie unterdrückt seine angeborene Selbstsucht und prägt ihm Sinn für Pflicht und Verantwortung zum Nächsten ein."

Und Lord Acton meinte in diesem Zusammenhang über den Menschen:

„Je höher das Gefühl für Verantwortung und Pflichtbewusstsein ist, desto mehr ist er frei."

Daraus folgt unmittelbar, dass intakte Familien, welche die Urzelle freier Gemeinschaften und der Transformationsriemen der tradierten kulturellen Werte sind, die Erzfeinde der Sozialisten und damit auch der „kulturpolitischen Linken" sind. Somit verwundert es nicht, dass ein Programm zur Eliminierung der klassischen Familie von Anatoli Lunatscharski (1875–1933), in der damaligen Sowjetunion Kommissar für Erziehung zur Familie, wie folgt skizziert wurde[449]:

„Unsere jetzige Aufgabe ist die Zerstörung der Familie und die Ablösung der Frau von der Erziehung ihrer Kinder. Wenn wir in unseren Gemeinschaftshäusern gut vorbereitete Abteilungen für Kinder organisiert haben, ergibt es sich zweifellos, dass die Eltern ihre Kinder von allein dorthin senden werden, wo sie durch medizinisch und pädagogisch qualifiziertes Personal überwacht sind. Dadurch werden zweifellos Ausdrücke wie meine Eltern oder unsere Kinder immer

---

[448] Die folgenden Zitate von Václav Klaus und Lord Acton sind ebenfalls entnommen aus Kromka, Franz: Markt und Moral: Neuentdeckung der Gründerväter. Grevenbroich 2008.
[449] Siehe Forum Familiengerechtigkeit, Zitate – Lunatscharski, Anatoli; https://www.familiengerechtigkeit-rv.de/?page_id=566.

weniger gebraucht werden und durch Begriffe wie die Alten, die Kinder,
die Säuglinge ersetzt werden."

Im Grunde war und ist dies auch das Ziel der „kulturpolitischen Linken",
selbst wenn dies heutzutage nicht mehr so grob wie durch Lunatscharski
ausgesprochen wird. Schoeck bspw. zeichnete nach, dass durch die
„kulturpolitische Linke" während der Regierungsjahre der sozial-liberalen
Koalition (1969-1982) das Ziel der Zersetzung der Familie in etlichen
Gesetzesinitiativen zwar mitunter nur unterschwellig mitschwang, jedoch
ausdauernd verfolgt wurde[450].

Dieses Ziel wurde auch nach Ende der sozial-liberalen Koalition bis heute
zu nicht aufgegeben. Das Ziel der „kulturpolitischen Linken" aller
politischen Parteifarben ist die „Lufthoheit über die Kinderbetten". Mittels
Erziehung (Kindergarten, KITA, Schule) sollen die Kinder ideologisch
indoktriniert werden, staatliche Erziehung ist zu instrumentalisieren, um
den Kindern von klein an die ‚richtige' Ideologie einzuimpfen[451].
Unterstützt wird die „kulturpolitische Linke" darin vom BVG, welches

---

[450] Siehe Schoeck, Helmut: Das Recht auf Ungleichheit. München 1982.
Dies wird auch auf der Ebene der EU-Institutionen mittels EU-Recht versucht. So vertrat
der Generalanwalt des Europäischen Gerichtshofs (EuGH) Nilo Jääskinen in seinen
Schlussanträgen vom 15.07.2010 die Ansicht, dass der Art. 6 GG (Schutz von Ehe und
Familie) gemäß EU-Recht ungültig ist. Derartige Versuche der Erosion der Familien zu
forcieren, dürften, mit Blick auf das aktuelle Urteil des BVG (24.03.2021:
https://www.bundesverfassungsgericht.de/SharedDocs/Entscheidungen/DE/2021/03/
rs20210324_1bvr265618.html), in dem das BVG völkerrechtswirksame internationale
Verträge (Art. 20a GG) als eindeutig vorrangig veranschlagt, zukünftig vermehrt
unternommen werden.
[451] Siehe Deutschlandfunk: Interview mit Olaf Scholz, 03.11.2002;
https://www.deutschlandfunk.de/scholz.694.de.html?dram:article_id=60153 und
Lachmann, Günter: Lufthoheit über Kinderbetten; in: Welt am Sonntag, 10.11.2002;
https://www.welt.de/print-wams/article122357/Lufthoheit-ueber-Kinderbetten.html.

mit Beschluss vom 21.07.2009 das grundgesetzlich verbürgte und garantierte elterliche Erziehungsrecht weitgehend aushebelte. Das Elternrecht wurde durch den „staatlichen Erziehungsauftrag" ersetzt, der sich – gemäß BVG – aus Artikel 7 Grundgesetz ableiten soll. Nur, in diesem Artikel wird vom Staat als Wächter über das Schulwesen gesprochen, nicht vom Staat als Erzieher der Kinder![452] Prinzipiell eröffnet also der Artikel 7 Grundgesetz die Möglichkeit des Wettbewerbs zwischen Schul- und Bildungsvarianten. Ein wenig Bildungswettbewerb war und ist zwar durch den bundesdeutschen Föderalismus zwischen den Bundesländern gegeben, doch ansonsten, durch Schulzwang und durch die Regie der Schul-, Bildungs- und/oder Kultusministerien über Schulen und Bildungspläne innerhalb der Bundesländer, weitgehend ausgebremst. Das BVG hat durch das Urteil vom 21.07.2009 den Bildungswettbewerb noch weiter erschwert[453]. Außerdem merkte Florian A. Hartjen zu recht an, dass die meisten Bundesbürger Bildungswettbewerb – also tatsächliche

---

[452] Siehe Christoferuswerk: Pressemitteilung; https://ef-magazin.de/2009/08/08/1405-karlsruher-skandal-urteil--auf-dem-weg-in-eine-staatliche-erziehungsdiktatur.

[453] Mit dem Instrument der „Sprengelpflicht" können die Schulbehörden in den meisten Bundesländern sowieso die Wahlmöglichkeiten der Eltern – „Welche Schule für das Kind?" – erheblich einschränken. Der „Schulsprengel" ist der Schulbezirk, dem eine Kommune angehört. Die meisten Bundesländer nennen, wenn überhaupt, nur die „Sprengelpflicht" für die Grundschulen, doch in Bayern umfasst die Pflicht auch die Mittelschulen; siehe o. V.: Schulsprengel in Deutschland; in: Süddeutsche Zeitung; https://bildung.sueddeutsche.de/schulsprengel/.
Der Bildungswettbewerb zwischen den Bundesländern enthält sowieso einige Fragezeichen. Beispiele: Würden Eltern ihr soziales Umfeld durch Umzug aufgeben, weil sie mit dem Schulsystem ihres Bundeslandes unzufrieden sind? Wirkt Bildungswettbewerb zwischen den Bundesländern überhaupt auf professionell-ignorante Ideologen, die die Bildungspolitik vorgeben?

Bildungsvielfalt – als ungerecht ablehnen würden; Wettbewerb, insbesondere Bildungswettbewerb, ist nicht erwünscht[454].

Propagiert wurde und wird ein extrem verzerrtes Recht der Selbstverwirklichung – bei dem Kinder und Familie nur stören können. Folglich sind Kinder der staatlich gesteuerten Ganztagsbetreuung zu übergeben. Weiter wird, verborgen hinter scheinbar wirtschaftlichen Sachzwängen, mit der Notwendigkeit der vollen Erwerbstätigkeit der Eltern argumentiert, so dass die staatlich gesteuerte Ganztagsbetreuung zur notwendigen Dienstleistung mutiert. Auf diesen Zug springen auch viele bürgerliche Politiker auf oder beugen sich opportun dem Zeitgeist, so dass bürgerliche Politik nicht nur vor der „kulturpolitischen Linken" resigniert, sondern selbst die Regie für deren politische Ziele übernimmt[455]. Das Aufgeben dieser und anderer kulturpolitischer Positionen führte dazu, dass prinzipienfeste Personen den bürgerlichen Parteien den Rücken kehrten – so bspw. der bekannte Publizist Martin Lohmann und der Sozialethiker Wolfgang Ockenfels[456].

---

[454] Siehe Hartjen, Florian A.: Grenzenlose Bildung; in: https://prometheusinstitut.de/grenzenlose-bildung/.

[455] Siehe Wehner, Markus: Die verlorene Lufthoheit der SPD; in: FAZ, 04.03.2007; https://www.faz.net/aktuell/politik/inland/familienpolitik-die-verlorene-lufthoheit-der-spd-1412504.html.

Thomas Dorenburg, inzwischen im Ruhestand, war Mitarbeiter der CDU-Bundestagsabgeordneten Klaus Riegert und Dr. Lutz Stavenhagen gewesen, analysierte in einem „Arbeitspapier" die „Sozialdemokratisierung" der CDU – nicht nur deren Schwenk auf den Kurs der „kulturpolitischen Linken". Es werden auch die dafür verantwortlichen Personen genannt; Namen, die man fast „als die üblichen Verdächtigen" bezeichnen kann: Norbert Blüm, Heiner Geißler, Ursula Lehr, Peter Müller, Rita Süssmuth und Ursula von der Leyen. Siehe Dorenburg, Thomas: Geheimpapier aus der CDU/CSU-Bundestagsfraktion. Eine sozialdemokratische Partei; in: eigentümlich frei, Heft 79, S. 32-44.

Durch ihre gute Vernetzung im Bildungs-, Kultur- und Medienbereich gelang es der „kulturpolitischen Linken" ihre familienpolitischen Ziele mehr oder minder zum weithin akzeptierten Ziel der Gesellschaftspolitik zu formen[457]. Norbert Bolz[458] merkte etwas resigniert an, dass Mütter so schnell als nur möglich in die Erwerbstätigkeit zurück sollen, daher firmiere unter „familienfreundlich" heutzutage eine Politik der Ganztagsbetreuung und Ganztagsschule:

> „DAY CARE ermöglicht es den Eltern, Kinder zu haben, als hätte man sie nicht."

Der Erreichung des Ziels der Zerstörung der klassischen Familie – und dies gilt nicht nur für dieses Ziel allein – ist für die „kulturpolitische Linke" inzwischen in greifbare Nähe gerückt. Ohne große Umstände lässt sich festhalten, dass der „kulturpolitischen Linken" dies durch das Entern der wichtigen Schaltstellen auch und vor allem im Medienbereich möglich wurde. Dadurch dominiert die „kulturpolitische Linke" seit vielen Jahren die veröffentlichte Meinung und drehte ihre Meinung zur öffentlichen Meinung. So feiern „political correctness" und „Gender-Mainstreaming", als Folge der seit etlichen Jahren in allen möglichen Facetten gegebenen Präsenz in den Medien, Erfolge in Politik, Wirtschaft und Gesellschaft – auch hier hecheln bürgerliche Politiker bereitwillig dem angeblichen Zeitgeist hinterher und schreiben sich diesen auf ihre Fahnen. Ohne zu erkennen oder erkennen zu wollen, dass „Gender-Mainstreaming" – die

---

[456] Siehe deren Abrechnung mit den Unionsparteien, Lohmann, Martin: Das Kreuz mit dem C. Wie christlich ist die Union? Kevelar 2009 und Ockenfels, Wolfgang: Das hohe C: Wohin steuert die CDU? Augsburg 2009.

[457] Siehe Dorenburg, Thomas: Geheimpapier aus der CDU/CSU-Bundestagsfraktion. Eine sozialdemokratische Partei; in: eigentümlich frei, Heft 79, S. 32-44.

[458] Siehe Bolz, Norbert: Die Helden der Familie. München 2006.

Abschaffung des Geschlechts aufgrund politischer Anmaßung[459] – nur ein weiteres Instrument zur Familienzersetzung ist[460].

[459] Siehe Zastrow, Volker: Gender – Politische Geschlechtsumwandlung. Waltrop 2006.

[460] Siehe Maus, Eugen: Schöne neue durchgegenderte Welt! Anspruch und Realität der Gender-Mainstreaming-Ideologie; in: Boger, Horst Wolfgang (Hg.): Der Staat als Super Super Nanny. Berlin 2008, S. 147-182.

ld) Die Hoheit über die Sprache

> *„Eine Sprachverwirrung für jeden Tag!"*
>
> – TAGESABREISSKALENDER 2011

Die „political correctness" ist ein probates Mittel zur ‚Sprachverwirrung', mit welchem die „kulturpolitische Linke" ganz gezielt versucht bestimmte Worte und Ausdrücke zu diskreditieren und auch deren Sinn zu verdrehen. Die Menschen sollen dazu gebracht werden, durch Selbstzensur – „die Schere im Kopf" und die freiwillige „Gedankenpolizei" – bestimmte Ausdrucksweisen zu meiden. Durch eine Vielzahl von Helfern im Kulturbetrieb – bspw. wird jährlich pressewirksam das „Unwort des Jahres" gekürt – hat die „kulturpolitische Linke" damit auch Erfolg. Konfuzius wird der Ausspruch zugeschrieben[461]:

> *„Wenn Worte ihre Bedeutung verlieren, verlieren Menschen ihre Freiheit."*

Mit diesem Aphorismus ist Sinn und Ziel der „political correctness" umfassend und gründlich umschrieben[462]. Obwohl Hayek und Popper die Sprachverwirrung durch die kulturpolitische Linke deutlich erkannten, wehrten sie sich im eigentlichen Sinne nicht dagegen. Hayek benannte treffend wichtige Begriffe, die durch ‚kulturmarxistische' Intellektuelle umgedeutet worden sind. Nichtsdestotrotz war Hayek sogar dazu bereit der „kulturpolitischen Linken" die Deutungshoheit über weitere Begriffe

---

[461] Siehe Aphorismen.de; https://www.aphorismen.de/zitat/4041.

[462] Siehe Boger, Horst Wolfgang: political correctness (PC) oder Die Verbesserung der Welt durch schöneres Denken und Sprechen; in: Boger, Horst Wolfgang (Hg.): Der Staat als Super Super Nanny. Berlin 2008, S. 12-35.

zu überlassen[463]. Ebenfalls wollte sich Karl Raimund Popper nicht über den Sinn und die Bedeutung der Worte streiten, sonst würden Diskurse nur in Diskussionen über Definitionen münden[464]. Der Pädagoge Brezinka hingegen sah dies anders, er war der Meinung, dass der „kulturpolitischen Linken" nicht die Umdeutung der Begriffe überlassen werden dürfe[465].

Dass Brezinka im Recht war, zeigen die Erfolge der kulturpolitischen Linken durch den Hebel der „political correctness"[466]. Auf der Tastatur der „veröffentlichten Meinung" spielt die kulturpolitische Linke in den Medien das Konzert der „political correctness" dermaßen geschickt, so dass maßgebliche Vertreter der so genannten bürgerlichen Parteien – und auch führende Personen der Kirchen – sich nicht nur ängstlich wegducken, sondern überdies auch keinerlei Prinzipien mehr kennen und in jenes Konzert sogar mit einstimmen[467]. Es wird dadurch von vorgeblich

---

[463] Siehe Hayek, Friedrich August von: Die Sprachverwirrung im politischen Denken; in: ders.: Freiburger Studien, Tübingen 1969, S. 206-231.

[464] Siehe Podak, Klaus / Zimmermann, Kurt: Philosophie gegen falsche Propheten. Sir Karl Raimund Popper. Hessischer Rundfunk, Film 07.08.1974; https://www.dailymotion.com/video/x1tpjok#:~:text=September%201994%20in %20London)%20war,Philosophie%20den%20kritischen%20Rationalismus%20begr %C3%BCndete.

[465] Siehe Brezinka, Wolfgang: Die Pädagogik der Neuen Linken. München 1981, 6. Auflage.

[466] Siehe Deist, Jeff: „political correctness" ist Kontrolle, nicht Etikette; https://www.misesde.org/2020/10/political-correctness-ist-kontrolle-nicht-etikette/.

[467] So beschreiben bspw. Jung und Troß in ihrem Report, wie und in welchem Umfange Politiker, Kirchen und so fort die ‚Kulturmarxisten', insbesondere die ANTIFA, unterstützen und durch den Steuerzahler durch öffentliche Gelder finanzieren lassen; siehe Jung, Christian / Groß, Torsten: Der Links-Staat: Enthüllt: Die perfiden Methoden der »Antifa« und ihrer Helfershelfer in Politik und Medien. Rottenburg 2016.

bürgerlicher Seite her eine politische Agenda, die noch wenige Jahre vorher unvorstellbar gewesen war, gutheißen und mit vorantreiben.

Ein Blick zurück auf Walter Lippmann[468], der während des 1. Weltkriegs als Berater Präsident Wilsons durch geschickte Pressearbeit und unter Verwendung griffiger politischer Slogans die Stimmungslage in den USA maßgeblich beeinflusste. In den USA herrschte zu Beginn des 1. Weltkriegs eine isolationistische Grundstimmung, Lippmann drehte die „öffentliche Meinung" der US-Amerikaner zu Gunsten der Kriegspläne Wilsons. Lippmanns Hauptwerk „Public Opinion"[469] aus 1922 gilt nicht umsonst als ein grundlegendes Werk über Medien, Journalistik und politischer Psychologie.

Die „kulturpolitische Linke" hat, so scheint es, ausgezeichnet von Lippmann gelernt, doch die Ordoliberalen offensichtlich nicht. Dies, ein Lernen der Ordoliberalen von Lippmann, wäre eigentlich naheliegend gewesen, immerhin wurde 1938 beim „Colloque Walter Lippmann" der Begriff Neoliberalismus geprägt[470], doch die Lektionen Lippmanns bezüglich einer ausgefeilten Presse- und Öffentlichkeitsarbeit wurden nicht beherzigt. Die Ordoliberalen waren zwar in wichtigen Wirtschaftsredaktionen präsent, teilweise sogar omnipräsent, doch schon weniger in den politischen Redaktionsstuben, und das Feuilleton ließen die Ordoliberalen regelrecht links liegen, um es so der „kulturpolitischen Linken" zu überlassen.

---

[468] Siehe Gliederungspunkt II.

[469] Siehe Lippmann, Walter: Die öffentliche Meinung: Wie sie entsteht und manipuliert wird. Frankfurt/M. 2018.

[470] Siehe Gliederungspunkt II.

Derartige Ordoliberale, die regelmäßig – so wie Röpke – in den Medien präsent waren, hätten Unterstützung auf allen journalistischen Feldern benötigt, um in der Gesellschaft meinungsbildend etwas zu bewirken. Eine Presse- und Öffentlichkeitsarbeit der Ordoliberalen in allen journalistischen Bereichen hätte folglich anders aussehen sollen. Röpkes Botschaft[471], dass Marktwirtschaft nicht genug ist, dass die kulturelle Grundlage aus mehr besteht als Radiotruhen, Kühlschränken und Breitwandfilmen[472], wäre aufzunehmen gewesen als die „Phase 2" der „sozialen Marktwirtschaft". In der „Phase 1" hatte die Marktwirtschaft mehr als nur gute Arbeit geleistet, um das, was nach „Maslows Bedürfnispyramide"[473] die Grundbedürfnisse des Menschen sind, zu gewährleisten. Eine „Phase 2" – natürlich keine Phase der betreuten Menschen, sondern eine Phase für und mit den selbständigen Menschen –, die im kulturellen Sinne des geistigen Rüstzeugs die höheren Stufen der „Pyramide" begleitete[474].

---

[471] Siehe oben, eingangs zu diesem Gliederungspunkt.

[472] Siehe Röpke, Wilhelm: Jenseits von Angebot und Nachfrage. Die Marktwirtschaft ist nicht alles; in: ders.: Marktwirtschaft ist nicht genug: Gesammelte Aufsätze. Waltrop 2009, S. 289-314.

[473] Eine Abbildung der Bedürfnispyramide mit einigen kurzen Erklärungen und Erläuterungen ist bspw. hier zu finden, siehe Flandorfer, Priska: Die Bedürfnispyramide von Maslow verstehen und anwenden; https://www.karteikarte.com/card/1270140/beduerfnispyramide-nach-a-maslow. Die Stufen der Bedürfnispyramide: 1. Physiologische Bedürfnisse oder Grundbedürfnisse; 2. Sicherheitsbedürfnisse; 3. Soziale Bedürfnisse; 4. Individualbedürfnisse; 5. Selbstverwirklichung, diese Stufe ist nicht im Sinne der „kulturpolitischen Linken" zu sehen, sondern Maslow knüpfte explizit an die Lehren des Neurologen und Psychiaters Kurt Goldstein an.

[474] Siehe Röpke, Wilhelm: Jenseits von Angebot und Nachfrage. Die Marktwirtschaft ist nicht alles; in: ders.: Marktwirtschaft ist nicht genug: Gesammelte Aufsätze. Waltrop 2009, S. 289-314.

Leider ist festzuhalten, dass die Ordoliberalen eine Presse- und Öffentlichkeitsarbeit versäumten, die darauf zielte der „veröffentlichten Meinung" der „kulturpolitischen Linken" in Permanenz eine andere, gleichfalls breit gestreute, „veröffentlichte Meinung" gegenüberzustellen. Im Feuilleton der Zeitungen und in den Unterhaltungsmedien, bzw. ganz allgemein in den Sparten der Unterhaltungsbranche, fand der ‚Streit über die besseren Ideen nicht statt', jene wichtigen Medienfelder überließen die Ordoliberalen ohne großen Widerstand den ‚Kulturmarxisten'.

Nicht nur für die damalige Zeit gilt diese Sicht, auch und insbesondere heutzutage sollten die Liberalen in allen Bereichen des Kulturbetriebs – also auch den Medien – mit der „veröffentlichten Gegenmeinung" präsent sein, um die Werte und Traditionen, die den Erfolg des europäischen Weges – und auch den der Marktwirtschaft – ausmachten[475], als tatsächlichen Diskurs über den „Wert der besseren Ideen" in das Kultur-, Bildungs- und Mediengeschehen im Sinne der spontanen Ordnung einer offenen Gesellschaft optimal einzubringen.

Spontane Ordnungen sind bspw. die Evolution des Lebens und der menschlichen Gesellschaft an und für sich; die Sprache und eben auch die Marktwirtschaft. Schon die schottischen Aufklärer, die sich im 18. Jahrhundert mit dem Marktgeschehen auseinandersetzten, erkannten dies. So formulierte damals Adam Ferguson, dass die Entwicklungen der menschlichen Gesellschaft zwar ‚das Resultat menschlichen Handelns, aber nicht das Ergebnis eines menschlichen Gesamtplans' sind – für einen solchen Plan fehle dem Menschen das notwendige Wissen. Dies ist eine klare Absage an all diejenigen, die sich – wie die „kulturpolitische Linke"

---

[475] Siehe Hayek, Friedrich August von: Rede vor der Mont Pèlerin Society am 09.03.1984; http://www.freitum.de/2015/07/friedrich-augustvon-hayek-rede-vor-der.html.

– anmaßen zu glauben, dass die Gesellschaft anhand eines menschlichen Plans gebaut werden kann[476].

Demzufolge könnte man fast sagen, dass die kirchlichen Sozialethiker der Nachkriegsjahre doch den Finger in eine offene Wunde der Ordoliberalen legten. Nämlich, dass es denjenigen unter den Ordoliberalen, die nur den durch die Marktwirtschaft gesteigerten Wohlstand im Fokus hatten, an gesellschaftspolitischer Stärke mangelte, um den hedonistischen, materialistischen, relativistischen und sonstigen ‚kulturmarxistischen' Strömungen etwas entgegenzusetzen[477].

---

[476] Siehe Ferguson, Adam: Versuch über die Geschichte der bürgerlichen Gesellschaft. Frankfurt/M. 1988. [„Die Nationen stoßen gleichsam im Dunkeln auf Einrichtungen, die zwar durchaus das Ergebnis menschlichen Handelns sind, nicht jedoch die Durchführung irgendeines menschlichen Planes."]
Fergusons Erkenntnis wurde von der „Wiener Schule der Volkswirtschaftslehre" übernommen und fortentwickelt. Besonders Friedrich August von Hayek setzte sich in seinem Werk intensiv mit der „spontanen Ordnung" auseinander, siehe bspw. Hayek, Friedrich August von: Die Ergebnisse menschlichen Handels, aber nicht menschlichen Entwurfs; in: ders.: Freiburger Studien, Tübingen 1969, S. 97-107 und ders.: Evolution und spontane Ordnung. Zürich 1983.
[477] Siehe Milz, Hubert: Christliche Soziallehren und soziale Marktwirtschaft. Kein Ableger; in: eigentümlich frei, Heft 179, S. 34-40.

m) Geld – Kredit – Währung

> *„Geld allein macht nicht unglücklich."*
>
> – PETER FALK

Das staatliche Geld- und Währungsmonopol gilt allgemein in der Bevölkerung als eine Selbstverständlichkeit und wird sowieso kaum hinterfragt. Ein Urteil des Bundesgerichtshofs (BGH)[478], das Geld definiert als

> *„...jedes vom Staat oder einer durch ihn ermächtigten Stelle als Wertträger beglaubigte, zum Umlauf im öffentlichen Verkehr bestimmtes Zahlungsmittel ohne Rücksicht auf einen allgemeinen Annahmezwang"*

verdeutlicht, dass ebenfalls die Vertreter der staatlichen Gewalten die Hoheit über das Geld ganz selbstverständlich für den Staat reklamieren.

---

[478] Siehe Vischer, Rank: Geld- und Währungsrecht im nationalen und internationalen Kontext. Basel 2009, PDF-Manuskript.

> *„Als ich jung war, glaubte ich,*
>
> *Geld sei das Wichtigste im Leben,*
>
> *jetzt wo ich alt bin, weiß ich,*
>
> *daß es das Wichtigste ist."*
>
> – OSCAR WILDE

Das staatliche Geld- und Währungsmonopol wird auch von den meisten Ökonomen als selbstverständlich angesehen. Wolfram Engels stellte klar, dass dies auch für jene Ökonomen gilt, die standardmäßig für mehr Markt und Wettbewerb plädieren, jedoch gleichzeitig mit überwältigender Mehrheit mehr Markt und Wettbewerb beim Gut ‚Geld' ablehnen und für das staatliche Geld- und Währungsmonopol votieren[479]. Doch die Antworten auf die Fragen „Was ist Geld überhaupt?" und „Wie alt ist Geld?" eröffnen, dass es kein natürliches ‚Geld- und Währungsmonopol' des Staates gibt, auch wenn dies Ökonomen im Staatsdienst regelmäßig behaupten[480]. Wolfram Engels führte aus, dass sehr viel dafür spricht, dass

---

[479] Siehe Engels, Wolfram: Der Kapitalismus und seine Krisen. 2. Auflage, Düsseldorf 1997.

[480] So bspw. Dilger, Alexander: Zentralbanken sind natürliche Monopole; https://alexanderdilger.wordpress.com/2014/04/13/zentralbanken-sind-naturliche-monopole/ und ähnlich die Sachverständigengruppe „Weltwirtschaft und Sozialethik": Gutes Geld für alle. Bonn 1991.

Wie weiter oben – siehe Gliederungspunkt IV. 3) g) – angemerkt, können Monopole nur durch den Schutz der Regierungsgewalten existieren.

das Geld älter ist „als das, was wir heute »Staat« nennen"[481]. Und dies korrespondiert mit der ökonomischen Definition des Geldes[482]:

> *„Geld umfasst sämtliche Vermögenswerte, die allgemein zur Durchführung wirtschaftlicher Transaktionen akzeptiert werden und damit einen unmittelbar einlösbaren Anspruch auf volkswirtschaftliche Leistungen begründen."*

Daraus folgt unmittelbar, das Geld jedwedes Gut sein kann, das die Menschen im freiwilligen Handeln untereinander als Geld akzeptieren. In den Zeiten vor dem Geld tätigten die Menschen den Tausch Ware gegen Ware – den Naturaltausch. ‚Person A' bspw. wollte Brot gegen Fisch tauschen und hatte ‚Person B' zu finden, der bereit war Fisch gegen Brot, Fanden sich ‚A' und ‚B', dann kam vielleicht ein Tausch ‚fünf Brote gegen zwei Fische' zustande. Komplizierter wird der Naturaltausch, wenn ‚B' zwar Fische tauschen will, jedoch nicht gegen Brot, sondern gegen Obst. Falls nun ‚Person C' Obst gegen Brot tauschen möchte, dann tauscht ‚A' mit ‚C' Brot gegen Obst und anschließend tauscht ‚A' mit ‚B' Obst gegen Fisch.

Der Naturaltausch war folglich beliebig kompliziert, sehr zeitaufwendig und dadurch auch teuer. Wie viel einfacher wäre das Tauschen zu gestalten, wenn es einen Tauschvermittler geben würde, eine Ware, die von allen begehrt und allgemein als Tauschmittel anerkannt würde. Ist so eine Ware, die allgemein von allen oder doch den meisten Menschen als indirektes Tauschmittel anerkannt wird, gefunden, dann ist ‚Geld'

---

[481] Siehe Engels, Wolfram: Der Kapitalismus und seine Krisen. 2. Auflage, Düsseldorf 1997.

[482] Herger, Nils: Geldtheorie. Studienzentrum Gerzensee, Frühlingssemester 2010, Vorlesung 1: Einführung in die Geldtheorie, PDF-Manuskript.

gefunden – nicht erfunden – worden, das als Vermittler die Tauschvorgänge, das Handeln mit Waren erleichtert.

Die Ware, die als indirektes Tauschmittel dient, hatte ursprünglich einen eigenen Wert als Ware, dadurch wurde diese Ware nachgefragt und akzeptiert. Leicht verderblich durfte diese Ware auch nicht sein, sondern sollte dauerhaft haltbar, dazu leicht teilbar und transportfähig sein. Edelmetalle (Gold, Silber, Kupfer) erfüllen diese Ansprüche und haben sich – so zeigt dies der historische Rückblick[483] – in den Hochkulturen regelmäßig als ‚Geld' durchgesetzt. Durch das menschliche Handeln und nicht durch einen hoheitlichen Akt kam ‚Geld' in die Welt. Die weiter oben angeführte Ansicht von Wolfram Engels, dass Geld älter ist als Staat[484], ist demnach schlüssig! In der Summe gilt somit: Geld ist nicht durch den Staat erfunden worden, sondern als Folge des Handelns der Menschen gefunden worden, und dies ganz im Sinne der Theorie der spontanen Ordnung[485].

---

[483] Siehe hierzu bspw. die Aufsatzsammlung Schelke, Waltraus / Nitsch, Manfred (Hrsg.): Rätsel Geld. Marburg 1995.

[484] Siehe Engels, Wolfram: Der Kapitalismus und seine Krisen. 2. Auflage, Düsseldorf 1997.

[485] Zur Theorie der spontanen Ordnung, siehe die Fußnote 475.
Wilhelm Gerloff zeichnete in seiner gesellschaftlichen Theorie des Geldes nach, dass sich „Geldgegenstände" aus Naturaltausch, Geschenken, Opfern und Riten ohne hoheitlichen Staatsakt und ohne einen menschlichen Plan aus der Gesellschaft heraus hin zum Geld-Tauschverkehr entwickelt haben können; siehe dazu Kruse, Alfred / Lechner, Hans H.: Geld und Kredit. Stuttgart 1970.

mb) Exkurs: Objektiver oder subjektiver Geldpreis?

> *„Die Rationalisten sind äußerst spitzfindig,*
> *aber immer schießen sie vorbei."*
>
> – WILHELM BUSCH

Oft wird behauptet, dass am Markt gleichwertige Waren getauscht werden, dies symbolisiere doch schon objektiv der Geldpreis der Waren. Um also im obigen einfachen Beispiel zu bleiben: 5 Brote zu 10 Geldstücken entsprechen objektiv 2 Fischen zu 10 Geldstücken. Dies sieht nur so aus, subjektiv wertet ‚A' die zwei Fische höher als die fünf Brote, mutatis mutandis gilt das gleiche für ‚B'. ‚A' und ‚B' stehen sich durch den Tausch subjektiv besser, sonst würde sie nicht tauschen.

Manche könnten nun einwenden, dass sich die Gleichwertigkeit der Güter in den „Indifferenzkurven"[486] der mikroökonomischen Theorie spiegelt, daran sähe man doch, dass die beiden Güterbündel gleichwertig sind. Einspruch: „Indifferenzkurven", die im Rahmen der ökonomischen Analyse in den einführenden Lehrbüchern zur Mikroökonomie ihren Platz haben, sind ein theoretisches Konstrukt, um komplexe ökonomische Phänomene – hier Nutzen und Präferenzen eines Verbrauchers – einfach abzubilden, so dass es möglich ist elementare wirtschaftliche und soziale Zusammenhänge durchsichtig und ohne praktische Unzulänglichkeiten zu analysieren.

---

[486] Zu den folgenden Ausführungen – Indifferenzkurven, Walras-Modell etc. – kann auf die Vielzahl der einführenden Lehrbücher zur Mikroökonomie verwiesen werden, bspw. auf Heine, Michael / Herr, Hansjörg: Volkswirtschaftslehre. München 2003.

Das Problem dabei ist die Messung des Nutzens und der Präferenzen eines Haushalts – Nutzen und Präferenzen sind nicht objektiv messbar und können folglich nicht auf einer kardinalen Skala quantifiziert werden. Mithilfe der „Indifferenzkurven" kann man das Problem der Messung von Nutzen und Präferenzen umgehen und trotzdem Nutzen und Präferenzen analysieren – und mehr braucht es auch nicht. Es ist ein Missverständnis die „Indifferenzkurven" gleichzusetzen oder zu vergleichen mit den beiden Heuhaufen im symbolischen Bild von „Buridans Esel: Dies ist der Esel, der zwischen zwei Heubündeln verhungert, weil er sich für keinen entscheiden kann"[487].

Mit dem „Arrow-Theorem", dem „Allgemeinen Unmöglichkeitstheorem der Sozialwahltheorie", lässt sich durch ein banales Beispiel aus dem Alltag darlegen, was eigentlich gemeint ist. Man stelle sich vor irgendjemand ist irgendwo eingeladen. Der Gastgeber fragt diesen Gast, was er trinken wolle – Weinbrand, Gin oder Whisky. Der Gast antwortet, dies sei ihm gleich. Worauf der Gastgeber auf den Getränkewagen weist – der Gast solle sich bedienen. Der Gast greift ohne zu überlegen zur Gin-Flasche, diese ist jedoch leer; so dass der Gast spontan zur Whisky-Flache greift, die aber auch leer ist. Trotz dessen, dass der Gast auf die Frage die drei Getränke als „gleichwertig" bezeichnete, zeigt seine spontane Handlung, dass er dem Gin die erste Präferenz widmet, den Whisky an zweiter Stelle setzt und erst an dritter Position folgt der Weinbrand – diese subjektiv wertende Rangfolge zeigt die „Indifferenz: Gin = Whisky = Weinbrand" eben nicht an; dieses komplexe Problem der subjektiven

---

[487] Siehe Lexikon der Psychologie: Stichwort – Buridans Esel; https://www.spektrum.de/lexikon/psychologie/buridans-esel/2685.

Wertschätzung wird durch die analytische Modellierung „Indifferenzkurve" umgangen.

Genau wie die Indifferenzkurven sind auch die Angebots- und Nachfragekurven, die in jedem einführenden Lehrbuch zur Volkswirtschaftslehre zu finden sind, nur Hilfsmittel, um das komplexe Handeln der Wirtschaftssubjekte zu analysieren. In den Standardlehrbüchern zur Mikroökonomie ist zumeist das Modell der „Allgemeinen Gleichgewichtstheorie der Neoklassik" à la Walras das grundlegende Modell der mathematischen Analysemethodik im Mainstream der Neoklassik. Mittels Angebots- und Nachfragegleichungen werden im Walras-Modell die Gleichgewichtspreise mit den entsprechenden Gleichgewichtsmengen über ein Gleichungssystem simultan bestimmt – „Güter" werden durch „Güter" getauscht. Da das Gleichungssystem simultan gestaltet ist, laufen alle Prozesse unmittelbar und zeitgleich ab. Es handelt sich um ein reines Gedankenexperiment, in welchem alle Störfaktoren – wie z. B. die Zeit und das Geld – ex definitione eliminiert sind[488], so dass mittels stark vereinfachter Modellbildung ein komplexes System analysiert werden kann. Und das Wirtschaftsgeschehen ist ein komplexes System – und komplexe Systeme haben „einfach" erklärt zu werden[489] – und hier hat das „Walras-Modell" seinen Platz: Die dienende Funktion ein einfaches Analysewerkzeug zu stellen, mehr nicht. Ein Überdehnen des Modells oder gar eine

---

[488] Siehe Hirte, Katrin / Thieme, Sebastian: Mainstream, Orthodoxie und Heterodoxie. Zur Klassifizierung der Wirtschaftswissenschaften. Discussion Paper. Universität Hamburg 2013.

[489] Siehe Biedenkopf, Kurt: Erneuerung der Ordnungspolitik; in: Lambert, Martin (Red.): Wirtschaftsordnung als Aufgabe: Zum 100. Geburtstag von Franz Böhm. Krefeld 1995, S. 15-33.

Gleichsetzung des Modells mit der realen Welt, ist ein Irrweg – ein „rationalistischer Irrweg"[490].

---

[490] Siehe Röpke, Wilhelm: Irrwege des Rationalismus; in: ders.: Marktwirtschaft ist nicht genug. Waltrop 2009, S. 83-102.

mc) Die Hoheit über das Geld

> *„Nicht alle Deutschen glauben an Gott,*
> *aber alle glauben an die Bundesbank."*
>
> — JACQUES DELORS

Politisch Mächtige erkannten relativ schnell, dass sie, wenn sie die Kontrolle über das Geld erlangten, auch die Menschen – und damit das Gemeinwesen – besser und einfacher beherrschen können, zu Untertanen formen können. Viele politische Handlungen sind dann wesentlich leichter zu organisieren und umzusetzen, so z. B. das Erheben und Eintreiben von Steuern. Es ist folglich nicht zu gewagt zu behaupten, dass die Gründe für das Entstehen des staatlichen Geldmonopols dem Drang und dem Trieb nach Macht entsprossen sind[491]. Und das Geldmonopol reizte politisch Mächtige stets dazu, dieses zum eigenen Nutzen und zum Schaden des Volkes zu missbrauchen, so kann man bspw. bei Nicolas von Oresme, der im 14. Jahrhundert lebte, nachlesen, dass die Fürsten das Münzregal stets zum Nachteil (Münzverschlechterungen etc.) der Untertanen nutzten[492]. Hayeks unmissverständliches Resümee zur Geschichte des staatlichen Geldmonopols ist völlig korrekt:

> *„Die Geschichte des staatlichen Umgangs mit Geld ist, mit Ausnahme einiger kurzer glücklicher Perioden, eine Geschichte von unablässigem Lug und Trug. In dieser Hinsicht haben sich Regierungen als weit*

---

[491] Siehe hierzu die Besprechung von Selgins Buch: 'Good Money – Birmingham Button Makers, the Royal Mint, and the Beginning of Modern Coinage', 1775-1821. Ann Arbor 2008; in: Smart Investor, Sonderausgabe September 2011, S. 59.

[492] Siehe Oresme, Nicolas von: Traktat über Geldabwertungen. De Mutatione Monetarum Tractatus. Berlin 2001.

unmoralischer erwiesen, als es je eine privatrechtliche Körperschaft hätte sein könnten, die im Wettbewerb mit anderen eigene Arten von Geld auf den Markt bringt."[493]

„Da nun die Regierung die Währungspolitik beherrscht, ist die größte Gefahr auf diesem Gebiet die Inflation. Überall und zu allen Zeiten waren die Regierungen die Hauptursache der Geldentwertung."[494]

Trotz der Tatsache, dass die Generation der alten deutschen Ordoliberalen Augenzeuge von zwei verheerenden Inflationen geworden war, deren Gründe und Ursachen eindeutig im staatlichen Geldmonopol verwurzelt sind und zur Zerrüttung und Vernichtung von Ersparnissen und Geldvermögen führten, hielten die Ordoliberalen am Primat der staatlichen Geld- und Währungspolitik fest. Darüber herrschte bei ihnen Konsens.

Also waren jene Ordoliberale doch vorzugsweise „Staatsliberale"? Da der Glaube

„dem Staat das Vertrauen entgegenzubringen, er könne und werde die Kaufkraft des Geldes sichern, heißt, einem mehrfach vorbestraften Dieb in voller Kenntnis seiner Vergangenheit sein letztes Hab und Gut zur Bewahrung zu übergeben."[495]

---

[493] Siehe Hayek, Friedrich August von: Die verhängnisvolle Anmaßung. Tübingen 1988.

[494] Siehe Hayek, Friedrich August von: Die Verfassung der Freiheit. Tübingen 1982, 2. Auflage.

[495] So der bayerische Bankier Hugo Ritter und Edler von Maffai (1836-1921); zitiert nach Berking, Kristof: Scheingeld ohne Zinsen und Inflation; in: Smart Investor, Sonderausgabe September 2011, S. 52-54.

Nein, dies kann so einfach nicht bejaht werden. So brachte Wilhelm Röpke[496] bspw. Problem und Gefahr des staatlichen Geldmonopols in zwei Sätzen auf den Punkt:

„Nicht minder als die Kabinettsjustiz ist die Kabinettspolitik des Geldes zu fürchten. Die internationale Geldgeschichte unserer Generation ist Beweis genug dafür."

Trotzdem waren die alten deutschen Ordoliberalen bereit dem Staat erneut zum ‚Hüter des Geldes' zu machen. Einer der Hauptgründe wird darin zu suchen sein, dass die Ordoliberalen letztlich der moralischen Kraft der Marktteilnehmern nicht zutrauten, durch Wettbewerb für wertstabiles Geld die Sorge zu tragen[497]. Sie stellten zwar klar, dass die Marktwirtschaft zum Gedeihen eines freien Gemeinwesens eine notwendige Bedingung ist, gleichzeitig sahen sie im Markt an und für sich eine Institution, welche die Moral korrumpiert[498]. Folglich plädierten die alten Ordoliberalen für das Geld- und Währungsmonopol des Staates. In diesem Punkt waren sie dann doch eindeutige „Staatsliberale", die der Regierung mehr vertrauten als den Millionen von Marktteilnehmern.

---

[496] Siehe Röpke, Wilhelm: Der Platz der Zentralbank; in: Albert Hunold (Hg.): Gegen die Brandung. Erlenbach-Zürich 959, S. 282-286.

[497] Dies passt und ergänzt den Textteil zur Anmerkung 479, Engels, Wolfram: Der Kapitalismus und seine Krisen. 2. Auflage, Düsseldorf 1997.

[498] Röpke mahnte dies deutlich an, siehe Röpke, Wilhelm: Die Gesellschaftskrisis der Gegenwart. Bern 1979, 6. Auflage, Röpke nannte den Markt einen „Moralzehrer", dessen „Moralreserven" jenseits von Angebot und Nachfrage angereichert werden. So pessimistisch wie Röpke sahen dies die anderen Ordoliberalen nicht, so dass bspw. Eucken und Müller-Armack hier Röpke nur bedingt folgten; siehe Starbatty, Joachim: Röpkes Beitrag zur Sozialen Marktwirtschaft. Tübingen o. J., PDF-Manuskript.

Hingegen, mit guten und auch besseren Argumenten kann genauso das Gegenteil von Röpkes Standpunkt begründet werden – siehe bspw. die Zitate zu den Fußnoten 128 und 129, die diesen Standpunkt anklingen lassen.

Eigentlich präferierten die meisten alten Ordoliberalen – wie Röpke – den klassischen Goldstandard, der bis zum 1. Weltkrieg die internationale Währungsordnung war. Sie bedauerten, dass diese Geldordnung nicht wieder eingeführt wurde, weil Gold als internationales Geld weitgehende monetäre Disziplin der teilnehmenden Staaten erzwang, die internationale Arbeitsteilung ungemein erleichterte, für eine enge Verzahnung der teilnehmenden Volkswirtschaften sorgte[499] und die drei Postulate erfüllte, auf die eine Währung ruhen soll: Einheit, Stabilität und Freiheit. Keine der Alternativen zum Goldstandard komme diesen Vorteilen einer internationalen Goldwährung auch nur von ferne nah[500].

Auf den Trümmern des besiegten Deutschen Reichs wurde 1949 der westdeutsche Staat errichtet, der erst 1955 mit den Pariser Verträgen weitergehende Souveränität erhielt[501], somit 1949 sowieso kaum in der Lage war innerhalb der internationalen Währungsordnung gegen den Willen der Westalliierten eigene Wege zu gehen. Und außerdem, in Westdeutschland eine Goldwährung ohne Goldreserven einzuführen, wäre ohnehin nicht zu realisieren gewesen. Die heutigen

---

[499] Siehe Hayek, Friedrich August von: Warenwährung; in: Individualismus und wirtschaftliche Ordnung. Salzburg 1976, S. 268-280.
Fritz Machlup vermerkte 1934: „Vom Sinn der Golddeckung haben viele Leute eine falsche Vorstellung. Sie glauben, dass der Wert des Geldes vom Wert seiner Deckung abgeleitet sei. Dem ist aber nicht so. Die Golddeckung hatte einen ganz anderen Zweck: Sie soll dem Notenbankleiter eine Grenze für Inflationsabsichten setzen." Machlup, Fritz: Führer durch die Krisenpolitik. Frankfurt/M. 2000.
[500] Siehe Röpke, Wilhelm: Internationale Ordnung – heute. Bern 1979, 3. Auflage. Muthesius fasste die Alternativen zum Gold kurz und knapp zusammen: *„Vom Goldstück zum Schuldengeld"*, siehe Muthesius, Volkmar: Augenzeuge von drei Inflationen. Frankfurt/M. 1973, 2. Auflage, Vorwort. Und Baader nannte die Alternativen noch kürzer und treffender *„Geldsozialismus"*, siehe Baader, Roland: Geldsozialismus. Gräfeling 2010.
[501] Siehe Bandulet, Bruno: Beuteland. Rottenburg 2016.

bundesdeutschen Goldreserven wurden ab 1950 aufgebaut. Folglich gab es damals für die Beibehaltung des staatlichen Geld- und Währungsmonopols, nebst Beitritt zum Währungssystem von Bretton-Woods unter Führung der USA, wohl tatsächlich keine Alternativen.

> *„Dem Geld darf man nicht nachlaufen,*
> *man muss ihm entgegengehen."*
>
> – ARISTOTELES ONASSIS

Der heutige institutionelle Rahmen des staatlichen Geld- und Währungsmonopol spiegelt sich im Zentralbankensystem mit einem angeschlossenem Kartell der Teilreservebanken. Die institutionellen Grundlagen dafür sind final im 17. Jahrhundert gelegt worden.

Ein kurzer, plakativer, historischer Rückblick[502]:

- Das Geschäftsmodell „Bank" entwickelte sich aus den Anfängen der Lagerung von Edelmetallen im Mittelalter zum Teilreserve-Bankensystem weiter. Der Templerorden z. B. war schon im Bankgeschäft aktiv: Beim Meister des Tempels in England bspw. hinterlegte ein Pilger Gold, er bekam eine chiffrierte Quittung, welche er in Jerusalem beim dortigen Meister des Tempels gegen Gold einlösen konnte.

  - ✗ Die Banken übernahmen gegen Entgelt für Edelmetallbesitzer die sichere Aufbewahrung für Gold und Silber.

---

[502] Mittelalter, diese Einschränkung greift natürlich zu kurz, die Wurzeln des modernen Bankwesens lassen sich bis in die Antike nachverfolgen. Hier ist nicht der Platz dies aufzubereiten, siehe hierzu z. B. Huerta de Soto, Jesús: Geld, Bankkredit und Konjunkturzyklen. Stuttgart 2011 und die dortigen Verweise zur historischen Forschung. Anhand einer bemerkenswert schön, verständlich und einfach erzählten Geschichte haben Philipp Bagus und Andreas Marquart die Entwicklung des institutionellen Geschehens griffig aufbereitet, siehe Bagus, Philipp / Marquart, Andreas: Warum andere auf Ihre Kosten immer reicher werden: . . . und welche Rolle der Staat und unser Papiergeld dabei spielen. München 2014.

- × Die „Quittungen" oder „Belege" über das eingelagerte Edelmetall fanden wie Geld Verwendung (Banknoten).
- × Nicht alle Bankkunden lösten die Banknoten gegen Metall ein, ein gewisser Anteil verblieb meist im Depot.
- × Dies motivierte Banken dazu, mehr „Banknoten" auszugeben als Edelmetall vorrätig war. Oder anders formuliert, die Banken hielten nur noch einen Teil des erforderlichen Depots auf Reserve. Das Geschäftsmodell der Teilreservehaltung etablierte sich peu à peu.

- Das Zentralbankwesen und das Teilreserve-Bankensystem.
  - × Gründungszweck der am 27. Juli 1694 Bank of England war es, die englische Regierung mit mehr und vor allem billigem Geld zu versorgen.
  - × Zu diesem Zweck durfte die Bank auch die Einlösung ihrer Banknoten verweigern.
  - × Eine Vielzahl weiterer Privilegien wurden der Bank gewährt oder kamen hinzu. Dies war die Geburtsstunde des Zentralbankwesens mit angeschlossenem Teilreserve-Banksystem. Ein System, welches auch europäische Fürsten für ihre Staaten übernahmen.

Im Zeitalter des Merkantilismus dienten diese frühen Zentralbanken – gewissermaßen auch die Geschäftsbanken – dem Ziel, mehr Geld in die Staatsschatullen zu spülen. Damals waren Gold und Silber das natürliche Geld in einem System des Bimetallismus[503].

---

[503] Der Bimetallismus ist ein Währungssystem auf der Basis von Kurantmünzen aus Gold und Silber. Zum merkantilistischen Geldsystem siehe Föste, Wilga: Das Geld im ökonomischen Denken des Merkantilismus. Marburg 2015.

In den 1870er Jahren mündete die institutionelle Entwicklung in den internationalen Goldstandard[504], so dass alle Währungen der beteiligten Länder an Goldparitäten gekoppelt waren. Silber verlor seinen Status als „Geld". Aber trotz dieser enormen Zwangsdeflation – enorm in Relation zur damalige Geldmenge – verzeichneten die Staaten des Goldstandards in den Jahrzehnten vor dem 1. Weltkrieg wirtschaftlich eine Zeit der Blüte mit hohen realen Wachstumsraten, verbunden mit erheblichen Reallohnsteigerungen, begleitet mit einem Sinken der Güterpreise. Also etwas, was nach Meinungen des großen Teils der heutigen Ökonomen nicht sein kann, da nach deren Meinung eine wachsende Wirtschaft von einer ‚klugen Zentralbank' mit einer stetig wachsenden Geldmenge versorgt werden muss[505].

Bis zum Beginn des 1. Weltkrieges wurden die Reste des „free banking"[506] abgeschafft, und nur noch die Zentralbanken durften „Noten" ausgeben. Zu Beginn des 1. Weltkrieges wurde die Einlösepflicht der Noten

---

[504] Siehe hierzu bspw. Hülsmann, Jörg Guido: Die Ethik der Geldproduktion. Waltrop 2007.

[505] Zum Bimetallismus – Gold und Silber als natürliches Geld – siehe Anmerkung 501. Durch den reinen Goldstandard war nur noch Gold = Geld der Staaten. Daraus folgt, dass durch das Ausscheiden von „Silber" als Geld die „staatliche Geldmenge" zwangsweise stark schrumpfte.
In seinem Vortrag auf der Konferenz („Besseres Geld für die Welt") des deutschen „Ludwig-von-Mises-Instituts" in 2016 zeigte Philipp Bagus mittels einfacher Saldenmechanik, dass eine wachsende Wirtschaft keineswegs eine wachsende Geldmenge benötigt, siehe Bagus, Phillipp: Irrwege der Geldkritik; https://www.misesde.org/2016/11/konferenz-%e2%80%9ebesseres-geld-fur-die-welt%e2%80%9c-alle-vortrage-online/.

[506] Im „Free-Banking-System" sind auch die Geschäftsbanken berechtigt „Noten" auszugeben; zum „free banking" siehe bspw. Prollius, Michael von: Free Banking. Geldfreiheit für das 21. Jahrhundert; in: Smart Investor, Sonderausgabe Gutes Geld, September 2011, S. 56-58.

aufgegeben. Da die Goldvorräte eine natürliche Barriere für die Geldvermehrung sind, wurde das Geld der kriegsführenden Staaten zu reinem Papiergeld. Mit Papiergeld wurden die immensen Kriegskosten finanziert, die Papiergelddruckerpresse erlaubte eine ungeheure – bis dahin kaum gekannte – Geldvermehrung. Und eine Vermehrung der (ungedeckten) Geldmenge nannten die alten Ökonomen Inflation, Preissteigerungen (Preisinflation) sind die Folge hiervon; es ist natürlich geschickt, diese Ursachen-Definition für Preissteigerungen aus dem heutigen Sprachgebrauch eliminiert zu haben[507].

Der klassische Goldstandard war also zu Beginn des 1. Weltkriegs ausgesetzt worden. Nach Ende des 1. Weltkriegs wurde dieser auch nicht wieder eingeführt, sondern die Staaten versuchten damals einen Goldstandard im Kleinen auf den Weg zu bringen, den ‚Gold-Devisen-Standard'. In diesem übernahmen die FED und die Bank of England die Einlösepflicht ihrer Noten in Gold, die restlichen nationalen Papierwährungen waren dem Dollar bzw. dem Pfund unterlegt. Dieses System überdauerte nur einige wenige Jahre und brach 1931, während der Weltwirtschaftskrise zusammen[508], weil die Maßnahmen der Staaten Freihandel und internationale Arbeitsteilung unterminierten und damit eine Politik verfolgt wurde, welche die Krise verstetigte und verstärkte[509]. Per Durchführungsverordnung vom 09.03.1933 erklärte US-Präsident Roosevelt, dass die US-Bürger über ihre Gold-/Silberbestände ab sofort

---

[507] Allgemein zu dem Feld „Papiergeld und staatliche Ausgaben" siehe z. B. Baader, Roland: Geld, Gold und Gottspieler. Gräfelfing 2004 und ders.: Geldsozialismus. Gräfelfing 2010.

[508] Siehe Hayek, Friedrich August von: Was der Goldwährung geschehen ist. Tübingen 1965.

[509] Zur Weltwirtschaftskrise siehe Gliederungspunkt I.

nicht weiter frei verfügen dürfen. Mit der (Konfiszierungs-)Anordnung Nr. 6102 des US-Präsidenten vom 05.04.1933 wurden die Maßnahmen verfeinert. Goldbesitz war dadurch in den USA von 1933 an für Privatleute verboten. Ausgenommen waren Schmuck, alte Sammlermünzen oder Gold als Rohstoff für industrielle Zwecke. Eine Zuwiderhandlung konnte zehn Jahre Gefängnis bedeuten. Präsident Gerald Ford hob das Verbot mit Ablauf des 31.12.1974 auf. Ebenfalls in den totalitären sozialistischen Diktaturen des 20. Jahrhunderts [z. B. UdSSR, Hitler-Deutschland oder China (bis 2003) – in der DDR seltsamerweise nicht] war privater Goldbesitz verboten. Auch in jenen Staaten drohten bei Verstößen hohe Strafen.

Unter der Regie der USA wurde im Juli 1944 auf der Konferenz von Bretton Woods die Währungsordnung beschlossen, die nach Ende des 2. Weltkriegs gelten sollte. Anker- und Leitwährung wurde der ans Gold gekoppelte US-Dollar mit einer Parität von 35 US-Dollar je Feinunze Gold, in den USA lagerten gegen Ende des 2. Weltkriegs gut 70% der Goldbestände. Die nationalen Währungen der am Bretton-Woods-System teilnehmenden Staaten wurden mit Wechselkursbandbreiten an den US-Dollar und damit indirekt ans Gold gekoppelt, waren folglich im eigentlichen Sinne Zettelumrechnungswährungen des US-Dollars. Das Federal Reserve System (FED), das Zentralbanksystem der USA, wurde dazu verpflichtet die US-Dollarreserven der Zentralbanken derjenigen Staaten, die dem Bretton-Woods-System beigetreten waren und daran teilnahmen, jederzeit gegen Gold einzutauschen[510].

---

[510] Siehe Sellien, Reinhold / Sellien, Helmut (Hg.): Gablers Wirtschaftslexikon. Wiesbaden 1979, 10. Auflage.

Obwohl die USA keinerlei Disziplin bei der Produktion von Papierdollars zeigten, erledigte sich das Bretton-Woods-System de facto erst 1971[511]. Was mag der Grund für die längere Lebensdauer des Bretton-Woods-System gewesen sein? Vielleicht liegt dies darin begründet, dass die Namen der nationalen Papiergeldwährungen vom *„Geruch, den eine leere Flasche ausströmt"* , zehrten? So stand bspw. die Mark für ein Silbergewicht, der Rubel war ursprünglich ,ein Stück abgehacktes Silber', der Name Schilling entstand aus dem antiken Edelmetallgewicht ,Solidus' und der ,florin' (fl), die legendäre Goldmünze aus Florenz, war die Geruchsgrundlage für den ungarischen Forint oder auch für den holländischen Gulden (= der Güldene) oder den polnischen Zloty (= der Goldene)[512].

Jedenfalls hob US-Präsident Richard Nixon am 15.08.1971 in einer Rede an die Öffentlichkeit im amerikanischen Fernsehen und Radio die Einlösepflicht des US-Dollars gegenüber den Zentralbanken des Bretton-Woods-Systems de facto auf. Damit endete das System der festen Wechselkurse des Bretton-Woods-Systems, weil die wichtigen Industriestaaten in der Folge der Nixon-Entscheidung die Wechselkurse freigaben. Genau wie nach dem Zusammenbruch des Gold-Devisen-Standards nach dem 1. Weltkrieg wurden, durch die Aufgabe der nominalen Bindung des US-Dollars ans Gold, somit die Währungen der

---

[511] Siehe Sellien, Reinhold / Sellien, Helmut (Hg.): Gablers Wirtschaftslexikon. Wiesbaden 1979, 10. Auflage.

[512] Angelehnt an Erik von Kuehnelt-Leddihn, der das Symbol vom „Geruch der leeren Flasche" im Rahmen eines anderen Themas verwandte, siehe Kuehnelt-Leddihn, Erik von: Kirche Kontra Zeitgeist: Aufklärung für „Aufgeklärte". Graz 1998. Das Bild wurde nur übertragen, so dass hier beim „Geld" die alten Namen der nationalen Währungen von den alten Werten zehren. Im Euroraum ist dieser „Geruch der leeren Flasche" verschwunden, der Euro hat keine Bindung durch seinen Namen an alte Werte: Gewichts- und/oder Messnormen.

Welt zu reinen Zeichengeldwährungen, das letzte kleine Goldfenster wurde geschlossen, der letzte Riegel, den eine natürliche Geldart der unbegrenzten Papiergeldvermehrung bot, fiel weg[513]. Ferdinand Lips kommentierte wie folgt:

„Zum ersten Mal in der Geschichte ist alles Geld der Welt von nichts gedeckt. Das ist das übelste System, das je von Menschenhand erfunden wurde."[514]

[513] Siehe Baader, Roland: Geld, Gold und Gottspieler. Gräfelfing 2004.

[514] Zitiert nach Baader, Roland: Zeitenwende; in: Baader, Roland: Markt oder Befehl. Grevenbroich 2007, S. 334-337.
Ein paar Leseempfehlungen zu diesem und den zwei folgenden Gliederungspunkten:
Baader, Roland: Geld, Gold und Gottspieler. Gräfelfing 2004, ders.: Geldsozialismus. Gräfelfing 2010, Bagus, Philipp / Marquart, Andreas: Warum andere auf Ihre Kosten immer reicher werden: . . . und welche Rolle der Staat und unser Papiergeld dabei spielen. München 2014, Hülsmann, Jörg Guido: Die Ethik der Geldproduktion. Waltrop 2007, ders.: Krise der Inflationskultur. München 2013, Huerta de Soto, Jesús: Geld, Bankkredit und Konjunkturzyklen. Stuttgart 2011, Marquart, Andreas: Crashkurs Geld. München 2019, Polleit, Thorsten / Prollius, Michael von: Geldreform: Vom schlechten Staatsgeld zum guten Marktgeld. Grevenbroich 2010 oder Rothbard, Murray Newton: Das Schein-Geld-System. Gräfelfing 2005.

me) Die „Geldmacher"

> *„Wie kommt es, dass am Ende des Geldes*
> *noch so viel Monat übrig ist?"*
>
> – UNBEKANNT

Wie entsteht Geld in einem reinen Papiergeldsystem? Einfach durch das Drucken von Geld? Nein, da dies doch zu durchsichtig wäre, wenn eine Regierung einfach das benötigte Geld selber durch ihre ‚unabhängige Zentralbank' drucken lässt[515]. Die Formalien der Geldbeschaffung werden von den Regierungen scheinbar eingehalten. Da eine Regierung selbst nicht produktiv tätig ist, hat sie grundsätzlich nur zwei Möglichkeiten, an Geld zu kommen: Einnahmen durch Steuern und Abgaben oder Verschuldung (Ausgabe von Staatsanleihen).

In demokratisch verfassten Staaten wollen Politiker wiedergewählt werden, deswegen versuchen Regierungspolitiker Steuererhöhungen zu vermeiden, auch wenn Umfragen tendenziell der ‚Neidbesteuerung' positiv gegenüberstehen – im vorauseilenden Gehorsam sprechen sich selbst die Beneideten mitunter auch mehrheitlich für die Erhöhung der ‚Neidsteuern' aus[516]. Politiker bevorzugen das Instrument der Kreditaufnahme, dadurch vermeiden sie Steuererhöhungen und verschieben durch das Schuldenmachen die Lasten für die Bürger in die

---

[515] Dass eine Zentralbank trotz formaler Unabhängigkeit keineswegs unabhängig agiert, sondern Akteur der Regierung ist, legte Henrique Schneider in einem Vortrag offen; siehe Schneider, Henrique: Über Rechte und Freiheit des Bürgers; https://ecaef.org/haberler-conference/gottfried-von-haberler-conference-2016/.

[516] Dies machten bspw. 2010 mehrere Umfragen deutlich, siehe o. V.: REICHENSTEUER-UMFRAGEN; https://www.handelsblatt.com/politik/deutschland/reichensteuer-umfragen-wohlhabende-wollen-fuer-krisenfolgen-staerker-bluten/347020.

Zukunft. Nicht der schuldenmachende Politiker haftet für die Kredite, sondern letztlich haften irgendwann die Bürger des Staates. Es werden von Regierungen Schulden angehäuft oder Bürgschaften und so fort eingegangen, welche die Bürger als die eigentlichen Bürgen nicht genügend überblicken. So zeigte Lauk 2016 in einem Vortrag, dass, wäre damals in 2016 der ultimative Zahltag gewesen, der einzelne deutsche Privathaushalt mit jeweils gut 49.000 Euro für die aufgelaufenen Schulden und Garantieverpflichtungen der deutschen Regierungen zu haften hatte[517].

Die Ausgabe von Staatsanleihen ist das erprobte Schuldeninstrument der Regierungen. In alten Zeiten wurden Staatsanleihen auf den Kapitalmärkten platziert und die Anleihen wurde von Sparern und institutionellen Anlegern gezeichnet – also vom Publikum. Heute übernimmt in der Regel ein Bankenkonsortium eine Staatsanleihe. Dazu

---

[517] Siehe Lauk, Tillman C.: Über die Schulden-, Transfer- und Bankenunion; https://ecaef.org/haberler-conference/gottfried-von-haberler-conference-2016/.
Seither sind die Verpflichtungen, für die am Zahltag letztlich das Volk geradezustehen hat, natürlich weiter angestiegen. Um Politiker doch irgendwie haftbar zu machen, wird mitunter vorgeschlagen, dass die Politiker (Exekutive und Legislative) bezüglich unsolider Haushaltsführung und -kontrolle schadensersatzpflichtig zu machen sind, siehe bspw. Gebauer, Carlos A.: GUTE DEMOKRATIE BRAUCHT POLITIKERHAFTUNG; https://ecaef.org/gute-demokratie-braucht-politikerhaftung/.
Manche setzen ihre Hoffnung auf ein BVG-Urteil vom 24.03.2021, in welchem das BVG erstmals intertemporal auf den ökonomischen Preis regierungspolitischer Maßnahmen abstellt. Die Zukunft wird zeigen, ob derartige Hoffnung berechtigt ist. Zum Urteil selbst siehe die Kommentare von Tofall, Norbert F.: Freiheitsrechte künftiger Generationen - Diese gelten nicht nur beim Klimaschutz; https://www.flossbachvonstorch-researchinstitute.com/de/kommentare/freiheitsrechte-kuenftiger-generationen-diese-gelten-nicht-nur-beim-klimaschutz/ und Rásonyi, Peter: Deutschlands Klimaschutz wird zum Diktat der Verfassungsrichter; https://www.nzz.ch/meinung/bundesverfassungsgericht-klimaschutz-wird-zum-diktat-der-richter-ld.1614612.

ein einfaches Beispiel[518]: In Höhe von 10 Milliarden Euro wird über ein Bankenkonsortium eine Staatsanleihe auf den Weg gebracht. Das Bankenkonsortium schreibt der Regierung auf dem Girokonto 10 Milliarden Euro gut. Dadurch wird der Schein gewahrt, die Zentralbankgeld stellt der Regierung nicht einfach frischgedrucktes Geld zur Verfügung, nein, die Regierung nimmt nur einen Kredit auf. Durch das Konsortium sind genügend ,Unterschriften' vorhanden, um die Anleihe ,lombardfähig' zu machen. Folglich ist die Anleihe zentralbankfähig und kann bei der Notenbank als Pfand hinterlegt werden, so dass das Bankenkonsortium wiederum von der Notenbank 10 Milliarden Euro frisches Zentralbankgeld erhält. Gelingt es innerhalb des Bankensystems diese Gelder zum weitaus größten Teil in Form von Buchgeld (Giralgeld) zu halten, dann ist dem Bankensystem auch bei konservativ-vorsichtiger Reservehaltung ohne größere Umstände möglich auf Grundlage der ursprünglichen Anleihe im ersten Schritt eine Giralgeldmenge von nahezu 100 Milliarden Euro zu kreieren. In einem zweiten Schritt, da die Anleihe zentralbankfähig ist, so dass das Bankenkonsortium von der Zentralbank weitere 10 Milliarden Euro erhält,

---

[518] Es ist ein einfaches Beispiel, welches nur den Kern des Procederes verdeutlichen soll. In dieser Darstellung sind die Kosten nicht berücksichtigt, die durch den Verwaltungsprozess, durch Vorschriften etc. entstehen. In anderen Staaten, bspw. den USA, kann die Zentralbank Anleihen auch direkt von der Regierung übernehmen.
Detaillierte Beschreibungen des Geldschöpfungsprozesses via Staatskredit finden sich bspw. bei Huerta de Soto, Jesús: Geld, Bankkredit und Konjunkturzyklen. Stuttgart 2011 oder Schlichter, Detlev S.: Das Ende des Scheins. Warum auch unser Papiergeldsystem zusammenbricht. Weinheim 2013.
Der Prozess dieser Geldvermehrung wird in der ökonomischen Theorie meist mathematisch als „Geldschöpfungsmultiplikator" modelliert; siehe dazu bspw. Huerta de Soto, Jesús: Geld, Bankkredit und Konjunkturzyklen. Stuttgart 2011.

ist es dem Bankensystem möglich nochmals weitere rund 100 Milliarden Euro Buchgeld aufzusatteln.

Diese Erhöhung der Geldmenge zeitigt zwangsläufig Auswirkungen auf das Wirtschaftsgeschehen. Zu untersuchen wäre der gesamte Prozessablauf einer Geldmengenerhöhung und der Wirkung des ‚Neuen Geldes' auf die Endpreise der unterschiedlichsten Güter mittels einer differenzierten Analyse. Doch dafür ist hier nicht der Raum, deswegen wird der Wirkungsprozess nur kurz stufenartig aufgefächert[519]:

➢ Durch eine Geldmengenerhöhung ist mehr Geld in die Wirtschaft gelangt.

➢ Einige Bevölkerungsteile sind die Nutznießer der Geldmengenerhöhung, weil jene zuerst über das ‚Neue Geld' verfügen können.

➢ Diese Nutznießer erhöhen ihre Nachfrage auf verschiedenen Güter-/Faktormärkten – und zum Teil werden jene noch zu den alten Preisen einkaufen können.

➢ Die Angebotsseite auf jenen Güter-/Faktormärkten kann nicht so schnell auf die gestiegene Nachfrage reagieren, folglich steigen – bei zunächst unveränderter Gütermenge – bei den zusätzlich nachgefragten Gütern die Preise. Das Preisgefüge wird sich folglich ändern.

➢ Verschiedenste Marktakteure werden, wegen der gestiegenen Preise, höhere Gewinnmöglichkeiten auf jenen

---

[519] Siehe Anderegg, Ralph: Grundzüge der Geldtheorie und Geldpolitik. München 2007. Richard Cantillon (1680–1734) hat diesen stufenförmig dargestellten Prozess als erster Geldtheoretiker untersucht. Deswegen wurde dieser Effekt, der Einfluss von Geldmengenänderungen auf die Struktur der Preise, nach Richard Cantillon selbst „Cantillon-Effekt" genannt.

Güter-/Faktormärkten sehen und dort das Angebot so flott wie nur möglich auszuweiten versuchen.

➢ Handelt es sich bei jenen Märkten um Gütermärkte, dann werden Unternehmer in diesen Produktionsbereichen investieren und dadurch selber zu zusätzlichen Nachfragern von Investitionsgütern.

➢ Langfristig wird sich das gesamte Preisniveau erhöht haben.

➢ Dabei wird sich das Preisgefüge dauerhaft geändert haben, da die Menschen normalerweise keine einheitliche Nachfragestruktur haben, auch nicht bei für alle Menschen gleichmäßig gestiegenem Einkommen.

➜ Entscheidend ist dabei, dass diejenigen, die zuerst bzw. im Zeitablauf relativ schnell über ‚Neues Geld' verfügen können, regelmäßig noch zu niedrigeren Preisen einkaufen können, als diejenigen, die feste Einkommen (wie Lohnempfänger und Rentner) beziehen. Die Bezieher von diesen Festeinkommen werden in der Regel längst die ‚neuen, höheren Preise' zu zahlen haben, bevor das ‚Neue Geld' bei ihnen (z. B. als Folge von Lohnerhöhungen) angekommen ist – diese sind demnach die Geschädigten.

➜ Daraus folgt, dass aus der – von staatlichen Stellen verursachten und gewollten – ständigen Inflationierung der Geldmenge eine Umverteilung des Volksvermögens zu Lasten der Bezieher von festen Einkommen resultiert.

mf) Verwerfungen

> *„Geld macht nicht korrupt. Kein Geld schon eher."*
>
> – DEUTSCHES SPRICHWORT

Schon der oben skizzierte stufenförmige Ablauf des „Cantillon-Effekts" deutet die Verwerfungen an, die durch die politisch gewollte ständige Aufblähung der Geldmenge verursacht werden: Nämlich das vorsätzliche Schädigen der Vermögensrechte der Menschen, die ein festes Einkommen aus Lohnverträgen, privaten oder staatlichen Renten beziehen[520].

Das Währungssystem von Bretton Woods brach – siehe oben – 1971 zusammen, damit fiel durch die Aufhebung der Goldbindung des US-Dollars als Leitwährung des Systems die letzte reale Schranke, die den Geldvermehrungsphantasien der „Geldverbesserern"[521] einen Riegel vorschob. Seit 1971 sind die Staatsschulden in allen westlichen Staaten explodiert; die große Geldmenge (M3 genannt) wuchs seither etwa zehnmal schneller als das weltweite Sozialprodukt. Mit anderen Worten, die Welt wurde politisch gewollt mit Unmengen von ‚Geld' geflutet[522]. Diese Fluten von ‚Geld' wurden durch Banken und andere Finanzinstitute

---

[520] Siehe dazu die in der Fußnote 514 empfohlene Literatur.

[521] Als „Geldverbesserer" bezeichnete Fritz Machlup spöttisch diejenigen, die das Geldsystem verbessern wollten, dabei meist ganz einseitig fokussiert auf einen Aspekt des Geldgeschehens starrten. Erhielten irgendwelche „Geldverbesserer" eine Chance ihre Einseitigkeiten politisch durchzusetzen, dann waren die Folgen für das Gemeinwesen regelmäßig das Gegenteil von besser, siehe Machlup, Fritz: Führer durch die Krisenpolitik. Frankfurt/M. 2000.

[522] Siehe Baader, Roland: Geldsozialismus. Gräfelfing 2010 und Hochreiter, Gregor: Krankes Geld – Kranke Welt. Analyse und Therapie der globalen Depression. Gräfelfing 2010. Der Stand der genannten Vervielfachungen ist inzwischen alleine durch die so genannten „Corona-Rettungsmaßnahmen" längst überholt.

regelmäßig in Vermögensmärkte gelenkt, so dass Banken und andere Finanzinstitute als verlängerter Arm der Politik auf den Finanzmärkten in den letzten Jahrzehnten eine Vielzahl von Blasen erzeugten, die wiederum beim Platzen für viele Krisen sorgten, so dass dadurch ungeheure Mengen der politisch aufgeblähten Geldmenge gebunden wurden[523].

Die Wurzel solcher Krisen ist in der staatlichen Geldpolitik zu verorten, in der kreditfinanzierten politisch verursachten Aufblähung der Geldmenge. Die Märkte verursachen derartige Krisen nicht. Die Märkte machen nur ihre Arbeit, indem sie versuchen, die strukturellen Verwerfungen und gigantischen Verschuldungen zu beseitigen, die sich durch die beiden sozialistischen Eckpfeiler der Geldpolitik der Regierungen aufgebaut und aufgestaut haben[524]. Eine Krise, die aus solchen Verwerfungen entspringt, ist eine Heilkur – und nicht etwa ein ‚Marktversagen'. Wenn schon von einem „Versagen" gesprochen wird, dann handelt es sich um ‚Staatsversagen', hervorgerufen durch die beiden zutiefst sozialistischen Eckpfeiler der staatlichen ‚Plangeldwirtschaft', nämlich das

---

[523] Siehe Baader, Roland: Geld, Gold und Gottspieler. Gräfelfing 2004, ders.: Geldsozialismus. Gräfelfing 2010 und Hochreiter, Gregor: Krankes Geld – Kranke Welt. Analyse und Therapie der globalen Depression. Gräfelfing 2010.

[524] Siehe für eine kommentierte Übersicht zu den vielen Blasen und Krisen der letzten Jahrzehnte Milz, Hubert: Geld. Eine kleine Ideengeschichte. Fürstenberg 2020. Dort wird gezeigt, dass die Banken als verlängerter politischer Arm bei den originär auf Regierungshandeln beruhenden Krisen auch den willkommenen Prügelknabe stellen, durch den Regierungen von den eigenen Fehlern öffentlich wirksam ablenken. Die Bankiers nehmen dies hin, da der Bankensektor etliche Sonderrechte (wie z. B. die Teilreserve) genießen darf.
Bei der Benennung der „Sündenböcke und Prügelknaben" wirkt die Medienlandschaft meist tatkräftig mit; siehe für ein Beispiel unter vielen Bruns, Tissy: Die Welt ist aus den Fugen; https://www.tagesspiegel.de/meinung/politischer-essay-die-welt-ist-aus-den-fugen/4523422.html.

‚staatsmonopolistische Zwangsgeld' und das ‚planwirtschaftliche Zinsdiktat' der staatlichen Zentralbanken[525].

Ökonomen nennen regelmäßig drei Funktionen, die das Geld erfüllen soll: Tausch-, Recheneinheits- und Wertaufbewahrungsfunktion[526]. Durch die staatliche Politik der ständigen Inflationierung der Geldmenge werden diese Funktionen ad absurdum geführt. Denn wie soll mittel- oder langfristig bei ständiger Geldwertverschlechterung vernünftig kalkuliert werden?

Über die Geldpreise für Güter und Dienstleistungen werden Signale für jedwede individuelle Wirtschaftsrechnung vermittelt. Für jedwede Wirtschaftsrechnung heißt: Für jeden Marktteilnehmer, egal ob Unternehmung oder Privathaushalt. Einfach und etwas bildlich gesprochen, in den Preisen verdichten sich die Informationen der tagtäglich im Wettbewerb handelnden Wirtschaftssubjekte. Etwas spitz formuliert, die Marktpreise informieren einen Unternehmer heute

---

[525] Siehe Prollius, Michael von: «Free Banking» als Alternative zur planwirtschaftlichen Steuerung des Geldes und der Zinsen; in: Bessard, Pierre / Kessler, Olivier (Hg.): Explosive Geldpolitik. Zürich 2019; S. 213-231.
Wenn man diese Aussage empirisch testen möchte, dann kann man an den vielen „Boom-and-Bust-Cycles" genau die Verwerfungen ablesen, welche die „Austrian Business-Cycle Theory" beschreibt; bspw. kann man am Hayek'schen Dreieck – das Dreieck zeigt die Produktionsstufen beim Rohstoffabbau und der Landwirtschaft beginnend, über Veredlung, Produktion und Logistik bis hin zum Konsum in Zusammenhang mit Ersparnis, Investition und Geldmenge – die Beulen im Wirtschaftsprozess erkennen, die beim Ablauf der Ausweitung der Kreditblase entstehen, als das anschließende Einbeulen, sobald die Blasen geplatzt sind. Zum Hayek'schen Dreieck siehe Hayek, Friedrich August von: Preise und Produktion. Springer Verlag 1976 (Nachdruck der 1. Auflage von 1931).
[526] Eine nähere Analyse zeigt, dass die Tauschmittelfunktion die originäre Funktion des Geldes ist. Recheneinheitsfunktion und Wertaufbewahrungsfunktion sind nur daraus abgeleitete Funktionen; siehe bspw. Polleit, Thorsten / Prollius, Michael von: Geldreform: Vom schlechten Staatsgeld zum guten Marktgeld. Grevenbroich 2010.

darüber, wie er gestern hätte optimal handeln sollen und sagen ihm morgen, wie ein optimales Handeln heute ausgesehen hätte[527]. Als Folge der staatlichen Geldmengeninflation verzerrt sich das Preisgefüge für die Güter und Dienstleistungen. Preise für Güter und Dienstleistungen, die eigentlich als Folge der Aktionen der Marktteilnehmer sinken sollten, sinken nicht oder steigen sogar als Folge der inflationsbedingt falschen und verzerrten Preissignale an. Folglich handeln Unternehmen und private Haushalte vermehrt falsch[528].

Die ständige staatliche Politik der Kaufkraftverschlechterung des Geldes unterhöhlt die Funktion der Wertaufbewahrung. Wer gegenwärtig als Dreißigjähriger für sein Alter ganz konservativ auf dem Sparbuch spart, sollte mindestens mit Faktor drei sparen, also um real mit 65 Jahren einen Euro des Gesparten genießen zu können, sollten heute wenigstens drei Euro gespart werden[529].

An eine schleichende und ständige Geldentwertung – auch die D-Mark hatte zwischen 1950 und 2001 95% ihres Wertes verloren – werden sich die Menschen gewöhnen und ihr Verhalten darauf abstellen, die

---

[527] Siehe zu den Preisen als Informationsträger und Signalgeber, Hayeks wichtige Analysen, Hayek, Friedrich August von: Der Wettbewerb als Entdeckungsverfahren; in Hayek, Friedrich August von: Freiburger Studien, Tübingen 1969, ders.: Die Verwertung des Wissens in der Gesellschaft; in: ders: Individualismus und wirtschaftliche Ordnung. Salzburg 1976 (Reprint der 1. Auflage von 1952, Erlenbach-Zürich) und ders.: Der Strom der Güter und Leistungen. Tübingen 1984.

[528] Für Unternehmen illustrierte George Reisman anhand von simplen Beispielrechnungen wie Illusionen bezüglich der Ertragslage und der Gewinnaussichten geweckt werden, die real keineswegs gegeben sind; durch Inflationspreise werden scheinbar Gewinne generiert, die real jedoch keine Gewinne sind, aber, weil diese nominal in der Gewinn- und Verlustrechnung ausgewiesen werden, der Besteuerung unterliegen, siehe Reisman, George: Staat contra Wirtschaft. München 1982.

[529] Siehe Hülsmann, Jörg Guido: Die Ethik der Geldproduktion. Waltrop 2007.

Mentalität wird sich durch die permanente Inflationskultur ändern. Herkömmliches Sparen und Haushalten wird irrational, rational wird es, Schulden zu machen, höhere Risiken einzugehen und manchmal darf man auch einmal den Hasardeur spielen. Die Menschen der früheren Generationen sparten bspw. noch ein Vierteljahrhundert, um ein Haus zu bauen oder zu erwerben. Heutzutage ist es rational, mittels Schulden eine Immobilie zu kaufen, da – dem Staat sei es gedankt – das Geld sowieso an Wert verliert, hingegen das Haus real seinen Wert behält und nominal sogar im Zeitablauf im Preis steigt – man ist gefühlt reicher. Die Inflationskultur macht denjenigen zu Dummen, der an der alten Tugend des Sparens festhält. Konsumiere jetzt; kaufe, was das Herz begehrt! Riskiere etwas und spekuliere! Denn wer spart, verliert. Die Zeithorizonte verflachen und die Sparquoten nehmen ab – Zeitpräferenzen wie bei Kleinkindern. Was man begehrt, das kauft man sofort. Warum warten?

Bei den Unternehmen sieht es nicht viel anders aus. Hier gilt nicht mehr das Bild des ehrbaren Kaufmanns, der über Generationen in langen Fristen denkt, folglich sein Unternehmen und sein Eigentum hegt und pflegt, zum eigenen Wohl, für seine Nachkommen und zum Vorteil des Gemeinwesens. Heutzutage gilt weitgehend vielmehr der kurzfristige, der schnelle Erfolg. Ein Gemeinwesen wird, weil die staatliche Inflationskultur die Menschen letztlich zu Konsumtrotteln formt, durch Güter- und Kapitalverzehr ärmer. Reich wird nur eine kleine, durch den Staat bevorzugt bediente, Clique[530]!

---

[530] Siehe Hülsmann, Jörg Guido: Die Ethik der Geldproduktion. Waltrop 2007, ders.: Krise der Inflationskultur. München 2013 und Marquart, Andreas: Crashkurs Geld. München 2019.

Dadurch, dass die Banken im staatlichen System ‚Zentralbank mit angeschlossenen Teilreservebanken' die Möglichkeit der Buchgeldschöpfung haben[531], können sie im Kreditgeschäft umfangreicher tätig werden. Sie werden auch Kredite vergeben, die ohne die staatliche Inflationskultur aus Risikogründen wahrscheinlich nicht in Betracht kämen. Durch eine planwirtschaftliche, staatliche Niedrigzinspolitik können sich Unternehmen, die ohne diese politische Inflationskultur kaum noch kreditwürdig wären, Kredite leisten – dadurch werden in solchen „Zombie-Unternehmen" knappe Ressourcen gebunden und verschwendet. Ressourcen, die anderswo fehlen und dort eine dem allgemeinen Wohlstand dienende Verwendung finden könnten[532].

Ganz allgemein lässt sich feststellen, dass die Ausweitung des Fremdkapitals für die Unternehmen sowieso Risiken birgt, da die Abhängigkeit von Banken wächst. Spitz ausgedrückt: Der Unternehmer ist nur noch scheinbar Herr in seinem Laden, eigentlich ist er nur noch ein besserer Geschäftsführer einer Bankbeteiligung, der Unternehmer wird zum Befehlsempfänger und Handlanger der Bank. Außerdem ist zu bezweifeln, ob Banken, wenn sie umfangreiche Kredite an herkömmlich arbeitende Betriebe vergeben haben, einem innovativen Unternehmer zur Umsetzung der Innovationen die benötigten Kredite gewähren, da erfolgreiche innovative Unternehmer eine Gefahr für die mit alten Methoden operierenden Betriebe sind[533]. Werden die alten Betriebe aus

---

[531] Siehe dazu oben den Gliederungspunkt 3 me) Die „Geldmacher".

[532] Siehe zur Zombifizierung von Wirtschaft und Gesellschaft die Beiträge in Horn, Alexander u. a.: Die Zombiewirtschaft: Frankfurt 2020. Die Autoren des Bandes untersuchen die vielfältigen Gefahren der Zombifizierung: Erosion des Wohlstands; sinkende Arbeitsproduktivität; Behinderung und Verhinderung innovativer Investitionen und etliche andere Probleme.

[533] Siehe dazu den Exkurs zur „schöpferischen Zerstörung" in Fußnote 212.

dem Markt gedrängt, dann werden deren Bankkredite notleidend. Folglich können Banken bei der Umsetzung innovativer Unternehmensideen durch Verweigerung der Finanzierung durch Kreditvergabe als Hemmschuh wirken[534].

Wenn eine Bank durch notleidende Kredite in eine bedrohliche Schieflage gerät, kann sie darauf zählen durch die Zentralbank als „lender of last resort" (Verleiher der letzten Zuflucht) mit frischer „Liquidität" versorgt zu werden. Eine systemische Bank in Not wird durch die Zentralbank in der Regel gerettet. Dadurch besteht und entsteht die reelle Gefahr, dass im Bankensektor ein Risikoverhalten erzeugt wird, welches bei normalen Haftungsszenarien unwahrscheinlich wäre. Auch wenn eine Bank sozusagen beim Roulette „banco" spielen würde, kann eine systemisch wichtige Bank darauf hoffen, beim Verlieren von der Zentralbank gerettet zu werden[535].

Wie oben gezeigt, erfolgt die Inflationierung der Geldmenge per Staatsanleihe durch das Zusammenspiel von Politik, Zentralbank und Teilreservebanksystem[536]. Mit dem für die Politiker angenehmen Nebeneffekt, dass durch die staatliche Geldentwertungspolitik der reale Wert der Anleihen im Zeitverlauf sinkt, die Regierungen die Anleihen

---

[534] Siehe Hülsmann, Jörg Guido: Die Ethik der Geldproduktion. Waltrop 2007.

[535] Paul Adolph Volcker, von 1979 bis 1987 Vorsitzender des Federal Reserve Systems (das Zentralbanksystem der USA), sagte Anfang der 1980er Jahre bei einer Anhörung vor dem US-Senat, dass Zentralbanken nur gegründet worden sind, um im Notfall systemrelevante Banken mit dem Geld des Steuerzahlers vor dem Bankrott zu retten; siehe Griffin, G. Edward: Die Kreatur von Jekyll Island. Rottenburg 2011.
Schiltknecht merkte an, dass bereits Ende 1999 geschätzt wurde, dass rund 61% der Verpflichtungen der Bank- und Finanzinstitute der USA über implizite oder explizite Garantien des Staates verfügten. Siehe Schiltknecht, Kurt: Regulierungsprobleme auf den Finanzmärkten. VII. Gottfried-von-Haberler-Konferenz, Vaduz 2011, WORD-Manuskript.
[536] Siehe dazu oben den Gliederungspunkt 3 me) Die „Geldmacher".

jedoch nur gemäß Nennwert verzinsen und zu tilgen haben. Wilhelm Röpke geißelte dies schon 1929 in seinem Lehrbuch zur Finanzwissenschaft als eine unethische Art und Weise, um mehr Einnahmen zur Verfügung zu haben und das Volk zu schädigen[537]. David Hume stellte schon im 18. Jahrhundert fest, dass der Staat ein schlechter und gefährlicher Schuldner ist und er (Hume) niemanden verstehen könne, der dem Staat Kredit gewährt[538]. Nur durch die Geldschöpfung per Staatsanleihe wurde es ganz besonders ab 1971 möglich und üblich die Versprechungen, die Parteipolitiker zum Zwecke der Wählerbestechung in den Wahlkämpfen äußerten, auch nach gewonnenen Wahlen als Regierungspolitiker zu finanzieren, nur so wurde die Finanzierung der ‚Signale des Scheiterns des neoliberalen Konzepts soziale Marktwirtschaft'[539] möglich. Die Bestochenen glauben vom Staat Wohltaten zu erhalten, dass sie diese schuldenfinanzierten Wohltaten letztendlich selbst über Steuern und Abgaben irgendwann zu bezahlen haben, wird von den Bestochenen entweder nicht gesehen oder einfach verdrängt. Zahltag ist spätestens dann, wenn der Staat insolvent wird[540].

Zusammenfassend ist festzustellen, dass das staatliche Geld- und Währungsmonopol, welches die Vordenker der sozialen Marktwirtschaft

---

[537] Zitiert bei Hennecke, Hans Jörg: Wilhelm Röpke. Ein Leben in der Brandung. Stuttgart 2005.

[538] Siehe Hume, David: Politische und ökonomische Essays, in 2 Tl.-Bdn. Hamburg 1988.

[539] Siehe die Gliederungspunkte 3 c) bis 3 l).

[540] Der Glaube, dass Staaten nicht insolvent gehen können, ist nur eine Mär. Der Historiker Bökenkamp merkte zu recht an, dass es kaum einen europäischen Staat gibt, der nicht im Laufe der Geschichte – oft mehrmals – zahlungsunfähig geworden wäre. Siehe Bökenkamp, Gérard: Staatsbankrott und Staatsauflösung; https://ef-magazin.de/2010/05/02/2074-staatsbankrott-und-staatsaufloesung-der-ungewoehnliche-fall-neufundland.

(die deutschen Neoliberalen) forderten, nicht zum erhofften Ergebnis der Vordenker führt, weil[541]

> staatliches Zwangsgeld schlechtes Geld ist;

> das Staatsgeldsystem ethisch defekt ist, da es die Regierungen und ihre Kombattanten auf Kosten der übrigen Bevölkerung bereichert;

> das Staatsgeldsystem chronisch inflationär ist und dadurch die Sparer enteignet;

> das Zentralbankwesen der Garant für diese chronische Inflationierung der Geldmenge ist, welche die Politik braucht um Wahlversprechungen und Wahlgeschenke finanzieren zu können;

> das Staatsgeldsystem dadurch die verantwortliche Eigeninitiative der Bürger zerstört und sie abhängig macht von ‚teuren staatlichen Leistungen';

> sich durch die stetige Verschlechterung des Geldwertes menschliche Verhaltensmuster ändern, dies ist ursächlich bedingt durch die Regierungspolitik;

> herkömmliches Sparen irrational wird, das Verschulden hingegen wird zum rationalen Verhaltensmuster;

> die Bildung von Eigentum auf breiter Front wird verunmöglicht und der Erosion des Eigentums wird Vorschub geleistet;

> das Staatsgeldsystem langfristig die Tauschmittelfunktion des Geldes zersetzt, Geld immer weniger zur Recheneinheit wird und nicht weiter der Wertaufbewahrung dient;

> auch die Signalfunktion des Preissystems als Basis einer vernünftigen Wirtschaftsrechnung wird zumindest schwer verzerrt und gestört;

---

[541] Siehe Polleit, Thorsten / Prollius, Michael von: Geldreform. Grevenbroich 2010.

➢   Staatsgeldsystem und Zentralbankwesen für viele Krisen, bspw. für die so genannte Weltfinanzkrise und für die Spekulationen gegen den Euro-Raum verantwortlich sind, die konjunkturellen Krisen sind regelmäßig das Ergebnis der beiden Eckpfeiler der staatlichen Geldpolitik, und diese heißen ‚staatsmonopolistisches Zwangs-Papiergeld' und ‚zentralplanwirtschaftliches Zinsdiktat';

➢   das Teilreservebanksystem mit der Zentralbank als „lender of last resort" (dem Verleiher der letzten Zuflucht) ein für die Regierungen unbedingt notwendiges Instrument in Sachen ‚Enteignungs- und Freiheitszerstörungspolitik' mittels Geldmengeninflation ist.

Im staatlichen Geld- und Währungsmonopol an und für sich verortete Hayek das Gefahrenpotential, welches das Zeug hat die in weit über 2.000 Jahren gewachsenen Kulturleistungen der Zivilgesellschaft zu zerstören, um anschließend in einen neuen Totalitarismus zu münden. Völlig richtig vermerkte Hayek, dass selbst eine staatliche Politik der bescheidenen Inflationsraten ständig Irritationen – wie Arbeitslosigkeit und Krisen – in Wirtschaft und Gesellschaft erzeugt. Irritationen, die jedoch nicht den Regierungen als den tatsächlich Schuldigen zugeschrieben werden, sondern ignorant als der Marktwirtschaft inhärent zugeordnet werden. Deswegen, von brennender Sorge um die ‚civitas humana' getrieben, forderte Hayek 1976 die „Entnationalisierung des Geldes"[542].

---

[542] Hayek, Friedrich August von: Entnationalisierung des Geldes. Tübingen 1977. Das englische Original erschien 1976 als „Denationalisation of Money".
Der Titel „Denationalisation of Money" wäre ins Deutsche treffender mit „Entstaatlichung des Geldes" übersetzt worden, da dieser Titel den Kern des Anliegens Hayeks direkt und konkret anzeigt, etwas, was „Entnationalisierung" nicht derart signalisiert! Leider ist der alte Titel 2012, trotz überarbeiteter Übersetzung, auch bei der Herausgabe der gesammelten Werke Hayeks beibehalten worden.

Seit Hayeks Reformvorschlag sind 45 Jahre vergangen und die Verwüstungen des Geldes – und auch der Kultur – durch die Regierungspolitik haben seitdem erheblich zugenommen. Sicherlich auch bedingt durch das seit Mitte der 1970er Jahre zu beobachtende Revival der „Wiener Schule der Volkswirtschaftslehre", schlossen sich seit jenen Tagen viele weitere Ökonomen der Forderung Hayeks in der einen oder anderen Weise an. Das Geld soll dem Markt, wo es – wie weiter oben gezeigt – entstanden ist, zurückgegeben werden: Abschaffung des Staatsgeldsystems, des Teilreservebanksystems und der Zentralbanken, alle Sonderrechte der Zentralbanken und Teilreservebanken sollen abgeschafft werden. Mitnichten würden wir dann im Paradies leben – wir hätten weiter Probleme, alte und neue –, aber etliche der schlimmen Probleme, und zwar diejenigen, die seit vielen Jahrzehnten durch das staatliche Zwangsgeldsystem erzeugt und ständig neu entfacht werden, würden dann wegfallen[543].

---

[543] Zu den Ökonomen, die dies fordern, gehören neben vielen anderen bspw. Phillipp Bagus, Pierre Bessard, Jörg Guido Hülsmann, Jesús Huerta de Soto, Olivier Kessler, Kurt R. Leube, Thorsten Polleit, Michael von Prollius, George Selgin, Rahim Taghizadegan und Lawrence H. White.

V.   Was bleibt? Optimismus oder Pessimismus?

„Der Pessimist sieht in jeder Chance eine Bedrohung.
Der Optimist in jeder Bedrohung eine Chance."
– CHINESISCHES SPRICHWORT

1) Pessimismus

„Lächle und sei froh, es könnte schlimmer kommen!
Ich lächelte und war froh; und es kam schlimmer."

– BÜROWEISHEIT

Als im Wendeherbst 1989 das System des real existierenden Sozialismus des sowjetischen Imperiums zusammenbrach, da jubelten viele im Westen und erklärten den Sieg der ‚Ideen der Freiheit' und der ‚liberalen Demokratie' im Wettbewerb der gesellschaftlichen Ordnungsmodelle. Durch den Politikwissenschaftler Francis Fukuyama wurde gar die These vom „Ende der Geschichte" popularisiert, Marktwirtschaft und Liberalismus hätten endgültig gesiegt[544].

Diesem Jubilieren folgten schon damals kulturgeschichtlich versierte Zeitgenossen nicht. Mit analytisch gut geschultem Blick für die politische Prognose war für sie – wie z. B. für Roland Baader – die Diagnose klar, der Sozialismus war keineswegs besiegt, sondern seine Stunde würde erst noch kommen. Die Sozialisten jedweder Façon würden nur einige Zeit ihre Wunden lecken, um danach wie ein ‚Phönix aus der Asche' aufzusteigen, um hinter einer anscheinend menschenfreundlichen,

---

[544] Siehe Fukuyama, Francis: Das Ende der Geschichte. München 1992.
Schon 1989 hatte Fukuyama das ‚Ende der Geschichte' zunächst in einem Aufsatz der Zeitschrift ‚The National Interest' thematisiert, später dann auch als Buchtitel. Der Ausdruck wurde populär, jedoch eben auch falsch populär, da bei Fukuyama die simple, aber populäre Version, die durch die Gazetten geisterte, nicht das Thema war. Im Grunde knüpfte Fukuyama an die Arbeiten des russisch-französischen Philosophen Alexandre Kojève an, dessen Interpretation der Geschichtsphilosophie Hegels weltpolitische Gegensätze auflöst. Siehe hierzu für die Quellen Deutsche Wikipedia (de.wikipedia.org): Artikel – Ende der Geschichte, (abgerufen im Dezember 2020).

pluralistischen Maske als Mahner, Tröster, Erlöser, Reformator, Heilsbringer und so weiter und so fort wieder zu reüssieren. Der Sozialismus als eine angeblich ‚zutiefst humanistische Idee'[545] war und ist zutiefst in den Köpfen der „Priesterherrschaft der Intellektuellen" verwurzelt und in weiten Teilen der Bevölkerung akzeptiert, so dass es naiv ist an ein Ende des Sozialismus zu glauben[546]. Naiv? Ja! Dies verdeutlichten schon die heißen Wochen des Wendeherbstes 1989, in etlichen Talkrunden und Sondersendungen jener Tage redeten Politiker, Gewerkschafter, Kulturschaffende und so fort die ‚zutiefst humanistische Idee des Sozialismus' weiterhin schön[547]. Am Abend des 10.11.1989, einen Tag nach dem historischen Tag der Öffnung der Berliner Mauer, überschlugen sich die Sondersendungen. Eindrücklich zeigte sich in der Talkshow „3 nach 9" wie tief und fest der Sozialismus in den Köpfen der Menschen wurzelt. Der Journalist Gerhard Löwenthal[548] wagte die banale Feststellung, dass nirgendwo auf dem Erdball ein sozialistisches Experiment je funktioniert hat – und der Schriftsteller Gregor von Rezzori[549] stellte zu recht klar, dass es die soziale Marktwirtschaft nur

---

[545] Die ‚zutiefst humanistische Idee' des Sozialismus vernichtete in der Praxis (Lenin, Stalin, Mao, Hồ Chí Minh, Pol Pot etc.) im 20. Jahrhundert gut 100 Millionen Menschenleben und war verantwortlich für unzählige Gräuel, siehe Courtois, Stéphane u. a.: Das Schwarzbuch des Kommunismus. München 1998.

[546] Siehe dazu vor allem Baader, Roland: Kreide für den Wolf. Die tödliche Illusion vom besiegten Sozialismus. Böblingen 1991 und ergänzend ders.: Totgedacht – Warum Intellektuelle unsere Welt zerstören. Gräfelfing 2002.

[547] Im Vorwort zu Baader, Roland: Kreide für den Wolf. Die tödliche Illusion vom besiegten Sozialismus. Böblingen 1991 werden die Fakten und die Namen der Schönredner genannt, von der damaligen SPD-Prominenz bspw. Oskar Lafontaine, Helmut Schmidt und Hans-Jochen Vogel, von Gewerkschaftsseite z. B. Franz Steinkühler.

[548] Gerhard Löwenthal (1922-2002) war Journalist, entschieden antisozialistisch und moderierte über viele Jahre das ZDF-Magazin.

[549] Gregor von Rezzori (1914-1998) stammte aus Czernowitz, damals die Hauptstadt des habsburgischen Kronlandes Bukowina. Zeitlebens verströmte Gregor von Rezorri

aufgrund der sozialistischen Ideen gibt. Die übrigen anwesenden Talkgäste überschütteten die beiden hasserfüllt mit Gift und Galle[550].

Jene Seher behielten leider recht, relativ schnell war die sozialistische „Priesterschaft der Intellektuellen" wieder tonangebend, geschickt ihre wichtigen Positionen im Kulturbetrieb nutzend[551], trieben sie den Sozialismus in den Gewändern der ‚political correctness', des ‚Genderns' oder der ‚Diversität' als ‚öffentliche Meinung' zu neuen Blüten. Die alten Parolen und Träume des Sozialismus wurden und werden ‚grün verpackt'[552] und gut vermarktet, bspw. über die Kinderbewegung „Fridays for Future (FFF)"[553]. In den ehemaligen Ostblockstaaten Ostmittel- und Südosteuropas wandelten sich die alten kommunistischen Staatsparteien zu sozialdemokratischen Parteien, darauf vertrauend, dass das Gedächtnis der Menschen – Kommunismus, Sozialismus, Sozialdemokratie galten bis mindestens 1917 als Synonyme – schlecht ist. Diese Vettern und Cousinen Lenins und Stalins wurden in den EU-

aristokratisch, schöngeistig und elegant den Flair des k. u. k. Gentlemans der untergegangen Donaumonarchie.

[550] Auch hierzu siehe die Schilderungen im Vorort von Baader, Roland: Kreide für den Wolf. Die tödliche Illusion vom besiegten Sozialismus. Böblingen 1991.
Dass das sozialistische Gedankengut tief in der europäischen Geistesgeschichte verwurzelt ist, zeigt schon ein flüchtiger Blick in die europäische Literaturgeschichte, wie dies bspw. die Werke von Tommaso Campanella (1602) oder Thomas Morus (1516) belegen; Campanella, Tommaso: Der Sonnenstaat. Paderborn o. J.; Morus, Thomas: Utopia. Darmstadt 1979.

[551] Siehe Gliederungspunkt 3) l).

[552] Mehr dazu siehe Lindhoff, Henning: Die Grünen. Eine Interpretationshilfe North Charleston 2015, Mann, Torsten: Rote Lügen in grünem Gewand: Der kommunistische Hintergrund der Öko-Bewegung. Rottenburg 2009 und Maxeiner, Dirk / Miersch, Michael: Alles grün und gut? Eine Bilanz des ökologischen Denkens. München 2014.

[553] Siehe Gliederungspunkt 3) i); in einer privaten E-Mail meinte ein Jurist ironisierend, dass „FFF" auch, und zwar eindeutig korrekter, als Abkürzung für „fridays for fascism" gelten sollte.

Institutionen Brüssels mit offenen Armen freudig willkommen geheißen[554].

Es wundert folglich nicht, dass die deutsche Sozialdemokratie die lästigen Bekenntnisse zur Marktwirtschaft und zur freiheitlichen Ordnung des Godesberger Programms durch ein Grundsatzprogramm des demokratischen Sozialismus ersetzte[555] und ihre Nachwuchsstars der illiberalen Demokratie das Wort reden[556].

Die ursprünglich bürgerlichen Parteien laufen – wie schon weiter oben dargestellt wurde – diesem vorgeblichen Zeitgeist hinterher, drifteten und driften gleichfalls[557] mehr und mehr in Richtung dieses mit neuen Gewändern getarnten Sozialismus. So bestätigten im Grunde auch führende Unionspolitiker 2007 und 2017 durch ihre Verklärung[558] des

[554] Mehr dazu siehe Palko, Vladimir: Die Löwen kommen: Warum Europa und Amerika auf eine neue Tyrannei zusteuern. Kißlegg 2014.

[555] Siehe oben Gliederungspunkt 3) c) cc).

[556] Ein herausragendes Beispiel ist Kevin Kühnert, aus unzähligen seiner Äußerungen in den sozialen Medien, in Talkshows etc. ist dies klar zu erkennen; siehe aus dieser Unzahl bspw. o. V.: Überwindung des Kapitalismus; https://www.t-online.de/nachrichten/deutschland/gesellschaft/id_85675322/kevin-kuehnert-fuer-kollektivierung-von-bmw-ueberwindung-des-kapitalismus-.html.

[557] Siehe oben die Gliederungspunkte 3) c) cc) und 3) i).

Der Versuch, das gegenwärtige Szenario zu überblicken und einzuordnen, weckte unwillkürlich Erinnerungen an Felix Somary. Somarys Prognosen waren meist zutreffend, ja, geradezu seherisch. So meinte er kurz vor seinem Tode zu seinem Sohn, dass dieser (der Sohn) das Ende des sowjetischen Imperiums erleben wird, doch nur ‚Sekunden‘ nach dem Hinscheiden des real existierenden Sozialismus würde sich das ‚westliche System‘ ebenfalls zum Sterben niederlegen; siehe Somary, Felix: Erinnerungen eines politischen Meteorologen. München 1994; flankierend dazu als Leseempfehlung Somary, Felix: Krisen und Zukunft der Demokratie. Autorisierter Nachdruck der 2. Auflage. München o. J.

[558] Siehe bspw. Laschet, Armin: 70 JAHRE AHLENER PROGRAMM; https://www.cdu-nrw.de/armin-laschet-zu-70-jahre-ahlener-programm-nordrhein-westfalen-braucht-orientierung-grundsaetzen-der.

Für Franz Josef Strauß war das Ahlener Programm eine „Mumie, die man im Grab liegen und verrotten lassen" sollte, seine Mahnung „Ich rate dringend davon ab, das Gras zu

254

sozialistischen Ahlener Parteiprogramm[559] der CDU aus 1947 im Nachhinein Gregor von Rezorris Bemerkungen – siehe oben – zur sozialistischen Patenschaft der sozialen Marktwirtschaft.

Folgt man den Ergebnissen der umfangreichen Recherchen der beiden Publizisten Jung und Groß[560], dann ist es zulässig zu vermuten, dass es kaum noch eine organisierte, gesellschaftsrelevante Organisation gibt, die sich nicht – bedingt durch das Einknicken vor dem Zeitgeist der ‚veröffentlichten Meinung' – in der einen oder anderen Form außerhalb des Rahmens dessen stellte, was das BVG in zwei Grundsatzurteilen in den 1950er Jahren als ‚freiheitliche Grundordnung' definierte[561]. Auch scheinen Krisensituationen politisch weltweit grundsätzlich dazu genutzt zu werden, um unter dem Radar der Krise mit Entscheidungen Fakten zu schaffen und in einer Art und Weise umzusetzen[562], die im normalen Alltag derart nicht umsetzbar sind und die den tradierten Werten eines

---

fressen, das über dieses Programm gewachsen ist" ist längst verweht, Wolff, Christian: 70 Jahre Ahlener Programm; https://www.wn.de/Muensterland/Kreis-Warendorf/Ahlen/2017/02/2683465-70-Jahre-Ahlener-Programm-Fuer-Strauss-war-es-eine-Mumie.

[559] Das Programm ist voller linker Rhetorik, auch wenn die Begriffe Sozialismus und Antikapitalismus vermieden wurden; siehe Ahlener Programm; https://www.kas.de/c/document_library/get_file?uuid=76a77614-6803-0750-c7a7-5d3ff7c46206&groupId=252038.

[560] Siehe Jung, Christian / Groß, Torsten: Der Links-Staat: Enthüllt: Die perfiden Methoden der »Antifa« und ihrer Helfershelfer in Politik und Medien. Rottenburg 2016. Die offensichtlich strukturkonservative und strukturetatistische Grundhaltung der beiden Autoren mindert die Ergebnisse deren Recherchen nicht.

[561] Zu dem Urteil aus 1952 siehe Bundesverfassungsgericht; https://www.servat.unibe.ch/dfr/bv002001.html und zum Urteil aus 1956 siehe Bundesverfassungsgericht; https://www.servat.unibe.ch/dfr/bv005085.html.

[562] Siehe Liechtenstein; S. D. Michael Prinz von und zu: The demise of liberal democracy; https://www.gisreportsonline.com/the-demise-of-liberal-democracy,3499,c.html.

Gemeinwesens unter Umständen auch nicht entsprechen[563]. Der ehemalige BVG-Präsident Hans-Jürgen Papier merkte dazu an, dass die stetig schleichende Erosion der grundgesetzlichen Ordnung in der Krise derart beschleunigt ist, wie sich dies niemand hat vorstellen können[564], so dass Kanzlerin Merkel öffentlich – ohne eine Welle der Empörung auszulösen – die Ausschaltung der Verwaltungsgerichte zum „Mehrwert" erklären konnte[565].

Es scheint offensichtlich so zu sein, dass die Repräsentanten der etablierten politischen und gesellschaftlichen Organisationen mehrheitlich in irgendeiner Art und Weise an die Seite der ‚kulturmarxistischen' Schickeria, welche die tradierte Kultur des Westens ablehnt, gewechselt sind. Personen, die nach wie vor die tradierten Werte der europäischen Kultur, die bspw. der amerikanische Rechtsprofessor Weiler, Sohn eines litauischen Rabbiners, in einem brillanten Essay verteidigte[566] und die Hayek als die „symbolischen Wahrheiten" des europäischen Erfolgsweges würdigte[567], ausdrücklich bejahen, gewinnen den Eindruck von jenen Repräsentanten im Stich gelassen zu werden. Daher sehnen sich viele

---

[563] Wolfgang Schäuble forderte seine Kollegen aus der Politik geradezu auf, Krisen derart zu nutzen; siehe Kulish, Nicholas / Ewing, Jack: Seeing in Crisis the Last Best Chance to Unite Europe; https://www.nytimes.com/2011/11/19/world/europe/for-wolfgang-schauble-seeing-opportunity-in-europes-crisis.html?pagewanted=1&_r=1.

[564] Siehe Jungholt, Thorsten: „Die Menschen dieses Landes sind keine Untertanen"; https://www.welt.de/politik/deutschland/plus227789681/Hans-Juergen-Papier-Die-Menschen-dieses-Landes-sind-keine-Untertanen.html.

[565] Siehe Sedlmair, Eirik: Düsseldorfer Verwaltungsgerichtspräsident kritisiert Merkel scharf; https://rp-online.de/nrw/landespolitik/verwaltungsgericht-duesseldorf-deutliche-kritik-an-merkel_aid-57704339.

[566] Siehe Weiler, J. H. H.: Ein christliches Europa. Salzburg 2004.

[567] Siehe Hayek, Friedrich August von: Rede vor der Mont Pèlerin Society am 09.03.1984; ehemals unter: http://www.freitum.de/2015/07/friedrich-augustvon-hayek-rede-vor-der.html; als PDF-Manuskript gesichert.

jener Personen nach anderen Organisationen, die ihnen vielleicht eine neue politisch-gesellschaftlich-kulturelle Heimat bieten können. Ähnliche Umstände deuten sich überall in der EU an, so verwundert es nicht, dass in den EU-Staaten politische Gruppen an Boden gewinnen, die jene ‚Heimatlosen' anscheinend bedienen können. Anscheinend; denn tatsächlich sind viele jener Gruppen nur die Rückseite der Medaille des ‚kulturmarxistischen' Zeitgeistes. In den Gruppen, die diese Rückseite der Medaille prägen, tummeln sich Wiedergänger von Ideologien, die im 20. Jahrhundert verheerende Wirkung hatten; Geisteshaltungen, die bewusst an die deutsche „konservative Revolution" der 1920er Jahre oder der „Action française" von Charles Maurras zum Ende des 19. Jahrhunderts andocken[568]. „Action française" und „konservative Revolution" waren nur scheinbar konservativ, im Grunde lehnten die Stichwortgeber dieser Bewegungen die wertkonservativen Traditionen und „symbolischen Wahrheiten" rundweg ab, die Europas Weg zu einem Mehr an Freiheit und Wohlstand begründet haben. Als die wahren Feinde bezeichneten die Wortführer jener Bewegungen die Wertkonservativen und besonders die Liberalen, nichtsdestotrotz wurden jene als nützliche Idioten missbraucht.

---

[568] Siehe Puschner, Uwe / Großmann, G. Ulrich (Hg).: Völkisch und national. Zur Aktualität alter Denkmuster im 21. Jahrhundert. Darmstadt 2009; die Beiträge des Sammelbandes illustrieren, dass aus vielen Ingredienzien, wie z. B. der „konservativen Revolution" der 1920er Jahre, anscheinend ein international verbreitetes Gebräu gemischt wird, dessen Mixer aus künstlerischen, esoterischen und ökologischen Kreisen kommen und an viele intolerante Denkmuster der Zeit zwischen den Weltkriegen anknüpfen.
Zur historischen „konservativen Revolution" und zur „Action française" siehe Breuer, Stefan: Anatomie der Konservativen Revolution. Darmstadt 1995 und ders.: Nationalismus und Faschismus. Frankreich, Italien und Deutschland im Vergleich. Darmstadt 2005.

Nicht anders sehen dies die heutigen Wiedergänger der „konservativen Revolution", der „Action française" und so fort auch und stellen sich entsprechend auf. Wertkonservative und liberale Positionen werden nur als kulturpolitisches Kampfmittel genutzt. Wertkonservative und Liberale, die sich solchen Gruppierungen anschließen oder diese unterstützen, tappen nur in altbekannte Fallen, übernehmen für diesen Gegner auch noch das Amt als eigener Totengräber. Letztlich schaden derartige „Liberale" den „Ideen der Freiheit" erheblich, da sie dadurch selbst den Feinden der Freiheit, nämlich den Wortführern des ‚kulturmarxistischen' Zeitgeistes die Munition liefern, um freiheitsfeindliche Bewegungen und den Liberalismus in einen Topf werfen zu können[569].

Freiheits- und Grundrechte – bspw. die Meinungsfreiheit – gelten allgemein und für alle Menschen, so dass oft zwischen dem liberalen Widerstand gegen die Einschränkung der Freiheit einer offenen Gesellschaft und dem politischen Widerstand gegen eine offene Gesellschaft mit dem Argument der Freiheit nur ein schmaler Grat verbleibt. Mit der Duldung ‚linker' oder ‚rechter' Entgleisungen in den eigenen Reihen zeigen „Liberale" somit auch eine Art von wahrer Haltung und setzen ein Signal gegen die gesellschaftliche Freiheit. Der tatsächliche Freiheitliche ist weder ‚links' noch ‚rechts', vielmehr gilt: Jede Seite ist die falsche.

---

[569] Derart wird dies seit Jahrzehnten erfolgreich durch die ‚Linken' getätigt, für ein Beispiel unter vielen siehe Kühnl, Reinhard: Formen bürgerlicher Herrschaft. Hamburg 1971, schon die Gestaltung des Einbandes spricht für sich.

2) Optimismus

> "
> *Es ist besser, ein einziges kleines Licht anzuzünden,*
> *als die Dunkelheit zu verfluchen."*
>
> – KONFUZIUS

Unter den Liberalen, die sich nach Ende des 2. Weltkriegs in der Mont Pèlerin Society (MPS) organisierten, gab es zum Staatsverständnis ziemlich unterschiedliche Auffassungen[570]. Jedoch, es gab auch einen Grundkonsens, nämlich, dass ein Staat ein Rechtsstaat sein muss, der innere und äußere Sicherheit zu gewährleisten hat. Mises notierte besonders auch mit Blick auf den Rechtsstaat[571]:

> *"Staat ist Gewaltanwendung und Bereitschaft, Gewalt anzuwenden. Der Staatsapparat ist ein Zwangs- und Unterdrückungsapparat. Das Wesen der Staatstätigkeit ist, Menschen durch Gewaltanwendung oder Gewaltandrohung zu zwingen, sich anders zu verhalten, als sie sich aus freiem Antriebe verhalten würden."*

---

[570] Beispiele hierfür finden sich bei Kolev, der die Staatsverständnisse bei Walter Eucken, Friedrich August von Hayek, Ludwig von Mises und Wilhelm Röpke eingehend erörtert; siehe Kolev, Stefan: Neoliberale Staatsverständnisse im Vergleich. Stuttgart 2013.
[571] Siehe Mises, Ludwig von: Im Namen des Staates oder die Gefahren des Kollektivismus. Verlag Bonn aktuell, München 1978. Gemäß Max Weber formulierte dies Trotzki noch kürzer und härter „Jeder Staat wird auf Gewalt gegründet", siehe Weber, Max: Politik als Beruf. Frankfurt am Main 1999.

Erfolgreich Gewalt anwenden kann nur, wer auch die Macht dazu hat.
Folglich hat auch in einem liberalen Rechtsstaats die Macht eingehegt und
begrenzt zu werden, da nach dem bekannten Satz Lord Actons gilt[572]

> *„Macht zielt darauf ab, zu korrumpieren, und absolute Macht
> korrumpiert vollständig."*

Zu recht vermerkte Böckenförde, dass *„der freiheitliche säkularisierte Staat
von Voraussetzungen lebt, die er selbst nicht garantieren kann"*[573]. Die
praktische Organisation des politischen Gemeinwesens erzeugt auch in
einem Rechtsstaat die Anreize und die Bedingungen der tendenziellen
Machtausdehnung zu Gunsten der Staatsorgane[574].

Die sozialen Prozesse, die sich aus staatlicher Machtausdehnung und
Erosion einer freiheitlichen Grundordnung ergeben, drängen den
Liberalismus zwangsläufig in die Defensive. Eingekeilt zwischen
„Staatsanbeter" von ‚links' und von ‚rechts' können die Liberalen jedoch
eines sein, der beständige Stachel im Fleisch der Etatisten jedweder
Couleur. Der Liberalismus ist in den heutigen parlamentarischen
Demokratien[575] – wie Gerhard Schwarz zu recht anmerkte – nicht
mehrheitsfähig, folglich ein Minderheitenprogramm, das Programm einer
kämpferischen Minderheit sollte dies sein. Es gibt natürlich Parteien, bei

---

[572] Lord Acton in einem Brief an Mandell Creighton vom 5. April 1887, siehe Dörrbecker,
Alexander (Hg.): Geschichte und Freiheit, ein Lord Acton Brevier. Zürich 2010.

[573] Siehe Böckenförde, Ernst-Wolfgang: Staat, Gesellschaft, Freiheit. Frankfurt 1976.

[574] Siehe z. B. Hochschild, Udo: Gewaltenteilung als Verfassungsprinzip. Berlin 2010.

[575] Es war und ist in diesem Text nicht der Platz, um die verschiedenen
Demokratietheorien zu diskutieren, einen knappen, prägnanten und historisch sehr
guten Überblick dazu leistete Taghizadegan, Rahim: Demokratie. Wien o. J., dort wird
dargestellt, dass die klassischen Denker der griechischen Polis die heutigen Liberal-
Demokratien des Westens keinesfalls als Demokratien werten könnten, sondern unter
der Rubrik tyrannische Imperien listen würden.

denen es so ausschaut, als ob diese Parteien irgendwie und irgendwo mit dem Label „Freiheit" anscheinend reüssieren können, doch bei genauem Hinschauen wird regelmäßig deutlich, dass deren Programme nichts weiter sind als „ein verkapptes Enteignungs- und Entmündigungsprogramm". Trotz dessen können sich Liberale einbringen und einsetzen für eine gute und freiheitliche „civitas humana". Kluge, gut gebildete Persönlichkeiten vermögen dies durch Engagement in Publizistik, Medien, Kultur und Wissenschaft, um in diesem Rahmen für den „Wert der besseren Ideen" zu fechten, so dass das Licht der „Ideen der Freiheit" nicht verlöscht, vielleicht sogar zur Fackel wird[576].

Ebenfalls können und sollen diejenigen, die sich den „Ideen der Freiheit" verbunden fühlen, in ihrem direkten sozialen Umfeld für den „Wert der besseren Ideen" werben und tätig sein. Strategie und Taktik im Alltag sollte – gemäß dem Amerikaner Konkin – der „Agorismus" sein, so der Name des Modells das Konkin ab 1975 erarbeitete.

Kurz auf den Punkt gebracht, Konkin regte an, dass die Menschen die Instrumente, mit denen die staatliche Exekutive die Bürger freiheitshemmend drangsaliert – dies können sein Gesetze, Durchführungsverordnungen, Richtlinien, Verwaltungsanweisungen und so fort –, aufgreifen und zu Werkzeugen gegen staatliche Anmaßungen schmieden sollen. Also, freiheitshemmende staatliche Stellen nach Möglichkeit mit ihren eigenen Waffen zu ärgern, soll zum adäquaten

---

[576] So in etwa lassen sich Ausführungen von Gerhard Schwarz zusammenfassen; siehe bspw. Schwarz, Gerhard: Liberalismus trotz allem. Hamburg 2009, PDF-Manuskript und ders.: Die Universalität der Ordnungspolitik und die Bedeutung der Religionen für die Marktwirtschaft. PDF-Manuskript 2011.

Mittel beim Gefecht für die Freiheit mit der „Herrschaft der Schreibstube" (der staatlichen Bürokratie der Exekutiven) werden[577].

Besonders in Ländern wie Deutschland, in denen es von staatlichen Befehlen – gemäß Alexander Neubacher[578] gut eine Viertelmillion – nur so wimmelt, die sich noch dazu fleißig untereinander widersprechen, sollten Konkins Anregungen, auch und gerade unter Einbeziehung der Gerichte, umzusetzen sein. Selbstredend wird es dann heißen, falls derartige Aktionen erfolgreich Schule machen, „das Imperium schlägt zurück", und zwar in Form von Verschärfungen jeder Art, bspw. mit deutlichen Verteuerungen der Gerichtsverfahren oder sogar des Versuchs zur Unterbindung des Rechtswegs[579]. Nichtsdestotrotz, gerade derartige Sperenzchen des „Imperiums" könnten hilfreich in dem Sinne sein, um bis dahin latent freiheitliche Menschen aufzurütteln und diese in das Gefecht für die Freiheit einbinden. Auch derart besteht die Chance, dass aus dem kleinen Licht des Liberalismus eine leuchtende Flamme für die Freiheit wird.

---

[577] In deutscher Sprache gibt es nur ein Buch von Konkin, und zwar Konkin III, Samuel Edward: Manifest der neuen Libertären. Grevenbroich 2016.

[578] Siehe Neubacher, Alexander: Total beschränkt. München 2014.

[579] Dies wird durch das „Merkel-Imperium" schon praktiziert, siehe Sedlmair, Eirik: Düsseldorfer Verwaltungsgerichtspräsident kritisiert Merkel scharf; https://rp-online.de/nrw/landespolitik/verwaltungsgericht-duesseldorf-deutliche-kritik-an-merkel_aid-57704339.
Ein für das „Imperium" hilfreiches Signal sendete das Familiengericht Leipzig (Az. 335 F 1187/21 vom 15. 04.2021). Entscheidungen in Sachen Kindeswohl der Amtsgerichte Weimar (Az. 9 F 148/21 vom 08.04.2021) und Weilheim (Az. 2 F 192/21 vom 13.04.2021) hatten eine alleinerziehende Mutter animiert für ihre beiden Kindern ähnliches zu erreichen. Das Leipziger Gericht verwarf den Antrag der Mutter und berechnete dieser Gerichtskosten in für Nachahmer abschreckender Höhe von 6.951 Euro, siehe Weber, Gerd: Schock-Beschluss in Leipzig; https://reitschuster.de/post/schock-beschluss-in-leipzig-familienrichter-verhaengt/.

VI. Im Text genanntes Schrifttum

AEU: 70 Jahre Denkschrift des Freiburger Bonhoeffer-Kreises; https://www.aeu-online.de/fileadmin/user_upload/pdf/publikationen/2015AEU_FD70_web.pdf.

Ahlener Programm; https://www.kas.de/c/document_library/get_file? uuid=76a77614-6803-0750-c7a7-5d3ff7c46206&groupId=252038.

Aktionsgemeinschaft Soziale Marktwirtschaft e.V.: Broschüre Wilhelm Röpke; https://www.aufbaubank.de/Download/Broschuere-Wilhelm-Roepke.pdf.

Albrecht, Friedrich Carl: Was nun, Deutschland? Vom Scheitern eines Parteienstaates. Berlin 2012.

Altmiks, Peter/Klotchkov, Kathleen (Hg.): Bildung für Alle. Bildungsvielfalt im Ideenwettbewerb. Frankfurt/M. 2015.

Aly, Goetz: Die Leiche im Keller der FDP; in: Frankfurter Rundschau; https://www.fr.de/meinung/leiche-keller-11405849.html.

Aly, Götz: Einleitung. Fretwurst der Deutsche; in: Volk ohne Mitte: Die Deutschen zwischen Freiheitsangst und Kollektivismus. Frankfurt/M. 2015, S. 7-29.

Aly, Götz: Unser Kampf: 1968 – ein irritierter Blick zurück. Frankfurt/M. 2008.

Amstad, Alois: Das Werk von Goetz Briefs. Berlin 1985.

Anderegg, Ralph: Grundzüge der Geldtheorie und Geldpolitik. München 2007.

Aphorismen.de; https://www.aphorismen.de/zitat/4041.

Apostolisches Schreiben „Evangelii gaudium"; http://www.vatican.va/content/francesco/de/apost_exhortations/document s/papa-francesco_esortazione-ap_20131124_evangelii-gaudium.html.

Arnim, Hans Herbert von: Das System. Die Machenschaften der Macht. München 2004.

Arnim, Hans Herbert von: Die Angst der Richter vor der Macht. Köln 2015.

Arnim, Hans Herbert von: Die Hebel der Macht. Und wer sie bedient. Parteienherrschaft statt Volkssouveränität. München 2017.

Augsburger Fugger Forum: Die Exellenz-Debatte, 6. Fugger Forum. Fugger auf der Bühne; https://www.fugger.de/singleview/article/die-exzellenz-debatte/32.html.

Aus Politik und Zeitgeschichte, 64. Jahrgang, Heft 20–21/2014, 12. Mai 2014.

Baader, Roland: Das Kapital am Pranger. Gräfelfing 2005.

Baader, Roland: Fauler Zauber. Schein und Wirklichkeit des Sozialstaats. Gräfelfing 1998, 2. Auflage.

Baader, Roland: Geld, Gold und Gottspieler. Gräfelfing 2004.

Baader, Roland: Geldsozialismus. Gräfeling 2010.

Baader, Roland: Kreide für den Wolf. Die tödliche Illusion vom besiegten Sozialismus. Böblingen 1991.

Baader, Roland: Totgedacht – Warum Intellektuelle unsere Welt zerstören. Gräfelfing 2002.

Baader, Roland: Vom Sozialismus zum Sozialstaat – Betrachtungen über ein deutsches Experiment; in Baader, Roland: Die Enkel des Perikles. Gräfelfing 1995, S. 245-267.

Baader, Roland: Wird Deutschland wieder totalitär"; in: ders.: Markt oder Befehl. Grevenbroich 2007, S. 167-175

Baader, Roland: Zeitenwende; in: Baader, Roland: Markt oder Befehl. Grevenbroich 2007, S. 334-337.

Bagus, Phillipp: Irrwege der Geldkritik; https://www.misesde.org/2016/11/konferenz-%e2%80%9ebesseres-geld-fur-die-welt%e2%80%9c-alle-vortrage-online/.

Bagus, Philipp / Marquart, Andreas: Warum andere auf Ihre Kosten immer reicher werden: . . . und welche Rolle der Staat und unser Papiergeld dabei spielen. München 2014.

Bandulet, Bruno: Beuteland. Rottenburg 2016.

Bartels, Kay-Uwe: Katholische Soziallehre und ordoliberale Ordnungskonzeption. Bern 1997.

Bartling, Hartwig: Wettbewerbsorientierte Wirtschaftsförderung in den neuen Bundesländern; in: ORDO, Jahrbuch für die Ordnung von Wirtschaft und Gesellschaft, Band 43. Stuttgart 1992, S. 285-299.

Bastiat, Claude-Frederic: Der Staat die große Fiktion. Ein Claude-Frederic-Bastiat-Brevier. Thun 2001.

Belloc, Hilaire: Der Sklavenstaat. Bad Schmiedeberg 2019.

Benda, Julien: Der Verrat der Intellektuellen. München 1978.

Berger, Peter L.: Die kapitalistische Revolution. Fünfzig Leitsätze über Wohlstand, Gleichheit und Freiheit. Wien 1992.

Berking, Kristof: Scheingeld ohne Zinsen und Inflation; in: Smart Investor, Sonderausgabe September 2011, S. 52-54.

Berle, Adolf A.: Macht. Die treibende Kraft der Geschichte. Hamburg 1973.

Berliner Programm der SPD;
https://www.spd.de/fileadmin/Dokumente/Beschluesse/
Grundsatzprogramme/berliner_programm.pdf.

Berthold, Norbert / Kullas, Matthias: 20 Jahre Mauerfall – Konvergenz in Deutschland? Universität Würzburg 2009, PDF-Manuskript.

Besprechung von Selgins Buch: 'Good Money – Birmingham Button Makers, the Royal Mint, and the Beginning of Modern Coinage', 1775-

1821. Ann Arbor 2008; in: Smart Investor, Sonderausgabe September 2011, S. 59.

Bessard, Pierre / Kessler, Olivier: Ist der freie Markt schuld an wiederkehrenden Finanz- und Wirtschaftskrisen?; in: Bessard, Pierre / Kessler, Olivier (Hg.): Explosive Geldpolitik. Zürich 2019; S. 7-17.

Beyenburg-Weidenfeld, Ursula: Wettbewerbstheorie, Wirtschaftspolitik und Mittelstandsförderung 1948-1963. Stuttgart 1992.

Beyfuß, Jörg (Red.): Industriestandort Deutschland – Ein geographisches Portrait. 4. Auflage, Köln 1995.

Beznoska, Martin / Hentze, Tobias: Die Einkommensteuer im Zeitverlauf. Köln 2017. PDF-Manuskript.

Biedenkopf, Kurt: Erneuerung der Ordnungspolitik; in: Lambert, Martin (Red.): Wirtschaftsordnung als Aufgabe: Zum 100. Geburtstag von Franz Böhm. Krefeld 1995, S. 15-33.

Blaich, Fritz: Der schwarze Freitag. Inflation und Weltwirtschaftskrise. München 1985.

Blankertz, Stefan: Finis Germania; in: eigentümlich frei, Heft 175, S. 62.

Blaurock, Uwe (Hg.) / Goldschmidt, Nils (Hg.) / Hollerbach, Alexander (Hg.): Das selbstgeschaffene Recht der Wirtschaft: Zum Gedenken an Hans Großmann-Doerth (1894-1944). Tübingen 2005.

Bockenheimer, Johannes C.: Das steckt hinter Altmaiers Attacken gegen Lindner; https://www.bild.de/politik/inland/politik-inland/altmaiers-angriff-gegen-lindner-das-steckt-hinter-den-twitter-attacken-73010376.bild.html.

Böckenförde, Ernst-Wolfgang: Staat, Gesellschaft, Freiheit. Frankfurt 1976.

Böhm, Franz: Entmachtung durch Wettbewerb. Münster 2007.

Böhm, Franz: Wettbewerb und Monopolkampf. Baden-Baden 2010 (Erstveröffentlichung 1933).

Bökenkamp, Gérard: Die Geschichte der Rente von 1957 bis heute: Gebrochene Versprechen, falsche Prognosen, systematische Verschleierungen; https://ef-magazin.de/2009/05/10/1188-die-geschichte-der-rente-1957-bis-heute-gebrochene-versprechen-falsche-prognosen-systematische-verschleierungen.

Bökenkamp, Gérard: Staatsbankrott und Staatsauflösung; https://ef-magazin.de/2010/05/02/2074-staatsbankrott-und-staatsaufloesung-der-ungewoehnliche-fall-neufundland.

Boger, Horst Wolfgang: Political Correctness (PC) oder Die Verbesserung der Welt durch schöneres Denken und Sprechen; in: Boger, Horst Wolfgang (Hg.): Der Staat als Super Super Nanny. Berlin 2008, S. 12-35.

Bok, Wolfgang: Wie sich mit der Klima-Angst Milliarden scheffeln lassen; https://austrian-institute.org/de/blog/wie-sich-mit-der-klima-angst-milliarden-scheffeln-lassen/.

Bolz, Norbert: Die Helden der Familie. München 2006.

Bonus, Holger: Mehr Markt im Verkehrswesen!; in: Giersch, Herbert (Hg.): Wie es zu schaffen ist. Agenda für die deutsche Wirtschaftspolitik. Stuttgart 1985, 3. Auflage, S. 206-231.

Boss, Alfred: Steuerharmonisierung oder Steuerwettbewerb?; Kieler Arbeitspapier, Nr. 1178, August 2003.

Bräutigam, Rainer u. a.: Internationaler Steuerwettbewerb. München 2018.

Brakelmann, Günter: Aus der Zeit der Diktatur: Die Freiburger Denkschriften; in: Brakelmann, Günter / Friedrich, Norbert / Jähnichen, Traugott (Hg.): Auf dem Weg zum Grundgesetz. Beiträge zum Verfassungsverständnis des neuzeitlichen Protestantismus. Münster 1999. S 171-182.

Brakelmann, Günter / Jähnichen, Traugott: Die protestantischen Wurzeln der Sozialen Marktwirtschaft. Ein Quellenband. Gütersloh 1994.

Braun, Johann: "Forum: Übrigens – Deutschland wird wieder totalitär"; in: JuS 2002, 424.

Braun, Johann: Übrigens – Deutschland wird wieder totalitär; https://www.dijg.de/homosexualitaet/gesellschaft/deutschland-wieder-totalitaer/.

Braun, Matthias: Verfall des Rechtsstaates? John Rawls und Friedrich August von Hayek zum Problem der Verrechtlichung. Berlin 2014.

Brenke, Karl / Zimmermann, Klaus F.: Reformagenda 2010 – Strukturreformen für Wachstum und Beschäftigung. Berlin, Wochenbericht DIW, Nr. 11/2008, PDF-Manuskript.

Breuer, Stefan: Anatomie der Konservativen Revolution. Darmstadt 1995.

Breuer, Stefan: Nationalismus und Faschismus. Frankreich, Italien und Deutschland im Vergleich. Darmstadt 2005.

Brezinka, Wolfgang: Die Pädagogik der Neuen Linken. München 1981, 6. Auflage.

Brocker, Manfred: Arbeit und Eigentum. Darmstadt 1992.

Brocker, Manfred: Kants Besitzlehre: Zur Problematik einer transzendentalphilosophischen Eigentumslehre. Würzburg 1987.

Bruns, Tissy: Die Welt ist aus den Fugen; https://www.tagesspiegel.de/meinung/politischer-essay-die-welt-ist-aus-den-fugen/4523422.html.

Bündnis 90 Die GRÜNEN: FRAKTIONSBESCHLUSS » WEIMARER ERKLÄRUNG 2013, Neujahrsklausur, Weimar, 11. Januar 2013; PDF-Manuskript.

Bundesarbeitsgericht (BAG) Entscheidung des Großen Senats vom 29. 11. 1967 - Aktenzeichen GS 1/67, PDF-Manuskript.

Bundesverfassungsgericht (BVG): Grundsatzentscheidung zur Berufsfreiheit Grundsatzentscheidung zur Berufsfreiheit – „Apotheken-

Urteil" von 1958; https://www.bundesarchiv.de/DE/Content/Virtuelle-Ausstellungen/2018-10-15_bverfg-akten-apotheken-urteil.html

Bundesverfassungsgericht;
https://www.dw.com/de/bundesverfassungsgericht-berliner-mietendeckel-ung%C3%BCltig/a-57212002.

Bundesverfassungsgericht;
https://www.bundesverfassungsgericht.de/SharedDocs/Entscheidungen/DE/1992/09/ls19920925_2bvl000591.html.

Bundesverfassungsgericht;
https://www.bundesverfassungsgericht.de/SharedDocs/Entscheidungen/DE/1998/11/ls19981110_2bvl004293.html.

Bundesverfassungsgericht;
https://www.bundesverfassungsgericht.de/SharedDocs/Entscheidungen/DE/2021/03/rs20210324_1bvr265618.html.

Bundesverfassungsgericht;
https://www.servat.unibe.ch/dfr/bv002001.html.

Bundesverfassungsgericht;
https://www.servat.unibe.ch/dfr/bv005085.html.

Bundesvorstand der FDP: Freiburger Thesen der F.D.P. zur Gesellschaftspolitik. Bonn 1971 (PDF-Manuskript).

Bundesvorstand der FDP: Stuttgarter Leitlinien einer liberalen Bildungspolitik. Bonn 1972 (PDF-Manuskript).

Bundeszentrale für politische Bildung: Agrarpolitik; https://www.bpb.de/internationales/europa/europaeische-union/42891/ grafik-agrarpolitik.

Busch, Jerome: Wie Deutschlands Warenhäuser verschwanden; https://www.faz.net/aktuell/wirtschaft/unternehmen/wie-deutschlands-warenhaeuser-verschwanden-15782359/horten-1578256 8.html.

Campanella, Tommaso: Der Sonnenstaat. Paderborn o. J.

Canetti, Elias: Masse und Macht. Frankfurt/M. 1981.

Caspart, Wolfgang: Das Gift des globalen Neoliberalismus. Mit Turbokapitalismus in die Krise. Wien 2008.

Chesterton, Gilbert Keith: Eugenik und andere Übel. Berlin 2014.

Christoferuswerk: Pressemitteilung; https://ef-magazin.de/2009/08/08/1405-karlsruher-skandal-urteil--auf-dem-weg-in-eine-staatliche-erziehungsdiktatur.

Coase, Ronald H.: The Problem of Social Cost; in: Journal of Law and Economics, Oktober 1960.

Cook, John et al.: Quantifying the consensus on anthropogenic global warming in the scientific literature; in: Environmental Research Letters, Volume 8, Number 2; https://iopscience.iop.org/article/10.1088/1748-9326/8/2/024024.

Courtois, Stéphane u. a.: Das Schwarzbuch des Kommunismus. München 1998.

Dahrendorf, Ralf: Aktive Bildungspolitik ist ein Gebot der Bürgerrechte: Motive des Wandels; in: Die Zeit, Nr. 46/12.11.1965.

Dahrendorf, Ralf (Lord): Wie sozial kann die Soziale Marktwirtschaft noch sein? 3. Ludwig-Erhard-Lecture vom 28.10.2004, Köln 2004.

Dales, John Harkness Dales: Pollution, Property and Prices. Toronto 1970, Neuauflage Camberley, UK und Northampton, Massachusetts 2002.

Debionne, Philippe: Klimastreik in Berlin: Wie Schüler unter Druck gesetzt werden – ein Kommentar; https://www.berliner-zeitung.de/mensch-metropole/klimastreik-in-berlin-wie-schueler-unter-druck-gesetzt-werden-ein-kommentar-li.11144.

Deist, Jeff: „Political Correctness" ist Kontrolle, nicht Etikette; https://www.misesde.org/2020/10/political-correctness-ist-kontrolle-nicht-etikette/.

Demmler, Horst: Wider den grünen Wahn: Eine Streitschrift. Jena 2015.

Denzler, Georg: Am Anfang war Kaiser Konstantin der Grosse. Auseinandersetzungen zwischen Kirche und Staat. http://www.georgdenzler.de/Artikel_files/Konstantin_BR.pdf.

Deppenheuer, Otto: Eigentumsverfassung und Finanzkrise. Berlin 2009

Deutscher Bundestag, Pressestelle: Anthropogener Klimawandel unbestritten, Kurzmeldung vom 29.08.2019; https://www.bundestag.de/presse/hib/655774-655774.

Deutsche Wikipedia (de.wikipedia.org): Artikel – Deutsche Druck- und Verlagsgesellschaft, (abgerufen und gesichert im Mai 2020).

Deutsche Wikipedia (de.wikipedia.org): Artikel – Ende der Geschichte, (abgerufen im Dezember 2020).

Deutsche Wikipedia (de.wikipedia.org): Artikel – Frank Bsirske; Yasmin Fahimi; Michael Vassiliadis (abgerufen im Mai 2020)

Deutsche Wikipedia (de.wikipedia.org): Artikel – Gustav Gundlach, (abgerufen und gesichert im Juni 2020).

Deutsche Wikipedia (de.wikipedia.org): Artikel – Navigationsakte, (abgerufen und gesichert im Mai 2011)].

Deutschlandfunk: Interview mit Olaf Scholz, 03.11.2002; https://www.deutschlandfunk.de/scholz.694.de.html? dram:article_id=60153.

Dietzfelbinger, Daniel: Soziale Marktwirtschaft als Wirtschaftsstil. Alfred Müller-Armacks Lebenswerk. Gütersloh 1998.

Dilger, Alexander: Zentralbanken sind natürliche Monopole; https://alexanderdilger.wordpress.com/2014/04/13/zentralbanken-sind-naturliche-monopole/.

Doering, Detmar: Corporate Social Responsibility: Heuchelei oder Notwehr?; in: Boger, Horst Wolfgang (Hg.): Der Staat als Super Super Nanny. Berlin 2008, S. 36-55.

Doering, Detmar: Der Manchesterliberale; https://www.faz.net/aktuell/feuilleton/wirtschaft/der-manchesterliberale-1671202.html.

Doering, Detmar: Mythos Manchestertum; http://www.d-perspektive.de/zeitreport-online/kultur-und-geschichte/ Mythos-Manchestertum-Teil-1/; http://www.d-perspektive.de/zeitreport-online/kultur-und-geschichte/Mythos- Manchestertum-Teil-2/.

Doering, Detmar: Nicht vertrauenswürdig: Der Staat als Garant der Freiheit; in Baader, Roland: Die Enkel des Perikles. Gräfelfing 1995, S. 107-125.

Dörrbecker, Alexander (Hg.): Geschichte und Freiheit, ein Lord Acton Brevier. Zürich 2010.

Donges, Juergen B.: Deutschland in der Weltwirtschaft. Mannheim 1995.

Dorenburg, Thomas: Geheimpapier aus der CDU/CSU-Bundestagsfraktion. Eine sozialdemokratische Partei; in: eigentümlich frei, Heft 79, S. 32-44

Dorenburg, Thomas: Grenzen des Sozialstaats. Bonn 1981, PDF-Manuskript.

Duden Wirtschaft von A bis Z: Grundlagenwissen für Schule und Studium, Beruf und Alltag. Mannheim 2016, 6. Auflage.

Ebert, Thomas: Soziale Gerechtigkeit. Ideen, Geschichte, Kontroversen. Bonn 2010.

Ebinger, Susanne: Alexander Rüstow und die Soziale Marktwirtschaft. Würzburg 1988.

ECAEF – 15. Internationalen Gottfried-von-Haberler-Konferenz in Vaduz; https://ecaef.org/haberler-conference/gottfried-von-haberler-conference-2019/.

ECAEF – Quiz für mündige Bürger; http://ecaef-quiz-muendiger-buerger.li/sozial-richtig/.

Eekhoff, Johann: Lösungen für den Wohnungsmarkt; in: Giersch, Herbert (Hg.): Wie es zu schaffen ist. Agenda für die deutsche Wirtschaftspolitik. Stuttgart 1985, 3. Auflage, S. 254-277.

Egner, Björn: Wohnungspolitik seit 1945; in: Aus Politik und Zeitgeschichte, 64. Jahrgang, Heft 20–21/2014, 12. Mai 2014, S. 13-19.

EIKE – Europäisches Instiut für Klima und Energie; https://www.eike-klima-energie.eu/.

Emmerich, Volker: Anmerkungen zur Wohnungs- und Eigentumspolitik der Bundesregierung; in: ORDO, Jahrbuch für die Ordnung von Wirtschaft und Gesellschaft, Band 43. Stuttgart 1992, S. 357-371.

Engels, Friedrich: Die Lage der arbeitenden Klasse in England. Berlin 1979, 7. Auflage.

Engels, Wolfram: Der Kapitalismus und seine Krisen. 2. Auflage, Düsseldorf 1997.

Engels, Wolfram: Steuerreform; in: Giersch, Herbert (Hg.): Wie es zu schaffen ist. Agenda für die deutsche Wirtschaftspolitik. Stuttgart 1985, 3. Auflage, S. 153-175.

Erfurter   Programm   der   SPD;
https://www.marxists.org/deutsch/geschichte/deutsch/spd/1891/erfurt.htm

Erhard, Ludwig: Dreißig Jahre Konjunkturpolitik 1929-1959. Via Aperta Nr. 12, Dezember 1959/Januar 1960; in: ders.: Gedanken aus fünf Jahrzehnten. Reden und Schriften. Düsseldorf 1988, S. 596-602.

Erhard, Ludwig: Gedanken aus fünf Jahrzehnten. Reden und Schriften. Düsseldorf 1988.

Erhard, Ludwig: Im Streitgespräch mit Erik Nölting. Kundgebung der SPD im Zirkus Althoff, Frankfurt a. M., 14. November 1948; in: ders.: Gedanken aus fünf Jahrzehnten. Reden und Schriften. Düsseldorf 1988, S. 166-181.

Erhard, Ludwig: Wohlstand für Alle. Düsseldorf 1964, 8. Auflage.

Eucken, Walter: Grundsätze der Wirtschaftspolitik. Tübingen 1952.

Eucken, Walter: Ordnungspolitik. Münster 1999.

Eucken, Walter: Wirtschaftsmacht und Wirtschaftsordnung. Münster 2001.

Ferguson, Adam: Versuch über die Geschichte der bürgerlichen Gesellschaft. Frankfurt/M. 1988.

Fink, Alexander: Öffentliche Investitionen: mehr ist nicht immer besser; https://prometheusinstitut.de/oeffentliche-investitionen-mehr-ist-nicht-immer-besser/.

Fischer, Thomas: Staat, Recht und Verfassung im Denken von Walter Eucken. Bern 1993.

Flandorfer, Priska: Die Bedürfnispyramide von Maslow verstehen und anwenden; https://www.karteikarte.com/card/1270140/beduerfnispyramide-nach-a-maslow.

Föste, Wilga: Das Geld im ökonomischen Denken des Merkantilismus. Marburg 2015.

Forum Familiengerechtigkeit, Zitate – Lunatscharski, Anatoli; https://www.familiengerechtigkeit-rv.de/?page_id=566.

Friedman, David: A Climate Falsehood You Can Check for Yourself; http://daviddfriedman.blogspot.com/2014/02/a-climate-falsehood-you-can-check-for.html.

Friedman, Milton/Schwartz, Anna Jacobson: A Monetary History of the United States. Princeton 1963.

Fromm, Erich: Die Furcht vor der Freiheit. Stuttgart 1983.

Fukuyama, Francis: Das Ende der Geschichte. München 1992.

Gärtner, Edgar L.: Öko-Nihilismus. Eine Kritik der politischen Ökologie. Jena 2007.

Gässler, Gregor Fidelis: Der Ordo-Gedanke unter besonderer Berücksichtigung von Augustinus und Thomas von Aquino. Sankt Augustin 1994.

Galbraith, John Kenneth: Gewerkschaften ohne Zukunft; in: Die Zeit vom 17.11.1967;
https://www.zeit.de/1967/46/gewerkschaften-ohne-zukunft/komplettansic ht.

Gaugler, Eduard: Erfolgsbeteiligung und Vermögensbildung in arbeitgebenden Unternehmen; in: Giersch, Herbert (Hg.): Wie es zu schaffen ist. Agenda für die deutsche Wirtschaftspolitik. Stuttgart 1985, 3. Auflage, S. 349-366.

Gebauer, Carlos A.: Gesetzgebungsmacht – Die Versuchung, über das Unverfügbare zu verfügen; https://ecaef.org/haberler-conference/gottfried-von-haberler-conference-2015/.

Gebauer, Carlos A.: Plurimae leges, summa iniuria. Die Gesetzesflut erzeugt größtes Unrecht; https://ecaef.org/haberler-conference/gottfried-von-haberler-conference-2017/.

Gebauer, Carlos A.: GUTE DEMOKRATIE BRAUCHT POLITIKERHAFTUNG; https://ecaef.org/gute-demokratie-braucht-politikerhaftung/.

Gebauer, Carlos A.: Relativiert Renate Künast die Mauertoten? Ein unfassbarer Vergleich der grünen Politikerin; https://ef-magazin.de/2010/02/08/1853-relativiert-renate-kuenast-die-mauertoten-ein-unfassbarer-vergleich-der-gruenen-politikerin

Gebauer, Carlos A.: Rettet Europa vor der EU: Wie ein Traum an der Gier nach Macht zerbricht. München 2014.

Giersch, Herbert (Hg.): Wie es zu schaffen ist. Agenda für die deutsche Wirtschaftspolitik. Stuttgart 1985, 3. Auflage.

Girard, Rene: Ausstoßung und Verfolgung: Eine historische Theorie des Sündenbocks. Frankfurt/M. 1992.

Girard, Rene: Der Sündenbock. Zürich 1988.

Godesberger Programm der SPD; https://library.fes.de/pdf-files/bibliothek/retro-scans/fa-57721.pdf.

Goldschmidt, Nils: Die Entstehung der Freiburger Kreise; https://www.kas.de/c/ document_library/get_file?uuid=10c01462-70b1-360b-aceb-ae2c950e3ad8&groupId=25203 8.

Goldschmidt, Nils/Wohlgemuth, Michael (Hg.): Grundtexte zur Freiburger Tradition der Ordnungsökonomik. Tübingen 2008.

Griffin, G. Edward: Die Kreatur von Jekyll Island. Rottenburg 2011.

Grözinger, Robert: Let's have a Tea Party in the USA: Bürgerbewegung rechtsherum; in: eigentümlich frei, Heft 104, S. 26-29.

Grossekettler, Heinz: Die Wirtschaftsordnung als Gestaltungsaufgabe. Entstehungsgeschichte und Entwicklungsperspektiven des Ordoliberalismus nach 50 Jahren Sozialer Marktwirtschaft. Münster 1997.

Gröner, Helmut: Die Energiepolitik im ordnungspolitischen Zwiespalt; in: ORDO, Jahrbuch für die Ordnung von Wirtschaft und Gesellschaft, Band 48. Stuttgart 1997.

Grundgesetz für die Bundesrepublik Deutschland. Bonn 2019.

Guareschi, Giovannino: Don Camillo und Peppone / Don Camillo und seine Herde, Hamburg 1990.

Gutmann, Gernot: Soziale Marktwirtschaft als Gesellschaftsidee. Zur anthropologischen und ethischen Grundlegung einer ordnungspolitischen Konzeption; in: Gauger, Jörn-Dieter/Weigelt, Klaus (Hg.): Soziales Denken in Deutschland zwischen Tradition und Innovation. Bonn 1990, S. 171-191.

Gutzitiert: William   Ewart   Gladstone; https://www.gutzitiert.de/zitat_autor_william_ewart_gladstone_thema_po litik_zitat_ 16669.html – William Ewart Gladstone.

Gutzitiert: Winston   Churchill; https://www.gutzitiert.de/zitat_autor_sir_winston_churchill_thema_gesch aefte_zitat_9640.html.

Habermann, Gerd: «Aufgeklärter» Wohlfahrtsdespotismus. Die historischen Wurzeln des Sozialstaats; in: Bessard, Pierre / Hoffmann, Christian (Hg.): Sackgasse Sozialstaat. Alternativen zu einem Irrweg. Zürich 2016, 3. überarbeitete Auflage, S. 19-33

Habermann, Gerd: Der Wohlfahrtsstaat. Die Geschichte eines Irrwegs. Berlin 1997

Habermann, Gerd: Der Wohlfahrtsstaat: Ende einer Illusion. München 2013.

Habermann, Gerd: Freiheit oder Knechtschaft? Ein Handlexikon für liberale Streiter. München 2011.

Hacke, Jens: Existenzkrise der Demokratie: Zur politischen Theorie des Liberalismus in der Zwischenkriegszeit. Berlin 2018.

Hacker, Mark: Gibt es „Gerechtigkeit" in der Steuerpolitik? Stuttgart/Berlin 2013. PDF-Manuskript.

Hahn, Roland: Marktwirtschaft und Sozialromantik. Egelsbach 1993.

Hahne, Peter: Das ordnungspolitische Gewissen; in: Die WELT; https://www.welt.de/print-welt/article554488/Das-ordnungspolitische-Gewissen.html.

Hallstein, Walter: Die Europäische Gemeinschaft. Düsseldorf 1979, 5. Auflage.

Hamburger Programm der SPD;

https://www.spd.de/fileadmin/Dokumente/Beschluesse/
Grundsatzprogramme/hamburger_programm.pdf.

Hamm, Walter: Das Elend der Wohnungspolitik; in: ORDO, Jahrbuch für die Ordnung von Wirtschaft und Gesellschaft, Band 48. Stuttgart 1997, S. 309-326.

Hank, Rainer: Warum müssen wir Steuern zahlen?; https://www.faz.net/aktuell/wirtschaft/wirtschaftspolitik/erklaer-mir-die-welt-16-warum-muessen-wir-steuern-zahlen-1356384.html.

Hartjen, Florian A.: Frühlingsgefühle am Kabinettstisch; https://prometheusinstitut.de/fruehlingsgefuehle-am-kabinettstisch/.

Hartjen, Florian A.: Grenzenlose Bildung; in: https://prometheusinstitut.de/grenzenlose-bildung/.

Haselbach, Dieter: Autoritärer Liberalismus und Soziale Marktwirtschaft – Gesellschaft und Politik im Ordoliberalismus. Baden-Baden 1991.

Hauser, Richard: Die Entwicklung der Einkommens- und Vermögensverteilung in der real existierenden Sozialen Marktwirtschaft, der Bundesrepublik Deutschland; in: Hauff, Michael von (Hg.): Die Zukunftsfähigkeit der Sozialen Marktwirtschaft. Marburg 2007, S. 37-69.

Hayek, Friedrich August von: Der Strom der Güter und Leistungen. Tübingen 1984.

Hayek, Friedrich August von: Der Weg zur Knechtschaft. München 1981.

Hayek, Friedrich August von: Der Wettbewerb als Entdeckungsverfahren; in Hayek, Friedrich August von: Freiburger Studien, Tübingen 1969

Hayek, Friedrich August von: Die Anmaßung von Wissen; in: ders.: Die Anmaßung von Wissen. Neue Freiburger Studien. Tübingen 1996, S. 3-15.

Hayek, Friedrich August von: Die Anschauungen der Mehrheit und die zeitgenössische Demokratie; in: ders.: Freiburger Studien, Tübingen 1969, S. 56-74.

Hayek, Friedrich August von: Die Ergebnisse menschlichen Handels, aber nicht menschlichen Entwurfs; in: ders.: Freiburger Studien, Tübingen 1969, S. 97-107.

Hayek, Friedrich August von: Die Irrtümer des Konstruktivismus und die Grundlagen legitimer Kritik gesellschaftlicher Gebilde; in: ders.: Die Anmaßung von Wissen. Tübingen 1996, S. 16-36.

Hayek, Friedrich August von: Die Sprachverwirrung im politischen Denken; in: ders.: Freiburger Studien, Tübingen 1969, S. 206-231.

Hayek, Friedrich August von: Die Verfassung der Freiheit. Tübingen 1982, 2. Auflage.

Hayek, Friedrich August von: Die verhängnisvolle Anmaßung: Die Irrtümer des Sozialismus. Tübingen 1996.

Hayek, Friedrich August von: Die Verwertung des Wissens in der Gesellschaft; in: ders.: Individualismus und wirtschaftliche Ordnung. Salzburg 1976 (Reprint der 1. Auflage von 1952, Erlenbach-Zürich).

Hayek, Friedrich August von: Entnationalisierung des Geldes. Tübingen 1977.

Hayek, Friedrich August von: Evolution und spontane Ordnung. Zürich 1983.

Hayek, Friedrich August von: Preise und Produktion. Springer Verlag 1976 (Nachdruck der 1. Auflage von 1931).

Hayek, Friedrich August von: Recht, Gesetzgebung und Freiheit, Band 2: Die Illusion der sozialen Gerechtigkeit. Landsberg am Lech 1981.

Hayek, Friedrich August von: Recht, Gesetzgebung und Freiheit, Band. 3: Die Verfassung einer Gesellschaft freier Menschen. Landsberg am Lech 1981.

Hayek, Friedrich August von: Recht, Gesetz und Wirtschaftsfreiheit; in: ders.: Freiburger Studien, Tübingen 1969.

Hayek, Friedrich August von: Rede vor der Mont Pèlerin Society am 09.03.1984; ehemals unter: http://www.freitum.de/2015/07/friedrich-augustvon-hayek-rede-vor-der.html; als PDF-Manuskript gesichert.

Hayek, Friedrich August von: Ungleichheit ist nötig; in: Wirtschaftswoche Nr. 11/06.03.1981, S. 36-40.

Hayek, Friedrich August von: Warenwährung; in: Individualismus und wirtschaftliche Ordnung. Salzburg 1976, S. 268-280.

Hayek, Friedrich August von: Was der Goldwährung geschehen ist. Tübingen 1965.

Hayek, Friedrich August von: Wissenschaft und Sozialismus; in: Hayek, Friedrich August von: Die Anmaßung von Wissen. Neue Freiburger Studien. Tübingen 1996, S. 267-277.

Hayek, Friedrich August von: Wohin zielt die Demokratie?; in: ders.: Die Anmaßung von Wissen. Neue Freiburger Studien. Tübingen 1996, S. 204-215.

Hesemann, Michael: Das Gespenst des Klimawandels und wem es nutzt; https://www.freiewelt.net/nachricht/das-gespenst-des-klimawandels-und-wem-es-nutzt-10079016/.

Hegner, Jan: Alexander Rüstow. Ordnungspolitische Konzeption und Einfluss auf das wirtschaftspolitische Leitbild der Nachkriegszeit in der Bundesrepublik Deutschland. Kornwestheim 2000.

Heidelberger Programm der SPD; https://www.marxists.org/deutsch/geschichte/deutsch/spd/1925/heidelberg.htm.

Heine, Michael / Herr, Hansjörg: Volkswirtschaftslehre. München 2003.

Heinemann, Andreas: Die Freiburger Schule und ihre geistigen Wurzeln. München 1989.

Heitger, Marian: Manipulative Tendenzen gegenwärtiger Pädagogik; in: Bossle, Lothar: Konservative Bilanz der Reformjahre. Würzburg 1981, S. 329-343.

Henderson, David: David Friedman on the 97% Consensus on Global Warming;
https://www.econlib.org/archives/2014/02/david_friedman_14.html.

Hengsbach, Friedhelm: Soziale Marktwirtschaft – mehr als ein Zauberwort?; in: Frankfurter Rundschau, 21./22.06.2008; PDF-Manuskript.

Hennecke, Hans Jörg: Wilhelm Röpke. Ein Leben in der Brandung. Stuttgart 2005.

Hensel, Karl Paul: Grundformen der Wirtschaftsordnung. München 1978.

Hentrich, Steffen / Krahmer, Holger (Hg.): Realitätscheck für den Klimaschutz. Potsdam 2011.

Herger, Nils: Geldtheorie. Studienzentrum Gerzensee, Frühlingssemester 2010, Vorlesung 1: Einführung in die Geldtheorie, PDF-Manuskript.

Hill, Roland: Lord Acton. Ein Vorkämpfer für religiöse Freiheit im 19. Jahrhundert. Freiburg 2002.

Hirte, Katrin / Thieme, Sebastian: Mainstream, Orthodoxie und Heterodoxie. Zur Klassifizierung der Wirtschaftswissenschaften. Discussion Paper. Universität Hamburg 2013.

Hochreiter, Gregor: Krankes Geld – Kranke Welt. Analyse und Therapie der globalen Depression. Gräfelfing 2010.

Hochschild, Udo: Gewaltenteilung als Verfassungsprinzip. Berlin 2010. [Die Arbeit ist auch online hier http://publikationen.ub.uni-frankfurt.de/frontdoor/index/index/docId/ 8029 als PDF-Datei abrufbar.]

Hoeres, Peter: Von der „Tendenzwende" zur „geistig-moralischen Wende"; Universitätsbibliothek Würzburg 2015, PDF-Manuskript.

Holzwarth, Fritz: Ordnung der Wirtschaft durch Wettbewerb. Entwicklung der Ideen der Freiburger Schule. Freiburg 1985.

Horn, Alexander u. a.: Die Zombiewirtschaft: Frankfurt 2020

Horn, Alexander u. a.: Einleitung; in: Horn, Alexander u. a.: Die Zombiewirtschaft. Frankfurt 2020, S. 7-18.

Horn, Karen Ilse: Soziale Marktwirtschaft. Frankfurt/M. 2010.

Hornung, Klaus: Die sozialkonservative Tradition im deutschen Staats- und Gesellschaftsdenken; in: Gauger, Jörn-Dieter/Weigelt, Klaus (Hg.): Soziales Denken in Deutschland zwischen Tradition und Innovation. Bonn 1990, S. 30-68.

Hotze, Andrea: Menschenbild und Ordnung der Sozialen Marktwirtschaft. A. Rüstow, W. Röpke, A. Müller-Armack und ihre Konzeption einer Wirtschafts- und Gesellschaftsordnung nach dem „Maße des Menschen". Hamburg 2008.

Hülsmann, Jörg Guido: Die Ethik der Geldproduktion. Waltrop 2007.

Hülsmann, Jörg Guido: Krise der Inflationskultur. München 2013.

Huerta de Soto, Jesús: Geld, Bankkredit und Konjunkturzyklen. Stuttgart 2011.

Hume, David: Politische und ökonomische Essays , in 2 Tl.-Bdn. Hamburg 1988.

IHK-Hannover-Hildesheim: Schnellere und kalkulierbare Genehmigungsverfahren. Hannover 1988.

Jasay, Anthony de: Der Staat. Berlin 2018.

Jasay, Anthony de: Kann Marktkonformität die Effizienz bewahren?; in: Liberale Vernunft, Soziale Verwirrung. Colombo 2009, S. 58-51.

Jasay, Anthony de: Liberalismus neu gefaßt. Für eine entpolitisierte Gesellschaft. Berlin 1995.

John, Klaus-Dieter: Die Soziale Marktwirtschaft im Kontext der Europäischen Integration; in: Hauff, Michael von (Hg.): Die Zukunftsfähigkeit der Sozialen Marktwirtschaft. Marburg 2007

Jouvenel, Bertrand de: Die Ethik der Umverteilung. München 2012.

Jung, Christian / Groß, Torsten: Der Links-Staat: Enthüllt: Die perfiden Methoden der »Antifa« und ihrer Helfershelfer in Politik und Medien. Rottenburg 2016.

Jungholt, Thorsten: „Die Menschen dieses Landes sind keine Untertanen";
https://www.welt.de/politik/deutschland/plus227789681/Hans-Juergen-
Papier-Die-Menschen-dieses-Landes-sind-keine-Untertanen.html.

Kant, Immanuel: Was ist Aufklärung? Ausgewählte kleine Schriften.
Hamburg 1999.

Kantzenbach, Erhard u. a.: Die Rolle der Wettbewerbspolitik bei der
Transformation des planwirtschaftlichen Systems in den neuen
Bundesländern; in: ORDO, Jahrbuch für die Ordnung von Wirtschaft und
Gesellschaft, Band 43. Stuttgart 1992, S. 301-318.

Karpen, Ulrich: Die geschichtliche Entwicklung des liberalen
Rechtsstaates. Mainz 1985.

Kindleberger, Charles P.: Die Weltwirtschaftskrise. 1929-1939. München
1973.

Kirchgässner, Gebhard: Wirtschaftspolitik und Politiksystem; in: Cassel,
Dieter / Ramb, Bernd-Thomas / Thieme, Hans Jörg (Hrsg.):
Ordnungspolitik. München 1988, S. 53-75.

Klausinger, Hansjörg (Hg.): Machlup, Morgenstern, Haberler, Hayek und
andere. Wirtschaftspublizistische Beiträge in kritischer Zeit (1931-1934).
Marburg 2005.

Knieps, Günter: Ansätze für eine 'schlanke' Regulierungsbehörde für Post
und Telekommunikation in Deutschland; in: ORDO, Jahrbuch für die
Ordnung von Wirtschaft und Gesellschaft, Band 48. Stuttgart 1997, S. 253-
268.

Knies, Jörg: Die Wegzugsbesteuerung von "Horten" bis "de Lasteyrie du Saillant"; https://www.iww.de/pistb/archiv/aussensteuergesetz-die-wegzugsbesteuerung-von-horten-bis-de-lasteyrie-du-saillant-f42713#.

Knödgen, Gabriele: Umweltschutz und industrielle Standortentscheidung. Frankfurt/M. 1982.

Knorr, Andreas: Die Entwicklung der Umweltpolitik aus ordnungspolitischer Sicht; in: ORDO, Jahrbuch für die Ordnung von Wirtschaft und Gesellschaft, Band 48. Stuttgart 1997, S. 363-381.

Koehler, Harald: Verhalten von Firmenangehörigen bei Betriebsverlagerungen. Stuttgart 1990.

König, Ewald: "Mit der CDU will ich nichts zu tun haben"; in: DIE ZEIT Nr. 25/2015, 18. Juni 2015; https://www.zeit.de/2015/25/angela-merkel-cdu-geschichte.

König die Frage: „Systematische Nivellierung als Chancengleichheit?", siehe König, Mareike: Individualisiertes Lehren und individuelles Lernen; Altmiks, Peter/Klotchkov, Kathleen (Hg.): Bildung für Alle. Bildungsvielfalt im Ideenwettbewerb. Frankfurt/M. 2015, S. 57-72.

Köppel, Roger: Editorial „Weltwoche"; https://www.weltwoche.ch/ausgaben/2010-05/artikel-2010-05-editorial-deutsche-gier.html.

Koester, Ulrich: Agrarpolitik im Dauerkonflikt mit Prinzipien der Sozialen Marktwirtschaft; in: ORDO, Jahrbuch für die Ordnung von Wirtschaft und Gesellschaft, Band 48. Stuttgart 1997, S. 341-362.

Koester, Ulrich: Reform der europäischen und deutschen Agrarpolitik; in: Giersch, Herbert (Hg.): Wie es zu schaffen ist. Agenda für die deutsche Wirtschaftspolitik. Stuttgart 1985, 3. Auflage, S. 78-100.

Kohl, Helmut: Regierungserklärung. Deutscher Bundestag, stenografischer Bericht vom 13.10.1982, PDF-Manuskript.

Kolev, Stefan: Neoliberale Staatsverständnisse im Vergleich. Stuttgart 2013.

Konkin III, Samuel Edward: Manifest der neuen Libertären. Grevenbroich 2016.

Koslowski, Peter: Konsensillusionen in der Sozialen Marktwirtschaft; in: Hauff, Michael von (Hg.): Die Zukunftsfähigkeit der Sozialen Marktwirtschaft. Marburg 2007, S. 327-347.

Kotler, Philip / Haider, Donald / Rein, Irving: Standort-Marketing. Düsseldorf 1994.

Kowitz, Rolf: Alfred Müller Armack. Wirtschaftspolitik als Berufung. Zur Entstehungsgeschichte der Sozialen Marktwirtschaft und dem politischen Wirken des Hochschullehrers. Köln 1998

Krause, Karl Peter: Ja, mach nur einen Plan...; http://kpkrause.de/tag/industriepolitik/.

Kromka, Franz: Markt und Moral: Neuentdeckung der Gründerväter. Grevenbroich 2008.

Kronberger Kreis: Für eine Neue Agrarordnung. Kurskorrektur für Europas Agrarpolitik. Bad Homburg 1984.

Kronberger Kreis: Verordnete Verschwendung? Für eine Neue Agrarordnung in Europa. Stuttgart 1985.

Krüger, Uwe: Meinungsmacht. Köln 2013.

Kruse, Alfred / Lechner, Hans H.: Geld und Kredit. Stuttgart 1970.

Kühl, Kristian: Eigentumsordnung als Freiheitsordnung. Freiburg 1984.

Kühnl, Reinhard: Formen bürgerlicher Herrschaft. Hamburg 1971.

Kuehnelt-Leddihn, Erik von: Kirche Kontra Zeitgeist: Aufklärung für „Aufgeklärte". Graz 1998.

Kuehnelt-Leddihn, Erik von: Kirche und Moderne – moderne Kirche? Graz 1993.

Külp, Bernhard: Gefährdung des Wirtschaftsstandorts durch sozialpolitische Entscheidungen?; in: Wehling, Hans-Georg (Red.): Standort Deutschland. Stuttgart 1994, S. 72-84.

Kulish, Nicholas / Ewing, Jack: Seeing in Crisis the Last Best Chance to Unite Europe; https://www.nytimes.com/2011/11/19/world/europe/for-wolfgang-schauble-seeing-opportunity-in-europes-crisis.html?pagewanted=1&_r=1.

Laaser, Claus-Friedrich: Die ordnungspolitische Sonderstellung des Verkehrswesens bei der Liberalisierung der westdeutschen Wirtschaft nach 1945; Kieler Arbeitspapier, Nr. 292, Juli 1987.

Lachmann, Günter: Lufthoheit über Kinderbetten; in: Welt am Sonntag, 10.11.2002; https://www.welt.de/print-wams/article122357/Lufthoheit-ueber-Kinderbetten.html.

Lachmann, Werner: Wirtschaft und Ethik. Maßstäbe wirtschaftlichen Handelns aus biblischer und ökonomischer Sicht. Berlin 2006.

Laframboise, Donna: Von einem Jugendstraftäter, der mit dem besten Klimaexperten der Welt verwechselt wurde. Jena 2017, 2. Auflage.

Langguth, Gerd: Angela Merkel: Biographie. München 2005.

Laschet, Armin: 70 JAHRE AHLENER PROGRAMM; https://www.cdu-nrw.de/armin-laschet-zu-70-jahre-ahlener-programm-nordrhein-westfalen-braucht-orientierung-grundsaetzen-der.

Laurien, Hanna-Renate: Konservative Bildungspolitik: Bewahren und Fortschritt; in: Bossle, Lothar: Konservative Bilanz der Reformjahre. Würzburg 1981, S. 359-367.

Lee, Byong-Chol: Wirtschaftspolitische Konzeption der Christlichen Demokraten in Südbaden 1945-1952. Freiburg 2000. PDF-Manuskript.

Legutko, Ryszard: Der Dämon der Demokratie. Totalitäre Strömungen in liberalen Gesellschaften. Wien 2017.

Leisch, Daniel: Ursachen der Großen Depression im Hinblick auf die "Österreichische Geldtheorie". München 2016.

Leisner, Walter: Der Gleichheitsstaat. Berlin 1980.

Leisner, Walter: Der gütige Staat. Die Macht der Geschenke. Berlin 2000.

Lenz, Sebastian: Vorbehaltlose Freiheitsrechte: Stellung und Funktion vorbehaltloser Freiheitsrechte in der Verfassungsordnung. Tübingen 2006.

Letsch, Roger: Enteignung in Berlin oder: Goldman-Sachs, BMW, ein Koffer und der würzige Duft von „Ragout Fin"; https://unbesorgt.de/enteignung-in-berlin-oder-goldman-sachs-bmw-ein-koffer-und-der-wuerzige-duft-von-ragout-fin/.

Leugers, Antonia: Gegen eine Mauer bischöflichen Schweigens: Die Fuldaer Plenarkonferenzen 1933-1940 und die kirchenpolitische Konzeption des Ausschusses für Ordensangelegenheiten 1941-1945. Frankfurt/M. 1996.

Lexikon der Psychologie: Stichwort – Buridans Esel; https://www.spektrum.de/lexikon/psychologie/buridans-esel/2685.

Limburg, Michael / Mueller, Fred F.: Strom ist nicht gleich Strom: Warum die Energiewende nicht gelingen kann. Jena 2015.

Lindhoff, Henning: Die Grünen. Eine Interpretationshilfe North Charleston 2015.

Lindhoff, Henning: Wohnungseigentum 2017: Ihr Recht als Immobilien-Investor. Berlin 2016.

Lindner, Christian: Rede auf dem 71. Bundesparteitag; https://www.fdp.de/pressemitteilung/lindner-rede-auf-dem-71.-bundesparteitag.

Lippmann, Walter: Die Gesellschaft freier Menschen. Bern 1945.

Lippmann, Walter: Die öffentliche Meinung: Wie sie entsteht und manipuliert wird. Frankfurt/M. 2018.

Lohmann, Martin: Das Kreuz mit dem C. Wie christlich ist die Union? Kevelar 2009.

Lüdecke, Horst-Joachim: Energie und Klima. Chancen, Risiken, Mythen. Renningen 2018, 3. Auflage.

Machlup, Fritz: Führer durch die Krisenpolitik. Frankfurt/M. 2000.

Maier, Hans: Bildung und Beruf – ein Gegensatz?; in: Bossle, Lothar: Konservative Bilanz der Reformjahre. Würzburg 1981, S. 345-358.

Malthus, Thomas Robert: Das Bevölkerungsgesetz. München 1977.

Mann, Torsten: Rote Lügen in grünem Gewand: Der kommunistische Hintergrund der Öko-Bewegung. Rottenburg 2009.

Marx, Karl / Engels, Friedrich: Manifest der Kommunistischen Partei. Wien o. J. (PDF-Manuskript).

Maus, Eugen: Schöne neue durchgegenderte Welt! Anspruch und Realität der Gender-Mainstreaming-Ideologie; in: Boger, Horst Wolfgang (Hg.): Der Staat als Super Super Nanny. Berlin 2008, S. 147-182.

Maxeiner, Dirk: Hurra, wir retten die Welt! Aktualisierte Ausgabe. Wie Politik und Medien mit der Klimaforschung umspringen. Berlin 2010.

Maxeiner, Dirk / Miersch, Michael: Alles grün und gut? Eine Bilanz des ökologischen Denkens. München 2014.

Mayer, Thomas: Was soll das, Herr Altmaier?; https://www.ludwig-erhard.de/erhard-aktuell/standpunkt/was-soll-das-herr-altmaier/.

Merklein, Renate: Ordnungspolitische Verwahrlosung am Beispiel des Gesundheitswesens; in: Forum Freiheit: Ist unser Wohlfahrtsstaat noch reformierbar? Bonn 1997, S. 28-39.

Miersch, Michael: Apocalypse – Maybe Later; in: Schweizer Monat, Ausgabe 1071, November 2019; https://schweizermonat.ch/apocalypse-maybe-later/.

Miersch, Michael: Republikflucht; https://www.achgut.com/artikel/republikflucht/.

Mierzejewski, Alfred C.: Ludwig Erhard. Der Wegbereiter der Sozialen Marktwirtschaft. Berlin 2005.

Milz, Hubert: Christliche Soziallehren und soziale Marktwirtschaft. Kein Ableger; in: eigentümlich frei, Heft 179, S. 34-40.

Milz, Hubert: Freiheit – ein fragiles „Kulturideal". München 2019.

Milz, Hubert: Geld. Eine kleine Ideengeschichte. Fürstenberg 2020.

Milz, Hubert: Gewaltenteilung als Verfassungsprinzip; Bonner Impulsvortrag vom 18.04.2012; http://www.forum-freie-gesellschaft.de/wp-content/uploads/2016/01/FFG_Analyse_H.Milz_Gewaltenteilung.pdf

Milz, Hubert: Notizen zur Energiepolitik; http://www.misesde.org/wp-content/uploads/2013/08/Notizen-zur-Energiepolitik.pdf.

Milz, Hubert: Veranstaltungsbericht. Staatliche Aufgaben und Ausgaben. 10. Internationale Gottfried-von-Haberler-Konferenz; https://ef-magazin.de/2014/07/07/5509-veranstaltungsbericht-staatliche-aufgaben-und-ausgaben.

Mises, Ludwig von: Erinnerungen. Stuttgart 1978.

Mises, Ludwig von: Im Namen des Staates oder die Gefahren des Kollektivismus. Stuttgart 1978.

Mises, Ludwig von: Kritik des Interventionismus. Darmstadt 1976, (Reprint der 1. Auflage von 1929).

Möller, Alex: Schuld durch Schulden? Nutzen und Grenzen der Staatsverschuldung. München 1981.

Molitor, Andreas: Interview mit Klaus Mackscheidt. Gesucht: der freudige Steuerzahler; https://www.brandeins.de/magazine/brand-eins-wirtschaftsmagazin/2019/gehalt/klaus-mackscheidt-gesucht-der-freudige-steuerzahler.

Mora, Gonzalo Fernández de la: Der gleichmacherische Neid. Berlin 1987.

Morus, Thomas: Utopia. Darmstadt 1979.

Müller-Armack, Alfred: Ausgewählte Werke, Bern 1976 – Band: Wirtschaftsordnung und Wirtschaftspolitik.

Müller-Armack, Alfred: Absage an „demokratischen Sozialimus"; in: Die Politische Meinung, 20, 1975, S. 35-43.

Müller, Eckart: Evangelische Wirtschaftsethik und Soziale Marktwirtschaft. Die Konzeption der Sozialen Marktwirtschaft nach W. Eucken, A. Müller-Armack und A. Rüstow und die Möglichkeiten ihrer Rezeption durch eine evangelische Wirtschaftsethik. 1998.

Murphy, Robert P.: Klimawandel: Die falsche Behauptung vom „97-Prozent-Konsens"; https://www.misesde.org/2019/11/klimawandel-die-falsche-behauptung-vom-97-prozent-konsens/.

Musgrave, Richard A.: Finanztheorie. Tübingen, 2. Auflage 1982.

Muthesius, Volkmar: Augenzeuge von drei Inflationen. Frankfurt/M. 1973, 2. Auflage.

Naschold, Frieder: Das deutsche Wirtschaftsmodell auf dem Prüfstand; in: Wehling, Hans-Georg (Red.): Standort Deutschland. Stuttgart 1994, S. 85-100.

Nawroth, Egon Edgar: Die Sozial- und Wirtschaftsphilosophie des Neoliberalismus. Heidelberg 1963, 2. Auflage.

Nef, Robert: Keine Freiheit ohne Verantwortung – keine Verantwortung ohne Freiheit; in Baader, Roland: Die Enkel des Perikles. Gräfelfing 1995, S. 127-141.

Nef, Robert / Schwarz, Gerhard (Hg.): Neidökonomie. Basel 2000.

Nell-Breuning, Oswald von: Drei Generation in Solidarität; in: Nell-Breuning, Oswald von/Fetsch, Cornelius G.: Drei Generationen in Solidarität. Köln 1981, S. 27-42.

Nemo, Philippe: Was ist der Westen?: Die Genese der abendländischen Zivilisation. Tübingen 2005.

Neubacher, Alexander: Total beschränkt. München 2014.

Niemietz, Kristian: Armut ohne Ende? Der Wohlfahrtsstaat schafft keine Wohlfahrt; in Bessard, Pierre / Hoffmann, Christian (Hg.): Sackgasse Sozialstaat. Alternativen zu einem Irrweg. Zürich 2016, 3. überarbeitete Auflage, S. 77-98

Novak, Michael: Die katholische Ethik und der Geist des Kapitalismus. Trier 1998, 2. Auflage.

NZZ am Sonntag: «Klimapolitik verteilt das Weltvermögen neu»; https://www.nzz.ch/klimapolitik_verteilt_das_weltvermoegen_neu-1.8373227).

Ockenfels, Wolfgang: Das hohe C: Wohin steuert die CDU? Augsburg 2009.

Olson, Mancur: Aufstieg und Niedergang von Nationen: Ökonomisches Wachstum, Stagflation und soziale Starrheit. Tübingen 2004, Neuausgabe der 2. Auflage von 1991.

Olson, Mancur: Die Logik des kollektiven Handelns: Kollektivgüter und die Theorie der Gruppen. Tübingen 1992, 3. Auflage.

Oresme, Nicolas von: Traktat über Geldabwertungen. De Mutatione Monetarum Tractatus. Berlin 2001.

Orosel, Gerhard O.: Eugen von Böhm-Bawerk. Eine Analyse seiner Kapitaltheorie; in: Leser, Norbert (Hrsg.): Die Wiener Schule der Nationalökonomie. Wien 1986, S. 107-132.

Ortner, Christian: Neoliberalismus; https://www.ortneronline.at/blindtext/.

o. V.: Alexander Rüstow: Starker Staat in schwierigen Zeiten; https://www.wiwo.de/politik/konjunktur/oekonomen-der-krise-alexander-ruestow-star ker-staat-in-schwierigen-zeiten/5141090.html.

o. V.: Armin Laschet und die Linkspartei; https://apollo-news.net/armin-laschet-und-die-linkspartei/.

o. V.: Armin Laschet: „Linke ziehen nicht mordend durchs Land"; https://www.ruhrnachrichten.de/nachrichten/armin-laschet-auszeichnung-fuer-engagement-fuer-das-judentum-1500288.html.

o. V.: Berliner Mietendeckel. Immobilienkonzerne kündigen Investitionsstopp an; https://www.rbb24.de/politik/beitrag/2020/11/berlin-mietendeckel-investitionstopp-immobilienkonzern-vonovia.html.

o. V.: Bundesverfassungsgericht: Berliner Mietendeckel ungültig; https://www.dw.com/de/bundesverfassungsgericht-berliner-mietendeckel-ung%C3%BCltig/a-57212002.

o. V.: „Erschießungen von Reichen" – Skandal auf Linke-Konferenz; https://www.welt.de/politik/deutschland/article206296277/Linke-Konferenz-Erschiessungen-von-Reichen-Skandal-in-Kassel.html.

o. V.: Felix Somary, der Kassandrarufer; https://www.wienerzeitung.at/nachrichten/wirtschaft/international/2034249-Felix-Somary -der-Kassandrarufer.html.

o. V.: Franz Böhm gilt als Vater des deutschen Kartellrechts; https://www.wiwo.de/politik/deutschland/der-oekonom-franz-boehm-gilt-als-vater-des-deutschen-kartellrechts/5440462.html.

o. V.: Freiburger Bonhoeffer-Kreis; https://wiki.de.dariah.eu/display/F1P/Freiburger+Bonhoeffer-Kreis.

o. V.: Konzerne auf der Flucht; in: Der Spiegel, 1996, Heft 12, S. 29-32; https://www.spiegel.de/spiegel/print/d-8892616.html.

o. V.: Marktformenschema nach Stackelberg; https://www.preissetzung.de/Preissetzung/wordpress/wp-content/uploads/2014/05/Marktformenschema-nach-Stackelberg.pdf.

302

o. V.: Mietendeckel. Deutsche Wohnen und Vonovia wollen Investitionen stoppen; https://www.berliner-zeitung.de/news/deutsche-wohnen-und-vonovia-wollen-investitionen-stoppen-li.120948.

o. V.: Mythos: „Die DDR trat konsequent für Umweltschutz ein"; https://www.kas.de/de/web/ddr-mythos-und-wirklichkeit/umweltschutz.

o. V.: Nur noch dreimal im Jahr fliegen?; https://www.tagesspiegel.de/politik/klimaschutz-nur-noch-dreimal-im-jahr-fliegen/24090010.html.

o. V.: Politikwissenschaftliche Seminarunterlagen der Universität Passau, 29.04.2005, PDF-Dokument.

o. V.: Problematische Reichsfluchtsteuer; https://www.zeit.de/1951/31/problematische-reichsfluchtsteuer.

o. V.: Schulsprengel in Deutschland; in: Süddeutsche Zeitung; https://bildung.sueddeutsche.de/schulsprengel/.

o. V.: Schweiz versus Steinbrück. Schlacht am Little Big Matterhorn; in: Stern, 19.03.2009; https://www.stern.de/politik/deutschland/schweiz-versus-steinbrueck-schlacht-am-little-big-matterhorn-3422690.html.

o. V.: Überwindung des Kapitalismus; https://www.t-online.de/nachrichten/deutschland/gesellschaft/id_85675322/kevin-kuehnert-fuer-kollektivierung-von-bmw-ueberwindung-des-kapitalismus-.html.

Palko, Vladimir: Die Löwen kommen: Warum Europa und Amerika auf eine neue Tyrannei zusteuern. Kißlegg 2014.

Peukert, Helge: Wilhelm Röpke (1899-1966); in: Conze, Eckart u. a. (Hg): Wilhelm Röpke, Wissenschaftler und Homo politicus zwischen Marburg, Exil und Nachkriegszeit. Marburg 2017, S. 13-26.

Piper, Nikolaus: Mit Keynes durch dick und dünn; in: Süddeutsche Zeitung, 07.06.2017, https://www.sueddeutsche.de/wirtschaft/wirtschaftspolitik-mit-keynes-durch-dick-und-duenn-1.3537191.

Plumpe, Werner: Das kalte Herz. Kapitalismus, die Geschichte einer andauernden Revolution. Berlin 2019.

Podak, Klaus / Zimmermann, Kurt: Philosophie gegen falsche Propheten. Sir Karl Raimund Popper. Hessischer Rundfunk, Film 07.08.1974; https://www.dailymotion.com/video/x1tpjok#:~:text=September %201994%20in%20London)%20war,Philosophie%20den%20kritischen %20Rationalismus%20begr%C3%BCndete.

Pöhl, Karl Otto: Interview – Der Kurs beim Umtausch war verhängnisvoll; https://www.welt.de/print-wams/article115077/Karl-Otto-Poehl-ist-ueberzeugt-Der-Kurs-beim-Umtausch-war-verhaengnisvoll.html.

Polleit, Thorsten: Die monetäre Konjunkturtheorie der Österreichischen Schule; in: Bessard, Pierre / Kessler, Olivier (Hg.): Explosive Geldpolitik. Zürich 2019; S. 57-80.

Polleit, Thorsten / Prollius, Michael von: Geldreform: Vom schlechten Staatsgeld zum guten Marktgeld. Grevenbroich 2010.

Popper, Karl Raimund: Die offene Gesellschaft und ihre Feinde, Band 1: Der Zauber Platons. Bern 1980, 6. Auflage (englische 1. Auflage 1946/50).

Popper, Karl Raimund: Logik der Forschung Tübingen 1984, 8 Auflage.

Prollius, Michael von: Auf der Suche nach einer anderen Ordnung. Fürstenberg 2014.

Prollius, Michael von: Deutsche Wirtschaftsgeschichte nach 1945. Göttingen 2006.

Prollius, Michael von: Die Pervertierung der Marktwirtschaft. München 2009.

Prollius, Michael von: Free Banking. Geldfreiheit für das 21. Jahrhundert; in: Smart Investor, Sonderausgabe Gutes Geld, September 2011, S. 56-58.

Prollius, Michael von: «Free Banking» als Alternative zur planwirtschaftlichen Steuerung des Geldes und der Zinsen; in: Bessard, Pierre / Kessler, Olivier (Hg.): Explosive Geldpolitik. Zürich 2019; S. 213-231.

Prollius, Michael von: Mises hatte recht: kritische Sicht auf Ordo-Liberale; https://forum-freie-gesellschaft.de/mises-hatte-recht-kritische-sicht-auf-ordo-liberale/.

Prollius, Michael von: Siamesische Zwillinge: Wohlfahrtsstaat und Wirtschaftskrisen; in Bessard, Pierre / Hoffmann, Christian (Hg.):

Sackgasse Sozialstaat. Alternativen zu einem Irrweg. Zürich 2016, 3. überarbeitete Auflage, S. 55-75.

Prollius, Michael von: Stabilisierungssklerose: Vom Interventionismus zur Zombiewirtschaft; https://www.misesde.org/2020/06/stabilisierungssklerose-vom-interventionismus-zur-zombiewirtschaft/.

Proudhon, Pierre-Joseph: Ausgewählte Texte. Herausgegeben und eingeleitet von Thilo Ramm. Stuttgart 1963.

Puschner, Uwe / Großmann, G. Ulrich (Hg).: Völkisch und national. Zur Aktualität alter Denkmuster im 21. Jahrhundert. Darmstadt 2009.

Quaas, Friedrun: Soziale Marktwirtschaft: Wirklichkeit und Verfremdung eines Konzepts. Bern 2000.

Radnitzky, Gerard: Die demokratische Wohlfahrtsdiktatur; in Baader, Roland: Die Enkel des Perikles. Gräfelfing 1995, S. 187-215.

Raico, Ralph: Die Partei der Freiheit. Studien zur Geschichte des deutschen Liberalismus. Stuttgart 1999.

Rasch, Michael: Das Herz des deutschen Journalisten schlägt links; https://www.nzz.ch/international/das-herz-des-deutschen-journalisten-schlaegt-links-ld.1434890.

Rásonyi, Peter: Deutschlands Klimaschutz wird zum Diktat der Verfassungsrichter;

https://www.nzz.ch/meinung/bundesverfassungsgericht-klimaschutz-wird-zum-diktat-der-richter-ld.1614612.

Reineke, Ralf: Straßenverkehr + Radverkehr: Verkehr der Zukunft; https://archiv.berliner-verkehr.de/2018/06/02/strassenverkehr-radverkehr-verkehr-der-zukunft-wir-sollten-auf-das-auto-als-eigentum-verzichten-aus-rbb24-de/.

Reinhoudt, Jurgen / Audier, Serge: Neoliberalismus. Wie alles anfing: Das Walter Lippmann Kolloquium. Hamburg 2019.

Reisman, George: Staat contra Wirtschaft. München 1982.

Reuter, Dieter: Die Praxis des Arbeitsrechts – eine Achillesferse der Sozialen Marktwirtschaft; in: ORDO, Jahrbuch für die Ordnung von Wirtschaft und Gesellschaft, Band 43. Stuttgart 1992, S. 437-464.

Reuth, Ralf Georg/Lachmann, Günther: Das erste Leben der Angela M. München 2013.

Rhonheimer, Martin: Ludwig Erhards Konzept der sozialen Marktwirtschaft und seine wettbewerbstheoretischen Grundlagen; in: Journal for Markets and Ethics/Zeitschrift für Marktwirtschaft und Ethik, 5(2), Berlin 2017, S. 83-106.

Rhonheimer, Martin: Hayeks Kritik der »sozialen Gerechtigkeit« – eine Bestätigung und Relativierung aus moralphilosophischer Sicht; in: Bouillon, Hardy/Gebauer, Carlos A.: Freiheit in Geschichte und Gegenwart. Festschrift für Gerd Habermann. Reinbek 2020, S. 63-102.

Rhonheimer, Martin: Soziale Gerechtigkeit als Illusion. Kapitalisten ermöglichen mehr soziale Gerechtigkeit als die Politik; https://causa.tagesspiegel.de/politik/was-ist-soziale-gerechtigkeit/ kapitalisten-ermoeglichen-mehr-soziale-gerechtigkeit-als-die-politik.html.

Riemer, Sebastian: Egon Bahr schockt die Schüler: "Es kann Krieg geben"; in: Rhein-Neckar-Zeitung vom 04.12.2013, https://www.rnz.de/nachrichten/heidelberg_artikel,-Heidelberg-Egon-Bahr-schockt-die-Schueler-Es-kann-Krieg-geben-_arid,18921.html.

Roegele, Otto B.: Diese oder eine andere Republik? Köln 1974.

Röpke, Eva (Hg.): Wilhelm Röpke Briefe. Der innere Kompass 1934-1966. Zürich 1976.

Röpke, Wilhelm: Der moderne Fiskalstaat; in: ders.: Marktwirtschaft ist nicht genug. Waltrop 2009, S. 338-357.

Röpke, Wilhelm: Der Platz der Zentralbank; in: Albert Hunold (Hg.): Gegen die Brandung. Erlenbach-Zürich 959, S. 282-286.

Röpke, Wilhelm: Der Wohlfahrtsstaat im Kreuzfeuer der Kritik; in: ders.: Marktwirtschaft ist nicht genug. Waltrop 2009, S. 289-302.

Röpke, Wilhelm: Die Gesellschaftskrisis der Gegenwart. Bern 1979, 6. Auflage.

Röpke, Wilhelm: Die Lehre von der Wirtschaft. Bern 1979, 12. Auflage.

Röpke, Wilhelm: Die politische Ökonomie. Was heißt „politisch unmöglich"?; in: ders.: Marktwirtschaft ist nicht genug: Gesammelte Aufsätze. Waltrop 2009, S. 315-325.

Röpke, Wilhelm: Europa – Einheit in der Vielheit; in: ders.: Marktwirtschaft ist nicht genug: Gesammelte Aufsätze. Waltrop 2009, S. 235-249.

Röpke, Wilhelm: Gemeinsamer Markt und Freihandelszone; in: ders.: Wort und Wirkung. 1964.

Röpke, Wilhelm: Internationale Ordnung – heute. Bern 1979, 3. Auflage.

Röpke, Wilhelm: Irrwege des Rationalismus; in: ders.: Marktwirtschaft ist nicht genug. Waltrop 2009, S. 83-102.

Röpke, Wilhelm: Jenseits von Angebot und Nachfrage. Bern 1979.

Röpke, Wilhelm: Jenseits von Angebot und Nachfrage. Die Marktwirtschaft ist nicht alles; in: ders.: Marktwirtschaft ist nicht genug: Gesammelte Aufsätze. Waltrop 2009, S. 289-314.

Röpke, Wilhelm: Kernfragen der Wirtschaftsordnung; in: ORDO, Jahrbuch für die Ordnung von Wirtschaft und Gesellschaft, Band 48. Stuttgart 1997, S. 27-64.

Röpke, Wilhelm: Marktwirtschaft ist nicht genug; in: ders.: Wort und Wirkung. 1964, S. 136-154.

Röpke, Wilhelm: Torheiten der Zeit. Nürnberg 1966.

Röpke, Wilhelm: Wider den Bildungsjakobinismus. Heroldsberg 1979.

Rogusch, Kai: Das Allgemeine Gleichbehandlungsgesetz: Eine antidemokratische Entmündigung im Gewande „multikultureller Vielfalt"; in: Boger, Horst Wolfgang (Hg.): Der Staat als Super Super Nanny. Berlin 2008, S. 76-104.

Rohbohm, Hinrich: Merkels Maske: Kanzlerin einer anderen Republik. Berlin 2017.

Rohrmoser, Günter: Kulturrevolution: Die Antwort Amerikas; in: ders.: Kulturrevolution oder Niedergang?! Bietigheim/Baden 2005, S. 137-172.

Roser, Traugott: Protestantismus und Soziale Marktwirtschaft. Eine Studie am Beispiel Franz Böhms. Münster 1998.

Rothbard, Murray Newton: America's Great Depression. Auburn 2000, 5. Auflage.

Rothbard, Murray Newton: Das Schein-Geld-System. Gräfelfing 2005.

Rüegg, Walter: Antike Geisteswelt, 2 Bände. Hanau 1986.

Rüstow, Alexander: Das Versagen des Wirtschaftsliberalismus. Das neoliberale Projekt. Marburg 2001 (kommentierter Nachdruck der 2. Auflage von 1950).

Rüstow, Alexander: Die Religion der Marktwirtschaft. Münster 2001.

Rüstow, Alexander: Glückwunschadresse zu Wilhelm Röpkes sechzigstem Geburtstag; in Hunold, Albert (Hg.): Gegen die Brandung. Erlenbach-Zürich 1959, S. 33-38.

Rüstow, Alexander: Rede und Antwort. 21 Reden und viele Diskussionsbeiträge aus den Jahren 1932 bis 1962. Ludwigsburg 1963.

Rüstow, Alexander: Vitalpolitik gegen Vermassung. Erlenbach-Zürich 1957.

Rüthers, Bernd: Die unbegrenzte Auslegung: Zum Wandel der Privatrechtsordnung im Nationalsozialismus. Tübingen 2017, 8. Auflage.

Sachverständigengruppe „Weltwirtschaft und Sozialethik": Gutes Geld für alle. Bonn 1991.

Salerno, Joseph T.: Der Ökonom: Nur Beruf oder Berufung?; https://www.misesde.org/2019/08/der-oekonom-nur-beruf-oder-berufung-teil-1/; https://www.misesde.org/2019/08/der-oekonom-nur-beruf-oder-berufung-teil-2/.

Sarrazin, Thilo: Deutschland schafft sich ab. München 2010.

Sarrazin, Thilo: Geisel der Linken; https://jungefreiheit.de/debatte/kommentar/2021/spd-geisel-der-linken/.

Sarrazin, Thilo: Interview – Billionentransfers waren eingeplant; https://www.manager-magazin.de/politik/artikel/a-703860.html.

Schäffler, Frank / Schneider, Clemens: Kein lästiges Beiwerk, sondern Problemlöser!; https://www.frankschaeffler.de/kein-laestiges-beiwerk-sondern-problemloeser/.

Schäffler, Frank: Eucken: Sein Erbe verblasst; https://www.tichyseinblick.de/kolumnen/schaefflers-freisinn/eucken-sein-erbe-verblasst/

Schatz, Klaus-Werner: Neue Wege im Umweltschutz; in: Giersch, Herbert (Hg.): Wie es zu schaffen ist. Agenda für die deutsche Wirtschaftspolitik. Stuttgart 1985, 3. Auflage, S. 232-253

Schelke, Waltraus / Nitsch, Manfred (Hrsg.): Rätsel Geld. Marburg 1995.

Schelsky, Helmut: Der selbstständige und der betreute Mensch. Politische Schriften und Kommentare. Berlin 1978.

Schelsky, Helmut: Die Arbeit tun die anderen: Klassenkampf und Priesterherrschaft der Intellektuellen. Opladen 1975.

Scheuch, Erwin K. / Scheuch, Ute: Cliquen, Klüngel und Karrieren. Hamburg 1998.

Schiff, Peter D. / Schiff, Andrew J.: Wie eine Volkswirtschaft wächst ... ... und warum sie abstürzt. Kulmbach 2011.

Schiltknecht, Kurt: Regulierungsprobleme auf den Finanzmärkten. VII. Gottfried-von-Haberler-Konferenz, Vaduz 2011, WORD-Manuskript, S. 10.

Schlecht, Otto: Das Bundeswirtschaftsministerium und die deutsche Ordnungspolitik der Nachkriegszeit; in: ORDO, Jahrbuch für die Ordnung von Wirtschaft und Gesellschaft, Band 48. Stuttgart 1997, S. 99-117.

Schlichter, Detlev S.: Das Ende des Scheins. Warum auch unser Papiergeldsystem zusammenbricht. Weinheim 2013.

Schmölders, Günter: Der Wohlfahrtsstaat am Ende. Adam Riese schlägt zurück. München 1983.

Schneider, Clemens: Goliath im 21. Jahrhundert; https://prometheusinstitut.de/goliath-im-21-jahrhundert/.

Schneider, Henrique: Enteignung, Miliz, Demokratie; https://i-d-online.com/ecaeforg/austrian-economics/henrique-schneider.pdf.

Schneider, Henrique: Über Rechte und Freiheit des Bürgers; https://ecaef.org/haberler-conference/gottfried-von-haberler-conference-2016/.

Schoeck, Helmut: Das Recht auf Ungleichheit. München 1982.

Schoeck, Helmut: Ist Leistung unanständig? Osnabrück 1971.

Schoeck, Helmut: Kinderverstörung: Die missbrauchte Kindheit. Umschulung auf eine andere Republik. Asendorf 1989.

Schoeck, Helmut: Schülermanipulation. Wie man unseren Kindern das „richtige Bewußtsein" beibringt. Aufklärung für Eltern und Erzieher. Freiburg 1976.

Schulze Heuling, Dagmar: Die Bildungspflicht – ein Kompromiss zwischen Schulpflicht und Bildungsfreiheit?; in: Altmiks, Peter/Klotchkov, Kathleen (Hg.): Bildung für Alle. Bildungsvielfalt im Ideenwettbewerb. Frankfurt/M. 2015, S. 39-55.

Schreiber, Wilfrid: Existenzsicherheit in der industriellen Gesellschaft. Köln 2004 (Nachdruck des Originals von 1955).

Schröder, Gerhard: Regierungserklärung. Deutscher Bundestag, stenografischer Bericht vom 14.03.2003, PDF-Manuskript.

Schüßlburner, Josef: Roter, brauner und grüner Sozialismus. Grevenbroich 2008.

Schulz, Günther: Die Gesellschaftsordnung in den Staatsentwürfen des deutschen Widerstands; in: Gauger, Jörn-Dieter/Weigelt, Klaus (Hg.): Soziales Denken in Deutschland zwischen Tradition und Innovation. Bonn 1990, S. 129-155.

Schumann, Rosemarie: Wertgrundlagen der Sozialen Marktwirtschaft: Eine genealogische Analyse. Marburg 2007.

Schumpeter, Joseph Alois: Kapitalismus, Sozialismus und Demokratie. München 1980, 5. Auflage.

Schumpeter, Joseph Alois: Theorie der wirtschaftlichen Entwicklung. Berlin 1952, 5. Auflage.

Schwarz, Gerhard: Die Universalität der Ordnungspolitik und die Bedeutung der Religionen für die Marktwirtschaft. PDF-Manuskript 2011.

Schwarz, Gerhard: Liberalismus trotz allem. Hamburg 2009, PDF-Manuskript.

Schwarz, Harald: Lausitz Magazin-Interview: Prof. Harald Schwarz zur Stromversorgung; https://www.hayek-verein-dresden.de/aktuell-einzelanzeige/lausitz-magazin-interview-prof-harald-schwarz-zur-stromversorgung.html.

Schwarz, Patrik: Wie's mir passt; in: DIE ZEIT vom 26.03.2009 Nr. 14; https://www.zeit.de/2009/14/Merkel/komplettansicht.

Schwarz, Peter: Julius Tandler. Zwischen Humanismus und Eugenik. Wien 2017.

Sedlmair, Eirik: Düsseldorfer Verwaltungsgerichtspräsident kritisiert Merkel scharf; https://rp-online.de/nrw/landespolitik/verwaltungsgericht-duesseldorf-deutliche-kritik-an-merkel_aid-57704339.

Sellien, Reinhold / Sellien, Helmut (Hg.): Gablers Wirtschaftslexikon. Wiesbaden 1979, 10. Auflage.

Shostak, Frank: Staatsausgaben erzeugen kein Wirtschaftswachstum; https://www.misesde.org/2019/03/staatsausgaben-erzeugen-kein-wirtschaftswachstum/.

Siedenbiedel, Christian: Leben und Sterben des Eberhard von Brauchitsch; https://www.faz.net/aktuell/wirtschaft/unternehmen/flick-affaere-leben-und-sterben-des-eberhard-von-brauchitsch-11035714.html?printPagedArticle=true#pageIndex_2.

Sieferle, Rolf Peter: Finis Germania. Berlin 2019.

Silk, Leonhard: Wirtschaft als Schicksal. Stuttgart 1978.

Singer, S. Fred: Falsche Klimaprognosen. Langzeitbeobachtungen des Klimas und Klimamodelle des IPCC im Vergleich. Jena 2011.

Skeptical Science: James Powell is wrong about the 99.99% AGW consensus; https://skepticalscience.com/Powell.html.

Smith, Adam: Der Wohlstand der Nationen. München 1978.

Smith, Adam: Theorie der ethischen Gefühle. Hamburg 1977.

Sohmen, Egon: Allokationstheorie und Wirtschaftspolitik. Tübingen 1976.

Soltwedel, Rüdiger: Mehr Markt am Arbeitsmarkt. Ein Plädoyer für weniger Arbeitsmarktpolitik. München 1984.

Soltwedel, Rüdiger et. al.: Zur staatlichen Marktregulierung in der Bundesrepublik, Institut für Weltwirtschaft Kiel, Kieler Sonderpublikationen. Kiel 1987.

Somary, Felix: Erinnerungen eines politischen Meteorologen. München 1994.

Somary, Felix: Krisen und Zukunft der Demokratie. Autorisierter Nachdruck der 2. Auflage. München o. J.

Sozialenzyklika: Centesimus annus von 1991; http://www.kathpedia.com/index.php?title=Centesimus_annus_(Wortlaut).

Sozialenzyklika: Quadragesimo anno von 1931; http://www.kathpedia.com/index.php? title=Quadragesimo_anno_(Wortlaut).

Sozialenzyklika: Rerum novarum von 1891; http://kathpedia.com/index.php?title=Rerum_novarum_(Wortlaut).

Starbatty, Joachim: Röpkes Beitrag zur Sozialen Marktwirtschaft. Tübingen o. J., PDF-Manuskript.

Starbatty, Joachim: Soziale Marktwirtschaft als Forschungsgegenstand: Ein Literaturbericht. Tübinger Diskussionsbeitrag Nr. 79, Tübingen 1996, PDF-Manuskript.

Stern-Redaktion: Was macht eigentlich Basilius Streithofen?; https://www.stern.de/lifestyle/leute/was-macht-eigentlich-------basilius-streithofen--3292048.html.

Stoeckert, Hendrick: Sozialpolitische Ideen im klassischen Liberalismus – ein Streifzug von Locke bis Hobson. Hamburg 2008.

Sunstein, Cass R. / Thaler, Richard H.: Nudge: Wie man kluge Entscheidungen anstößt. Berlin 2010.

Symanski, Tobias: Die Mittelstandsorientierung in der Konzeption der Sozialen Marktwirtschaft. Marburg 1999.

Taghizadegan, Rahim: Alles, was Sie über die Österreichische Schule der Nationalökonomie wissen müssen. München 2016.

Taghizadegan, Rahim: Demokratie. Wien o. J.

Taghizadegan, Rahim: Linke & Rechte: Ein ideengeschichtlicher Kompass für die ideologischen Minenfelder der Neuzeit. Wien 2017.

Taghizadegan, Rahim: Wirtschaft wirklich verstehen. München 2011.

Tamm, Sascha: Sündensteuern; in: Boger, Horst Wolfgang (Hg.): Der Staat als Super Super Nanny. Berlin 2008, S. 105-116.

Thess, André: Unabhängige Wissenschaft?; https://www.igte.uni-stuttgart.de/dokumente/dokumente_es/Thess/02_Offener_Brief.html.

Thüne, Wolfgang: Propheten im Kampf um den Klimathron. Wie mit Ängsten um Geld und Macht gekämpft wird. Oppenheim 2011.

Tögel, Andreas: Steuern: Alle gegen Hoeneß. Die Stunde der Etatisten; https://ef-magazin.de/2013/04/22/4169-steuern-alle-gegen-hoeness.

Tofall, Norbert F.: Die Zerstörung von Markt und Staat; https://www.flossbachvonstorch-researchinstitute.com/de/kommentare/die-zerstoerung-von-markt-und-staat/.

Tofall, Norbert F.: Freiheitsrechte künftiger Generationen - Diese gelten nicht nur beim Klimaschutz; https://www.flossbachvonstorch-researchinstitute.com/de/kommentare/freiheitsrechte-kuenftiger-generationen-diese-gelten-nicht-nur-beim-klimaschutz/.

Triesch, Günter: Gewerkschaftsstaat oder sozialer Rechtsstaat. Stuttgart 1974.

Umweltenzyklika „Laudato si'";
http://www.vatican.va/content/francesco/de/encyclicals/documents/papa-francesco_20150524_enciclica-laudato-si.html.

Utz, Arthur F. (Hg.): Die katholische Soziallehre und die Wirtschaftsordnung. Trier 1991.

Vaubel, Roland u. a.: Europa, gerne. EU, nein danke!, in: Schweizer Monatshefte, Heft 965; https://www.e-periodica.ch/cntmng?pid=smh-002:2008:88::1043.

Vischer, Rank: Geld- und Währungsrecht im nationalen und internationalen Kontext. Basel 2009, PDF-Manuskript.

Waldner, Wolfgang: Der Neoliberalismus und die angloamerikanischen Netzwerke; https:// www.wolfgang-waldner.com/neoliberalismus/.

Walter, Norbert (Hg.): Was würde Erhard heute tun? Wirtschaftspolitische Problemlösungen. Stuttgart 1986.

Walters, Alan: Interview; in: Finanz und Wirtschaft vom 25.08.1993.

Weber, Gerd: Schock-Beschluss in Leipzig; https://reitschuster.de/post/schock-beschluss-in-leipzig-familienrichter-verhaengt/.

Weber, Max: Politik als Beruf. Frankfurt am Main 1999.

Weede, Erich: Unternehmerische Freiheit und Sozialstaat. Jena 2008.

319

Weede, Erich: Freiheit und Verantwortung, Aufstieg und Niedergang. Tübingen 2012.

Wehner, Markus: Die verlorene Lufthoheit der SPD; in: FAZ, 04.03.2007; https://www.faz.net/aktuell/politik/inland/familienpolitik-die-verlorene-lufthoheit-der-spd-1412504.html.

Weichenrieder, Alfons J.: Besteuerung und Direktinvestition. Tübingen 1995.

Weiler, J. H. H.: Ein christliches Europa. Salzburg 2004.

Weinstock, Heinrich: Die Tragödie des Humanismus. Wahrheit und Trug im abendländischen Menschenbild. Wiesbaden 1989.

Werhahn, Peter H.: Neue Perspektiven; in: Nell-Breuning, Oswald von/Fetsch, Cornelius G.: Drei Generationen in Solidarität. Köln 1981, S. 7-13.

Wey, Klaus-Georg: Umweltpolitik in Deutschland. Kurze Geschichte des Umweltschutzes in Deutschland seit 1900. Opladen 1982.

Willeke, Rainer: Verkehrsmarktordnung – die unvollendete Reform; in: ORDO, Jahrbuch für die Ordnung von Wirtschaft und Gesellschaft, Band 48. Stuttgart 1997, S. 285-308.

Willgerodt, Hans: Alfred Müller-Armack – der Schöpfer des Begriffs „Soziale Marktwirtschaft"; Zeitschrift für Wirtschaftspolitik, Heft 3, 2001 , S. 253-277.

Willgerodt, Hans: Dokumentation; in: ORDO, Jahrbuch für die Ordnung von Wirtschaft und Gesellschaft, Band 16, Düsseldorf und München 1966, S. 355-367.

Willgerodt, Hans: Von der sozialen Marktwirtschaft zum demokratischen Sozialismus – ein Nachwort zu: Wilhelm Röpke, Kernfragen der Wirtschaftsordnung; in: ORDO, Jahrbuch für die Ordnung von Wirtschaft und Gesellschaft, Band 48. Stuttgart 19971997, S. 65-82.

Williams, Walter E.: Scientists: Dishonest or Afraid?; https://www.lewrockwell.com/2019/11/walter-e-williams/scientists-dishonest-or-afraid/.

Winterberger, Andreas K.: Von der liberalen Demokratiekritik zur liberalen Verfassungsreform – oder: Kann der Parteienstaat gebändigt werden?; in: Baader, Roland: Wider die Wohlfahrtsdiktatur. Gräfelfing 1995

„Wissenschaftlichen Dienste des Deutschen Bundestages": Staatliche Sparförderung in Deutschland; https://www.bundestag.de/resource/blob/409724/a54ef7811aadb08995ab5db55bcd0afa/WF-IV-014-06-pdf-data.pdf.

Wolff, Christian: 70 Jahre Ahlener Programm; https://www.wn.de/Muensterland/Kreis-Warendorf/Ahlen/2017/02/268346 5-70-Jahre-Ahlener-Programm-Fuer-Strauss-war-es-eine-Mumie.

Wulff, Manfred: Die geistigen Grundlagen und Quellen des Ordoliberalismus in den 30er und 40er Jahren in: Gauger,

Jörn-Dieter/Weigelt, Klaus (Hg.): Soziales Denken in Deutschland zwischen Tradition und Innovation. Bonn 1990, S. 156-170.

Wulf, Thomas: Das Transportrechtsreformgesetz. Hamburg 1998.

Zastrow, Volker: Gender – Politische Geschlechtsumwandlung. Waltrop 2006.

Ziegler, Jean: Was ist so schlimm am Kapitalismus?: Antworten auf die Fragen meiner Enkelin. München 2019.

Zieschang, Tamara: Das Staatsbild Franz Böhms. Kornwestheim 2003.

Zinn, Karl Georg: Soziale Marktwirtschaft. Idee, Entwicklung und Politik der bundesdeutschen Wirtschaftsordnung. Mannheim 1992.

Zippelius, Reinhold: Im Irrgarten der Gerechtigkeit. Stuttgart 1994.

Zöller, Michael: Haben wir denn im Kapitalismus gelebt?; https://www.faz.net/aktuell/feuilleton/debatten/kapitalismus/zukunft-des-kapitalismus-15-haben-wir-denn-im-kapitalismus-gelebt-1824932.html.

Zündorf, Irmgard: Der Preis der Marktwirtschaft: Staatliche Preispolitik und Lebensstandard in Westdeutschland 1948 bis 1963. Stuttgart. 2006.

VII. Quellen der Sprüche zu den Kapiteln

Vorspann

Alexander Rüstow: Ortsbestimmung der Gegenwart, Band I, Vorwort;
Neuauflage Münster 2003.

I. Wie sich die Zeiten gleichen
https://zitate-aphorismen.de/autor-in-zitate/nicolas-gomez-davila/page/4/

II. Neoliberalismus – wie der Begriff entstanden ist
https://www.aphorismen.de/zitat/16155

1) Ablehnung von Marktwirtschaft und Liberalismus
https://zitate-aphorismen.de/autor-in-zitate/la-rochefoucauld/page/2/

2) Damals wie heute
https://demokratie-upgrade.de/demokratie-zitate/

III. Soziale Marktwirtschaft – das Konzept
https://gutezitate.com/autor/walter-williams

1) „Wann" und „Wie"
https://beruhmte-zitate.de/autoren/augustinus-von-hippo/

a) Die zeitgeschichtlichen Wurzeln des Konzepts
https://www.zitate.eu/autor/karl-kraus-zitate/12352

b) Autoritärer Liberalismus oder starker Minimalstaat?
https://www.gutzitiert.de/zitat_autor_tom_borg_1686.html

2) Ordnungspolitische Grundsätze und Eckpunkte

Höffner, Joseph: Wirtschaftsordnung und Wirtschaftsethik. Bonn 1985, S 5.

3) Die Aufgaben der Prozesspolitik
https://www.gutzitiert.de/zitat_autor_tyll_necker_1717.html

IV.   Ist das deutsche neoliberale Projekt gescheitert?
https://www.zitate.eu/autor/erich-kaestner-zitate/10740

1) Erhard versus Müller-Armack
https://www.aphorismen.de/zitat/616

a) Der selbständige Mensch – Erhard
https://beruhmte-zitate.de/autoren/charles-bukowski/

b) Der betreute Mensch – Müller-Armack
https://www.aphorismen.de/zitat/1690

2) Rückblick: Der Markt und die Industrialisierung
https://demokratie-upgrade.de/demokratie-zitate/

3) Signale des Scheiterns
https://www.zitate.eu/autor/ludwig-erhard-zitate

a) Prozesspolitik, die „Anmaßung von Wissen"?
https://www.aphorismen.de/zitat/22116

b) „Sozial"– ein Labyrinth?
https://hartgeld.com/media/pdf/2017/AN-Zitate-BAADER.pdf

c) Das Politische und die Ordnungspolitik
https://gutezitate.com/autor/klemens-wenzel-lothar-von-metternich/2

ca) Die Versuchung der Macht
Edition erlesenes: Walther Rathenau. Berlin 2018.

cb) Kompromisse und Interventionen
https://www.hrweb.at/2016/12/der-kompromiss-konfliktloesung-oder-konfliktausloeser/

cc) Keynesianischer Aktivismus und demokratischer Sozialismus
http://zitate.net/staat-zitate?p=8

d) Arbeit und Wohlfahrt
https://www.linkedin.com/pulse/gut-gemacht-warum-wertsch%25C3%25A4tzung-und-vertrauen-wenig-aber-abolhassan

da) Das Tarifkartell
https://zitatezumnachdenken.com/erich-kaestner/5565

db) Der Wohlfahrtsstaat, der gute „Familienvater"?
https://www.gutzitiert.de/zitate_sprueche-vater.html

dc) Der Wohlfahrtsstaat – eine Fiktion
https://www.aphorismen.de/zitat/2759

e) Niederlassungsfreiheit
https://gutezitate.com/zitat/163493

f) Agrarpolitik
https://www.aphorismen.de/zitat/24116

g) Verkehrs- und Informationsmärkte

https://gutezitate.com/zitat/231681

h) Strom- und Energieversorgung
https://www.aphorismen.de/suche?f_thema=Energie

i) Umwelt
https://www.aphorismen.de/zitat/121700

ia) Umwelt und spontane Ordnung
http://zitate.net/umwelt-zitate?p=5

Ib) Umweltschutz als Antikapitalismus
http://zitate.net/umwelt-zitate?p=5

j) Wohnungswirtschaft
https://www.aphorismen.de/zitat/115782

k) Vermögensbildung und Eigentum
https://gutezitate.com/zitat/143616

ka) „Fiskalsozialismus" oder „mit Steuern zu steuern"!
http://zitate.net/staat-zitate?p=2

kb) Auf Abwegen – Sozialethiker oder Ordoliberale?
https://www.faz.net/aktuell/wirtschaft/wirtschaftspolitik/erklaer-mir-die-welt-16-warum-muessen-wir-steuern-zahlen-1356384.html

kc) Steuerwettbewerb oder Steuerharmonisierung?
https://www.zitate.de/kategorie/Steuer

kd) Wessen Eigentum?
https://www.aphorismen.de/zitat/102932

l) Bildung – Kultur – Medien

http://zitate.net/kultur-zitate

la) „Bildungsjakobinismus"

http://zitate.net/bildung-zitate

lb) Meinungsmacht

https://www.bestenzitate.com/zitat/anonym-977

ld) Die Hoheit über die Sprache

Aus der Werbung des Heye-Verlag für den Tagesabreißkalender 2011;

https://bastiansick.de/category/bibliografie/page/2/

m) Geld – Kredit – Währung

http://zitate.net/geld-zitate?p=9

ma) Geld, was ist das?

https://www.aphorismen.de/zitat/2020

mb) Objektiver oder subjektiver Preis?

https://1000-zitate.de/autor/Wilhelm+Busch/280.html

mc) Die Hoheit über das Geld

https://www.dw.com/de/zehn-jahre-europäische-zentralbank-eine-erfolgsgeschichte/a-3362376

md) Der institutionelle Rahmen

http://zitate.net/geld-zitate?p=2

me) Die „Geldmacher"

http://zitate.net/geld-zitate?p=5

mf) Verwerfungen
https://www.aphorismen.de/zitat/78019

a) Pessimismus
https://www.aphorismen.de/zitat/49121

2) Optimismus
http://zitate.net/optimismus-zitate?p=2